海上遗珍

王　华　主编

永嘉路

中华书局

图书在版编目（CIP）数据

海上遗珍. 永嘉路/王华主编. —北京：中华书局，2024. 8. —
ISBN 978-7-101-16693-4

Ⅰ. K925. 1

中国国家版本馆 CIP 数据核字第 20244WU013 号

书　　名	海上遗珍：永嘉路
主　　编	王　华
摄　　影	朱昱伟
责任编辑	胡正娟
装帧设计	毛　淳
责任印制	管　斌
出版发行	中华书局
	（北京市丰台区太平桥西里 38 号　100073）
	http://www.zhbc.com.cn
	E-mail:zhbc@zhbc.com.cn
印　　刷	河北新华第一印刷有限责任公司
版　　次	2024 年 8 月第 1 版
	2024 年 8 月第 1 次印刷
规　　格	开本/850×1168 毫米　1/32
	印张 10⅞　插页 12　字数 240 千字
印　　数	1-4000 册
国际书号	ISBN 978-7-101-16693-4
定　　价	68.00 元

俯瞰永嘉路

永嘉路街景（一）

永嘉路街景（二）

永嘉路街景（三）

永嘉路街景（四）

慎成里俯视图（右下角即为嘉澜庭）

慎成里一瞥

永嘉路 291 弄 66 号中共江苏省委旧址

永嘉路 345 弄 6 号

永嘉路 383 号（上海电影译制厂原址 1976.9—2003.3　陈海汶　供）

永嘉路 387 号、389 号街景

永嘉路 389 号（陈海汶 供）

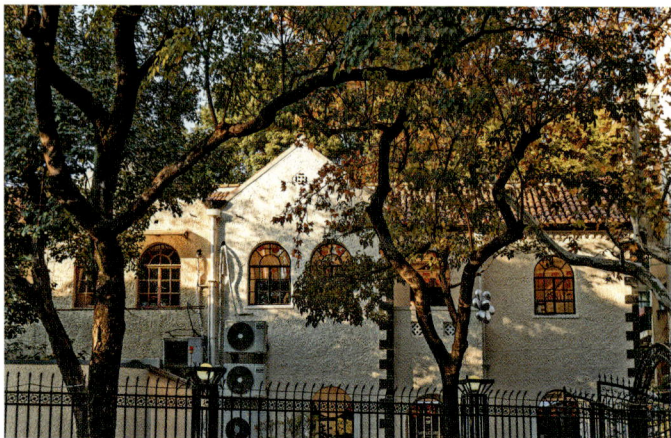

永嘉路 418 弄街景

永嘉路 420 号俯视图（原中西女中第二附属小学教学大楼，今为五原路幼儿园）

永嘉路 501 号宋子文旧居（惜珍 供）

永嘉路 527 弄（陈海汶 供）

永嘉路 555 号街景

永嘉路 555 号

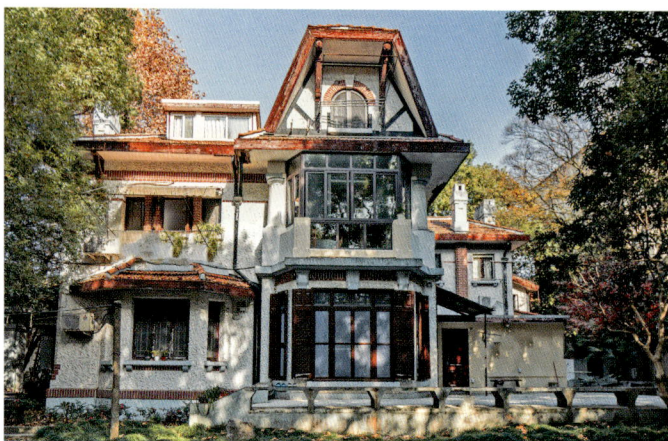

永嘉路 571 号

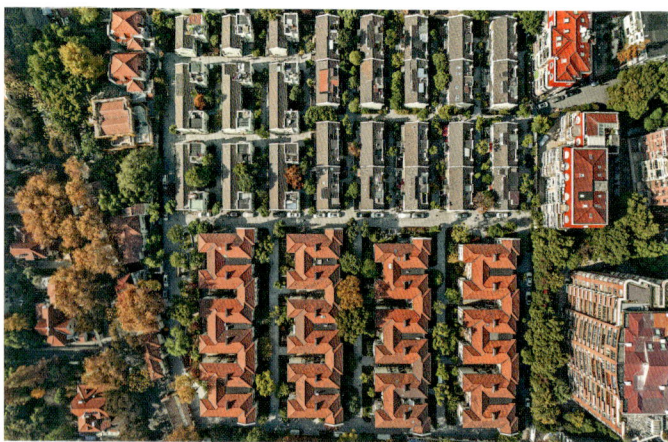

永嘉路 580 弄永嘉新村俯视图

永嘉路 590 号

永嘉路 628 号俯视图

永嘉路 628 号南立面

永嘉路 630 号俯视图

永嘉路 630 号（陈海汶 供）

永嘉路 692 号、698 号、690 号永平里

永嘉路 760 号

上海文化广场的多功能音乐剧场

上海文化广场俯视图

目　录

总　序

　　历史是城市的记忆，文化是城市的灵魂，而最能直接体现一座城市记忆和灵魂的历史文化，应该就是建筑了，那是凝固的历史烙印，是灿烂的文化结晶。这些老建筑一头承载着渐行渐远的历史风云，镌刻着一座城市的面孔与记忆；一头连接着亘古绵长的文化根脉，体现着一座城市的内涵和特色。它们让城市有了不可复制的特色文化名片，它们让凝固的文化记忆重现历史的辉煌与沧桑。

　　徐汇区具有深厚的历史底蕴和文化价值，区域内至今留存着大量的历史建筑，它们低调地串联起城区的过去与现在，实现中华优秀传统文化在一个时代与另一个时代的交织与融汇。千年古刹龙华塔展现了沪上"宝塔之冠"巍峨古朴的风韵和历尽沧桑后的深沉厚重，距今近四百年的徐光启墓承载着徐光启富国强国的爱国情怀、会通超胜的世界眼光、求实创新的科学精神及廉洁自律的高尚情操等精神内涵，百年前的土山湾孤儿院旧址等徐家汇天主教历史建筑群彰显着近代中西文化的交流与融合……

　　古韵悠长，文脉汤汤。在时间的长河中，每一处文物建筑都是"活着"的城市记忆，它们承载着历史的变迁，见证了社会和文化的发展，蕴含着丰富的历史文化故事。"要让文物说话，让历史说话，让文化说话。要加强文物保护和利用，加强历史研究和传承，使中华优秀传统文化不断发扬光大。"以习近平文化思想为指引，大力挖掘文物建筑资源，让老房子说话，生动呈现背后的中国历史、中国文化、中国故事，打造更多承载中华文化、中国精神的价值符号和文化精品，在赓续历史文脉中铸就中华文化新辉煌，这是我们应尽的职责和使命，也是不懈的追求和梦想。

文脉赓续，弦歌不辍。为了讲好文物建筑故事，留存城市记忆，延续历史文脉，自 2017 年起，我们与中华书局合作，力邀在历史学、建筑学、文学等领域的知名专家学者撰稿，在时光与历史的馈赠中探寻文化印记，汇集成《海上遗珍》系列丛书。前期已陆续推出《武康路》《衡山路》《复兴路》三辑，透过精确考证的建筑历史沿革、生动记述的轶闻趣事、真切鲜活的文化名人回忆，带领读者探寻人文历史，感受城市变迁。都说建筑是读不完的教科书，今再奉上《永嘉路》这把阅读文物建筑的"钥匙"，为读者打开探寻城市历史的又一扇小门。惟愿这些珍贵的城市记忆和历史文脉被尽可能多的人品读到、感知到，进而吸引更多的人参与到文化遗产的保护与传承中，共同守护中华文化瑰宝、守望中华文明。

上海市徐汇区文化和旅游局

2024 年 6 月

读《海上遗珍：永嘉路》

郑时龄

　　永嘉路上，一众千姿百态的里弄住宅、里弄公馆和花园洋房密布街道两侧，与亭亭如盖的梧桐树交相辉映，一年四季气象万千。这一路的建筑俗称"西爱咸斯花园"，而且基本保存完好。永嘉路上有许多建筑被列为上海市优秀历史建筑和市级、区级文物保护单位、文物保护点，堪称"住宅建筑博物馆"。

　　《海上遗珍》丛书出版至今是第四辑，已经从街区漫步专注于深度阅读建筑。永嘉路的建筑确实值得仔细阅读，还有很多人物和建筑的故事值得我们去探寻，那些真真假假的故事也需要我们去甄别。

　　1920 年辟筑的永嘉路横跨黄浦和徐汇两个区，东起瑞金二路，西至衡山路，宽 15 至 16 米，全长 2 072 米。永嘉路原名西爱咸斯路（Route Herve de Sieyes），以纪念第一次世界大战阵亡的法国邮船总公司的西爱咸斯（Herve de Sieyes，? —1916），1943 年以浙江永嘉改今名。

　　永嘉路也是近现代历史博物馆，曾经有许多历史人物的足迹，他们中有政治家、科学家、艺术家、建筑师、法学家、医师、实业家、文化名人和教育家，永嘉路是他们活动的舞台和场所。

革命文物是永嘉路的地标，1939 年 4 月至 1942 年 11 月，抗战时期的中共江苏省委机关就设在慎成里 66 号，当时的中共江苏省委书记刘晓和组织部部长王尧山等都曾在此居住。国歌的作词者田汉（1898—1968）于 1938 年至 1942 年居住在永嘉路 371—381 号，这里也曾经是南国艺术学院的所在地。中国民主政团同盟发起者，民主主义革命家和教育家张澜（1872—1955）的故居在永嘉路 321 弄集益里 8 号。

民国时期的行政院院长兼财政部部长孔祥熙（1880—1967）和夫人宋蔼龄（1889—1973）的住宅在永嘉路 383 号。1976 年至 2003 年，上海电影译制厂入驻这幢楼。

永嘉路 501 号位于岳阳路转角，曾经是宋子文的旧居，民国时期，宋子文曾任国民政府财政部部长，权倾一时。该建筑由德国建筑师扑士（Emile Busch）设计，扑士曾参与南京中山陵的方案评审。公董局 1929 年和 1931 年的图纸和档案，注明这座建筑的业主是宋子文（Song Tse Weng），当时的地址是祁齐路（今岳阳路）。

建于 1928 年的永嘉路 623 号是著名科学家、教育家顾毓琇（1902—2002）的旧居。著名天文学家李珩（1898—1989）和夫人、著名翻译家罗玉君（1907—1987）居住在永嘉路 555 号。

民国时期曾经担任国民政府内政部营建司司长的哈雄文

建筑师（1907—1981），以后成为同济大学教授，曾住在慎成里65号。

建造了上海近代许多重要建筑的著名的陆根记营造厂创办人陆根泉，曾居住在345弄6号的里弄公馆。中华人民共和国成立后，上海京剧院的办公处曾设在这幢大宅内，1977年至2002年成为上海市滑稽剧团所在地。

著名摄影家郎静山（1892—1995）曾经住在永嘉路386弄正蓄小筑8号。

法国历史学家布里赛（Bernard Brizay，1941—　　）在《上海：东方的巴黎》（*Shanghai: Le "Paris" de L'orient*）一书中说："世界上很少有城市能提供如此丰富多彩的建筑风格，这些风格和当今建筑的平庸形成鲜明对比。"当年的法国人努力想将法租界建成一座典型的法国式城市，通过一系列的规章和建筑，使城市面貌和生活品质塑造出特殊的品位。

许多中外建筑师在永嘉路留下了他们设计的建筑，彰显了他们的艺术才华和对未来国际大都市的理想，也充实了上海的现代生活空间。永嘉路383号最初是美国人颜德胜（L. Andersen）的住宅，由英国建筑师思九生（Robert Ernest Stewardson）设计，1924年建成。思九生设计过上海邮政总局（1924）和今上海市少年宫所在的大理石大厦（1924）等优秀建筑。匈牙利建筑师邬达克（Ladislaus Hudec，1893—1958）曾经在1932—1933年为改建孔祥熙宅做过设计。

设计复兴中路派克公寓（今花园公寓，1926）的法国建筑师葛兰柏（Paul R. Gruenbergue）设计了永嘉路 389 号刘宅（1922）和永嘉路 630 号英国商人牛臣（C. C. Newson）的住宅（1925）。

建筑师邬达克为普益地产公司设计了永嘉路 563 号、615 号、523 号花园住宅（1925—1930）。628 号苏联记者和外交官宋平（H. Vladimiroff，曾译弗拉基米罗夫）的住宅（1929—1930），也是邬达克的作品。

法国建筑师赉安（Alexandre Léonard，1890—1946）和维塞尔（Paul Veysseyre，1896—1963）在差不多一百年前为永嘉路设计了许多住宅，他们也把自己的住宅建在永嘉路上。维塞尔宅位于永嘉路 590 号（1924），紧邻 588 号的赉安宅（1925）。他们设计了永嘉路 555 号、557 号住宅（1924），479 号恰卡良（Tchakalian）宅（1925），571 号瑞士商人韦伯（C.A. Weber）宅（1925），以及 527 弄 1—5 号住宅（1932）等。

柯士德建筑师事务所（Koster & Chang, Architects）的建筑师柯士德（George Edward Koster）曾居住在 418 弄 1 号。

俄国建筑师罗平（Gabriel Rabinovich）也在永嘉路留下了一件住宅作品（1934）。

丹麦土木工程师康立德（Aage Corrit，1892—1987）创办的康益洋行位于永嘉路 64 号，曾经承担了许多建筑的结构与设备设计。

上海近代许多著名的建筑师在永嘉路留下了他们不朽的作品。著名的华盖建筑事务所设计了位于永嘉路和陕西南路转角的立地公寓（1935）。赵深（1898—1978）、陈植（1902—

2002）和童寯（1900—1993）于1933年组建华盖建筑事务所，这家事务所在全国各地留下了许多优秀的建筑。

设计过南京大戏院（今上海音乐厅，1930）和衡山路上的集雅公寓（1934）等优秀历史建筑的建筑师范文照（1893—1979）设计了385号住宅（1934）；设计西藏南路青年会大楼等优秀历史建筑的建筑师李锦沛（1900—1968）设计了760号住宅（1935—1936）；建筑师奚福泉（1902—1983）设计了永嘉路三层欧式住宅（1933）和21弄恒爱里（1938）；建筑师徐敬直（1906—1983）设计了387号住宅，并为永嘉新村加建（1946—1948）；建筑师谭垣（1903—1996）设计了永嘉路安亭路口的住宅（1933）；建筑师缪凯伯设计了慎成里（1931）。

永嘉路的大部分住宅建筑建于20世纪20—30年代，当时正是上海作为国际大都市发展的黄金时代。1923年建的309弄和315弄西爱里，以西爱咸斯路的简称命名。20世纪30年代建造229弄逸安里，1930年建622号余福里，1932年建136弄金仁里和345弄，1933年建172弄双龙坊，1935—1940年分两期建成300弄新式里弄和村，1936年建蓉村（又名蓉园），1939年建319号及321弄集益里以及416弄同益村。

1940年建485弄和平村及386弄两宜新村，以及496号、498号和500弄的思齐新邨；1941年建396弄正蕃小筑；1947年建580弄永嘉新村，原系交通银行职工宿舍；1948年建新式里弄353弄华村。

近些年来，永嘉路上陆续建造了一些住宅大楼，如

1994 年建永嘉路 158 号嘉嘉大楼和 589 号永嘉大楼，1996 年建永嘉路 580 弄永嘉花苑，1997 年建永嘉路 580 弄 110 号年平公寓，2000 年建永嘉路 96 号永嘉公寓等。

永嘉路在 15 分钟社区生活圈的城市更新中发挥活力。使庄慎建筑师获 2021 年亚洲建筑师协会金奖的口袋公园嘉澜庭也位于永嘉路，这里逐渐成为社区居民的生活、社交场所和城市地标。

永嘉路有着多元的文化和历史风貌，代表了上海近代居住建筑在城市规划、建筑艺术和技术层面的水平。随着生活方式和城市空间的更新，永嘉路会不断焕发新的生命，展现社会主义现代化国际大都市的城市风貌。

2024 年 4 月 5 日

（本文作者郑时龄系同济大学教授，博士生导师，中国科学院院士）

间半式住宅

钱宗灏

　　永嘉路 231 弄是一条纯西式的联排房屋（Terrasse），据记载建于 1930 年。以我个人的观察，这处房子不是那个年代流行的建造样式，即那种从旧式石库门里弄改良而来的新式里弄。永嘉路 231 弄内房屋的单户面阔有 6 米，和大多数旧式或新式里弄都不一样。上海的里弄住宅一般都采用英制，多数里弄房子的开间面阔为 12 英尺（3.6 米多一点），少数品质高、体量大的可达 14 英尺（4.3 米不到一点），而 6 米已有相当于一开间半的面阔。所以像这类房屋，上海人给它起了一个很贴切的俗称，叫"间半式"。

　　在伦敦有一种常见的民居就是间半式的，不过英国人不称为间半式，而称为维多利亚式排屋（Victorian row house）。英国人说这种房子大量建造的时间段是在 19 世纪后期至 20 世纪初期，当时主要是供收入水平较高的中产阶级购买。这种房子比一般的要大些，屋前屋后都有个小花园，室外有七八级石梯通向一层，入内有一条宽宽的走廊，一扇侧门进入起居室，往前走是去往二层的楼梯，一层下面还有个半地下室，可以用作厨房和洗衣房，也可以给用人住，或者出租给房客居住。为了给地下室一点通风和采光，所以就提高了半层，同时还可以起到一层通风去湿的作用。在美国东海岸的纽约、波士顿这些有英式建筑的城市，这样的房子也很常见，20世纪90年代热播的电视剧《北京人在纽约》中的王起明夫妇刚到美国时住的就是这种半地下室房屋。

上海的间半式住宅原型来自伦敦，引入上海的时间大约是在20世纪20—30年代。最初是全盘引进的，如陕西北路上的太平花园，后来发现有点不合适，因为上海地下水位高，易返潮，下层并不适合居住和储物，于是建造者根据实际情况作了些改动，将半地下层改成了1到2英尺高的架空层，形式上有了半地下层的影子，功能上还可以排水管网和散发地面的潮气。在伦敦的维多利亚式排屋都是沿着街道周边配置的，围合处中间往往设置一块大大的草坪，供孩子和老年居民日常户外活动、散步和晒太阳；而上海，一方面土地金贵，另一方面也比较习惯朝南的里弄形式，所以除了像

永嘉路231弄部分住宅俯视图

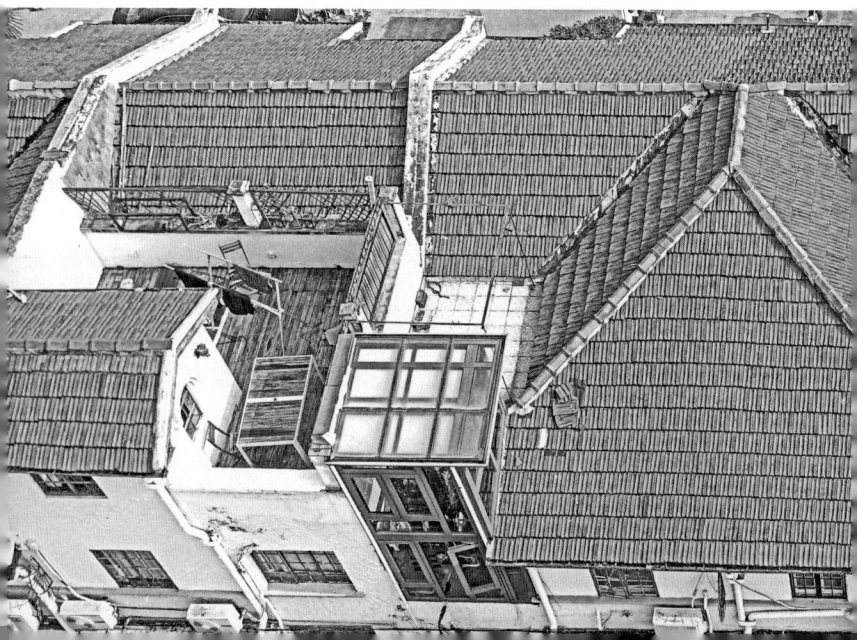

虹口昆山花园等个别案例之外，开发商们往往都改成了行列式布局，这样就提高了土地的容积率，但房屋室内的平面布局是差不多的。

永嘉路 231 弄房屋的前面有铁丝网格围栏的小院。小院同样宽 6 米，一侧有铺面硬化的小径通往入户门，跨上三级石阶，开门是一个两米见方的门厅，前面是一架直跑梯通往二楼，边上另有门通往起居室。起居室很宽敞，楼梯下面的空间设置成储藏室，后面有门通往厨房、卫生间和小天井，小天井有门可通往后弄道。二楼的过道前端是盥洗室，盥洗室开窗较高，可挡住外来视线；后部另有一间卧室，有门可通往晒台。

弄内沿南北方向联排布置着十二套单元这样的住宅，建筑均为两层砖木结构，住宅东西朝向，前后窗可对流通风，底层架空地板也有利于室内干爽。各单元住宅内的壁炉、楼

永嘉路 231 弄 3 号、4 号单元门

水泥拉毛外墙

梯、盥洗室均靠分隔墙一侧呈两两对称分布，这样的配置体现了欧洲自工业革命以来的标准化思想，有利于设备安装及后期维护。住宅外观则略显低调和人性化：传统的红瓦双面坡屋顶，单元分割墙高出屋面，与方阔的壁炉烟囱一起构成具有亲和力的图景。整排房屋的外立面凹凸有序，富有韵律感；浅色的鱼鳞纹水泥拉毛外墙既体现了手工营造的精细，又与每套住宅前的小花园形成虚实对比。

据 2009 年第三次全国文物普查人员记录：建筑现状总体保存一般，结构稳定，住宅功能齐全，原始壁炉部分单元内仍有保留，西侧晒台及后天井内外因多有改扩建，破坏了原先的设计感，排屋整体风貌已近消失。又据当时居民介绍，永嘉路 231 弄原来没有这么宽，因与 229 弄之间隔墙拆除，才合并成为现今宽阔的弄道。该处十二个单元的联排住宅，为原国泰大戏院老板兴建的房产，民国时期曾有三位国民大会代表在此居住，现分由十二户居民使用。

此说为口口相传，尚有待日后文字资料印证。历史上国泰大戏院的老板是英籍广东人卢根，他是中国早期电影业的翘楚。但卢根是华人，他投资盖房子出租或出售习惯上肯定是要按照中国人的观念来办事的，建造东西朝向的房屋不符合这一观念，个中必有原因。果然，我查了原法租界的地籍图，发现永嘉路 231 弄所属地块的编号为 F.C.9592 和 F.C.9593 号，都是细长条南北走向的，单块地根本无法利用，合并起来建造十二套单元的西式联排住宅，然后出租给对房屋朝向不太讲究的外国人是最佳方案。西方人没有在室外晾晒衣物的习惯，室内有壁炉，冬天也无须靠阳光取暖，只要符合他们的居住习惯就行，朝向对他们来说无所谓，而中国人住房子肯定是要选择朝南的。

为此我又查了《字林西报》馆编辑出版的《行名簿》，发现至 1932 年版的《行名簿》上仍没有西爱咸斯路 231 弄的踪迹，这说明当年这排房子还没造好或者刚造好还没租出去，看来现有建于 1930 年的说法应该是买下这块地产或者委托建筑师设计房屋的年份，不是竣工交付使用的年份。再查 1936 年版的《行名簿》，就有了相关记录，再一看，果然大多数住户都是外国人，具体如下：

1 号住户：F.M. Hale　慎昌洋行（Andersen Meyer & Co.）电机部主任

2 号住户：Santus Andre　无职业记录

4 号住户：C. Bhark　无职业记录

6 号住户：Mrs B.A. Donny　无职业记录

7 号住户：A.G. Stewart　在海关工作

8 号住户：B.A. Lisunov　无职业记录

10 号住户：Capt. & Mrs F.W.A. Heisterberg　一位老船长

12 号住户：H.H. Eulitz　德商立新建筑材料公司（Builders' Supply Co.）老板

从上述史料记载中可以看出，大多数住户都没有身份和职业记录，这说明，这些居民或者是已经退休，选择在上海安度晚年的外国老人，或者是刚到上海，还没有找到合适职业的年轻人。由此还可以得出这样的印象：这里的房子可能租金相对低廉，比具有完备生活服务设施的公寓更适合上述人员居住。

值得一提的是居住在 1 号的海尔（F.M. Hale）先生，

他没有带家眷，在慎昌洋行担任电机部主任，是一个很重要部门的管理人。

慎昌洋行曾是一家非常著名的进口代理商和本土制造商，中华人民共和国成立后曾以它为主体组建了上海锅炉厂，值得花些笔墨简单讲一下：

1906 年，年轻的丹麦人伟贺慕·马易尔（Vihelm Meyer）与他原来的同事伊万·安德生、阿道夫·裴德生一起，合伙在上海泗泾路 2 号成立了安德生—马易尔公司（Andersen，Meyer & Co.），为了便于在中国经营，他们按惯例给公司起了一个中文名——"慎昌洋行"。新成立的慎昌洋行同他们原来供职的丹麦宝隆洋行一样，主要经营进出口业务。在此之前，宝隆洋行因为在大连的投资遭受巨额亏损，总公司下令关闭了在中国的所有分公司。

1907 年，合伙人安德生和裴德生都因受聘于其他大公司而相继离去，马易尔成为公司的独资老板，他积极开拓业务，经常在欧美旅行，将慎昌洋行改在纽约注册，成为一家不断发展的商贸公司。1908 年，上海慎昌洋行搬到了圆明园路 4 号的两间房子里。过了几年，马易尔又买下了隔壁的房产和街对面的两栋房子。这四处房屋（圆明园路 4 号、5 号、6 号和 8 号）就成为公司在上海的营业地址。现在是外滩的最美后街——圆明园路步行街。

马易尔独立经营后，先后在北京、天津、哈尔滨、汉口、青岛、济南、广州、厦门、香港开设了 9 家分行。1915 年，慎昌洋行成为美国通用电器公司 GE 品牌的在华总代理。1916 年，马易尔在圆明园路兴建了新的慎昌大楼，即今圆明园路 21 号、43 号。

马易尔的夫人吉斯腾受过良好教育，有很高的艺术天分，她为慎昌品牌设计的三角形商标，是以匿名投标的方式经评委会评选后被选中的，一时成为公司的佳话。

1921年，在上海杨树浦2200号建成慎昌洋行杨树浦工场（后来上海电站辅机厂所在地），主要生产五金电器和机械设备，获得快速发展。慎昌洋行原来主要经营进口五金、电器及机械设备，为进一步扩大经营范围，又以股份制形式吸纳中资，成立中外合资企业——慎昌钟表眼镜股份有限公司。20世纪20年代初期，在南京东路245号设立了慎昌钟表总行，又在南京东路689号设立慎昌钟表分行。

慎昌钟表行鼎盛时期的分行数量曾和亨达利、亨得利、余昌、美华利等基本相当，主要销售进口和国产品牌的钟表眼镜，产品有的直接向国外采购，有的委托加工或授牌订制。当时委托加工、授牌订制的具有中国特色的慎昌款插屏钟（南京钟）数量，与亨达利、亨得利、余昌、美华利等牌子相比较少，所以慎昌款插屏钟成为后来收藏界争相寻觅的对象。

20世纪20年代至30年代初，马易尔夫妇常在上海、北京两座城市居住生活，夫妇俩热爱中国文化，喜欢收藏古董，他们在北京大元宝胡同买下了一座旧王府。马易尔天生有一副很好的男中音歌喉，对京剧也有着浓厚兴趣，后结识了京剧大师梅兰芳，并与其成为好朋友。孰料1934年马易尔妻子吉斯腾因癌症在丹麦病故，马易尔悲痛万分，在处理完妻子的后事，返回上海的轮船上常常深夜里不穿外套在甲板上走来走去，结果得了肺炎，又导致恶性贫血症。1935年1月8日，马易尔在上海爱文义路（今北京西路）寓所病逝，遗下四个女儿。双亲先后病故，女儿们在家庭律师的代理下，卖掉所有慎昌洋行股份及在华资产后返回丹麦生活。

后来，马易尔小女儿露易丝的儿子白慕申（C.B. Bramsen）成为一名外交官。20世纪90年代，他曾任丹麦驻上海总领事和丹麦驻华大使。1996年他撰写的《马易尔：一位丹麦实业家在中国》出版了，书中记述了他外祖父的生平事迹。1997年，白慕申大使带领马易尔家族成员访问过上海，还来到上海历史博物馆参观，恰好那时我正供职于上海历史博物馆，我们陪同大使先生一行参观了陈列并举行了座谈。白大使将他新出版的书赠送给了我。

走进慎成里

惜　珍

　　慎成里是目前永嘉路上保存完好，还有烟火气的、最大也是较为完整的一条新式石库门里弄。慎成里的房产商于1931 年 5 月 15 日在《申报》上大做招租广告，广告中如此描述："法租界西爱咸斯路（今永嘉路）、甘世东路（今嘉善路）转角慎成里，有新建三层楼高等住宅百余幢出租，式样美观，空气舒畅，雇用武装巡捕日夜保护，室内装饰设计精致异常，自来马桶等皆有，极合卫生。至于交通，尤为便利，无轨电车可直达门口……"20 世纪 30 年代，江浙一带的地主、富豪纷纷来上海投资，这个广告吸引了一批收入不菲的人入住。

　　2023 年初冬，我和徐汇文旅局丹丹老师在慎成居委第一支部书记张义清先生陪同下走进永嘉路 291 弄的慎成里。张先生说他自己从 1951 年开始就一直住在慎成里，至今已有七十余年了，可以算是慎成里的老居民了。他为人热情诚恳，说起慎成里如数家珍。带我们行走在慎成里时，弄堂里的邻居都会亲切地和他打招呼；他几乎可以毫无障碍地走进弄堂里的每一家，这为我的采访提供了极大的方便。

永嘉路正弄"慎成里"

有趣的两个过街楼

慎成里建成距今已有九十多年，慎成里最突出的特点是人居遗产，所有的生活方式、居住功能都是延续下来的。从建造之初至今，这里的历史功能始终未变，依旧保存着老上海传统的语言表达方式、石库门邻里之间的关系以及彼此日常生活的交往方式等。

张先生告诉我们，慎成里共有三个出入口，朝东通嘉善路，朝北通永嘉路，朝西与永安别业（今襄阳南路357弄）相连，通向襄阳南路。在永嘉路和嘉善路的出入口分别是两个过街楼。

上海里弄的过街楼，作为石库门弄堂的入口，是马路与里弄内部连接的一种渗透性空间，过街楼使得上部与沿街门面房子相连，下部则留出"骑楼"通道，作为里弄的入口。慎成里的两个过街楼各有特色。慎成里有永嘉路、嘉善路两边沿街二层楼房裙围，永嘉路正弄过街楼和嘉善路边弄过街楼上部都镂有民国时期留存至今的字匾"慎成里"。永嘉路正弄口的过街楼作为慎成里的主要通道和弄内各种人群活动的聚合点，就好像是整条弄堂的客厅，过街楼底下的空间具有遮风挡雨的功能，里面放置了一些可供休闲的桌椅，成为弄内邻居聚在一起谈论家长里短的社交空间，显得温馨而有人情味。正弄口过街楼二层是一个单间带阁楼的居住单元，这个阁楼还带一个南向老虎窗，俯视着慎成里的主弄。从过街楼进入弄内，可见弄身十分宽敞，弄内有1—90个门牌号，共十二幢三层石库门房子，主弄左右两边各两排南北朝向的石库门住宅，主弄中间左边两排住宅为东西朝向，右边一排L形住宅为东西南北朝向的左二排、右三排，再往前走就进入襄阳南路357弄的永安别业，这里是慎成里的又一个出入口。弄内石库门住宅均为机平瓦屋面，红砖清水外墙上留下岁月斑驳的痕迹。两扇黑漆大门内是天井，天井内是客堂间，客堂间后面是楼梯及后天井，再后面是灶披间及后门。从楼梯上去先经过二楼亭子间到达二楼正间，然后经过三楼亭子间到三楼正间，再上去就是晒台了。

位于嘉善路218号的边弄口过街楼不同于永嘉路正弄口的过街楼，进出处只留有不足1米宽的狭窄通道。在这个过街楼底层开有一家理发店，不仔细辨别的话，与两侧的沿街门面房子无异。过街楼的腰檐上嵌有"民国廿年慎成里"的字匾，透露了其作为过街楼的身份。字匾下方的通道便是这家名为"兄妹"的理发店，张书记说这家理发店已经有六十年的历史了，历经三代人的传承，慎成里的居民有很多人在这里理过发，到了过年过节生意更好。以前只是弄堂口的一个摊位，现在的店铺是后来加建的空间，我看到在慎成里门匾下方有"兄妹私属造型"的中英文标记，也算是与时俱进了。

有故事的街面店铺

与上海所有的石库门里弄一样，慎成里分为沿街的门面房子与内部标准的石库门房子。慎成里在沿永嘉路和嘉善路的街面上，有两排沿街的门面房子，这些街面房子底层开店，上层为居民住宅。记得作家叶辛在《慎成里非同寻常》一文中曾描述记忆中慎成里的街面店铺："沿嘉善路的街面和永嘉路的街面，一溜开的全是小店。这些小店铺，根据需要，有的装修成整个统一的门面；还有不少买卖是有柜台的，比如小药店、小文具店、小五金店。柜台通常设计成 J 形以利于顾客走进来挑选商品，也方便雨天未带雨具的路人进店里躲雨。设计成这样柜台的店铺，往往是前后门相通的。而前后门之间的那扇门，虽然掩上了，依惯例是不上锁的。"如今这些门面房里开设着各种小吃店、蔬菜店、便利店、药店、理发店等，还有咖啡店和电脑手机维修店等。张先生告诉我，慎成里的这些店面大都是有历史渊源的。比如永嘉路、嘉善路转角处的永嘉路 277 号底层原先是永丰当铺，现在把原先的石库门门头复原后开了家咖啡店。石库门门楣上的"BIG SUR COFFEE"显得别具一格，店内空间高敞开阔，座位不少，沿街的座位开着大窗，在石库门里喝咖啡、看街景别有趣味。与之相邻的永嘉路279号济生堂国药号原来是济生堂药铺，临街的两家理发店也是早就有的，当初的名字是都华理发店和德利美发厅；而那家洗衣店也是老的，原来的名字叫曹永兴洗衣店。我们看到的小便利店所在的位置以前是一家烟纸店。

在慎成里正弄弄口西侧开着一家红色文化主题咖啡馆"初心会客厅"，咖啡馆门口上方的玻璃上自右往左用空心楷体写着"老虎灶喫咖啡"。听张先生说这家咖啡馆前身是老虎灶，所谓"老虎灶"，就是昔日上海弄堂内售卖开水的地方。大小不过一扇门的宽度，用砖头水泥临门砌着一个长方形台式通膛炉灶，灶面上放置两三口大小不等的铁锅，铁锅里烧水，燃料大多是砻糠或者煤炭，烟囱在屋顶上，炉膛在店内，灶口对着门外，其形状就像一只张开嘴巴爬卧着的老虎，所以俗称"老虎灶"。老式石库门没有煤气，老虎灶从清晨就开始给附近居民供应开水，一直到深夜。门牌旁的"1931"字样想来是这家老虎灶的开设时间，如是，它差不多是和慎成里同岁了。现在，这家十平方米的老虎灶被改建为咖啡馆，门口摆着的老式竹椅子是以前弄堂人家常见的，室内红色砖墙上贴着《申报》的复刻版，挂着上海城建档案馆觅来的慎成里当年的建筑图纸，还有一组特别的照片来自慎成里的居民、作家丁言昭女士。

1939年4月，中共江苏省委转迁到慎成里66号，由王尧山、赵先夫妇做二房东，刘晓做房客，掩护省委活动。如今，这里已成为慎成里珍贵的红色印记。作为慎成里的"原住民"，丁言昭的父亲、著名出版家丁景唐先生1940年起就居住于此。每当有客来访，丁先生就会带大家移步到弄内66号中共江苏省委旧址合影留念，这些珍贵的留影现在被丁言昭女士带到了"初心会客厅"展示。这次，在居委会办公室我见到了丁言昭女士，她毕业于上海戏剧学院戏剧文学系，因为喜欢儿童戏剧和歌舞，到上海木偶剧团担任编剧，创作了许多木偶剧。她还是中国作家协会会员，著有《中国木偶史》《关露传》《爱路跋涉：萧红传》《悲情陆小曼》《骄傲的女神：林徽因》《在男人的世界里：丁玲传》等，2020年出版的《丁景唐传：播种者的足迹》，是她为父亲写的一部传记。短短的会晤中，我感受到了丁家人真诚、内敛、低调的品格。

在慎成里嘉善路的门面店中有两家名气很响的网红店，一家是晓平饭店，张先生说这是一家以家族传承的方式代代相传的饭店，从现任老板外婆开始已经传承了三代人。这里原先是做馄饨、水饺的普通点心店，因店面靠近菜场，在20世纪90年代末开始有些简单的家常小炒。这栋石库门一层原本是现任老板的阿姨一家生活居住的场所，阿姨搬走后，便将其改造成为饭店。2004年，创始人夫妇找到在虹桥机场担任行政主厨的亲戚唐懿宸，当时，他才23岁。这位"80后"的店二代接手时，晓平饭店还只是做些点心和炒菜，他不仅传承了小店本有的烟火气，还勇于创新，融合了新鲜的食材、成熟的烹饪技巧、丰富口味的晓平饭店很快成为慎成里街坊邻居、过往游客的必吃之店。后来，老板又将二、三层一同租下，改造为规模更大的饭店，餐厅布置简朴，蓝印花桌布，原木椅子，三楼的木头人字形屋顶还开有老虎天窗，就像走进了普通的上海人家。这家餐馆已连续四年蝉联大众点评"必吃榜"。登上"必吃榜"后，外地来打卡的游客明显多了，节假日一天可接待一百多桌，翻台四到五遍。随着生意越来越好，前来就餐人员增多，狭窄的石库门空间已容纳不下过多的食客，便逐渐向街道延伸出外摆空间、等候空间。附近居民口口相传，线上榜单"种草"引流，小饭馆成了本帮菜小网红，也吸引了一批"90后"的店三代持续加入。采访那天将近中午时分，门口已开始排队了。晓平饭店旁边是小陶面馆，做的是上海特色本帮面。门口墙上钉着的一块牌子上分三行写着"米其林强烈推荐/小陶面馆嘉善路店/荣获米其林指南餐厅"。小小门面的面馆居然是米其林必登餐厅，堪称上海面馆的"天花板"了。我们路过时，见里面二十来个食客正吃得有滋有味，外面还排着长队。张先生说，这家面馆开了二十多年，每天只做半天。老板娘笑呵呵地接待来客，给客人以宾至如归的感觉，顾客吃的不仅仅是面的味道，还有亲切的味道。两家网红餐厅开在慎成里弄堂前，这里的居民有口福了。

逸驹《影场观光记》（1933 年 6 月 28 日《申报》）

一墙之隔的天一影片公司片场

　　20 世纪 30 年代，慎成里 3 号、10 号、36 号、40 号、43 号等分别居住着至少七位电影界人士，他们曾经在天一影片公司工作过，而这家电影公司就位于与慎成里一墙之隔的嘉善路 234 号。

　　那天，在张先生的陪同下，我看到了 20 世纪 30 年代著名的天一影片公司所在的建筑，那是一幢红瓦灰蓝色墙面的三层法式别墅，在周围的建筑中显得很特别。主楼南侧与东侧原为电影制作片场，可配合电影搭建不同场景。1933 年 6 月 28 日《申报》刊登"逸驹"写的《影场观光记》中对天一影片公司邵氏片场做了介绍：

　　　　天一公司在法租界甘世东路的尽头，……摄影场的

> 外面本是一片广场，现在大加改造，亭池花木，颇具园林之胜。……走进摄影场，见场中搭着两个布景，都是简朴无华的乡村屋子。邵君告诉我：南面是《飞絮》的布景，北面是《挣扎》的布景。

或许是片场设于此处的缘故，当时邻近的慎成里也成了好多导演、演员的居住地。

在早期中国电影史上，天一影片公司是出品数量最多、存在时间最长的电影企业之一，仅次于明星电影公司。天一影片公司由邵氏四兄弟（邵醉翁、邵邨人、邵仁枚、邵逸夫）于1925年6月在上海虹口东横浜路383号创建，专门从事影片的摄制与发行。老大邵醉翁任总经理兼导演，老二邵邨人负责制片兼编剧，老三邵仁枚负责发行，老六邵逸夫负责摄影。成立当年就拍摄了影片《立地成佛》《女侠李飞飞》等，迅速在业内站稳脚跟，公司旋即派邵仁枚和邵逸夫前往新加坡、马来西亚开拓南洋市场。

1926年起，天一影片公司拍摄了由胡蝶主演的《梁祝痛史》《珍珠塔前后集》《义妖白蛇传》《孟姜女》等古装片，这些影片多数取材于中国古典小说和民间故事，并公开主张"注重旧道德、旧伦理，发扬中华文明，力避欧化"的拍摄理念。这些影片故事情节家喻户晓，加上宣传声势浩大，颇受南洋华侨欢迎。1928年，又拍摄了《混世魔王》和长达九集的《乾隆游江南》影片，在影界掀起了一股古装片浪潮。

1929年，邵醉翁积极筹备有声影片的试拍工作，并于1930年开始试制蜡盘发声的短片《钟声》。不料，中途摄影棚失火，影片烧毁。邵醉翁并不灰心，他决定选址法租界甘世东路（今嘉善路）重建摄影棚。1931年，利用美国人的有声器材和技术，拍摄了中国最早的两部上发声影片之一的《歌场春色》。这部片子为中国有声电影技术带来了突破。1933年，天一影片公司邀请粤剧表演艺术家薛觉先与南国名媛唐雪卿主演影片《白金龙》，在香港、南洋各地公演，颇受欢迎。从1934年开始，天一影片公司彻底转为有声片的摄制，并放弃其擅长的古装题材，转向以现代都市小市民生活为主要题材。在迁址到慎成里旁的嘉善路234号后，在此经营了七年，马师曾、胡蝶、叶弗若等著名影人加盟，开创了中国

《儿女英雄》第一集《十三妹大破能仁寺》宣传海报

有声电影的辉煌。自1925年至1937年，天一影片公司在上海共拍摄了无声故事片60余部，有声故事片35部，长短新闻片、纪录片15部。1937年春，天一影片公司结束了在上海的制片活动，将全部资金、设备转移至香港，在香港改名成立了南洋影片公司，延续至今。

昔日居住在慎成里的天一影片公司职员中，知名度较高的是范雪朋。她是20世纪20、30年代的著名武侠明星，被誉为中国第一代"打女"。她在1927年拍摄的中国第一部武侠电影《儿女英雄》中饰演主角十三妹，其飒爽英姿和洒脱的表演受到观众追捧，影院场场爆满，范雪朋也由此成为红极一时的女侠明星。1934年范雪朋加入天一影片公司时，武侠片已经衰落，她在天一影片公司主演拍摄了《黎明》《舞宫春梦》《杨柳村》《母亲》等影片。除了天一影片公司的演员，慎成里还居住着另一位有名的电影明星，他就是有"东方哈代"美誉的喜剧演员刘继群。他在1934年入住慎成里3号，此时的他正处于事业上升期，在为联华影业公司拍摄的多部影片中以淳朴老成的表演博得广泛好评，声誉渐起。1936年后，刘继群开始为新华和华新等电影公司拍片。正当他事业步入佳境时，却于1939年11月14日因突然中风病逝于慎成里家中。

弄内居民藏龙卧虎

1932年，慎成里18号住着一位在四川路29号三楼开业的律师马寿华，邻近的16号则住着过守一律师，他是上海律师公会会员，早年留学日本，曾受聘于无锡工商业翘楚荣氏家族，担任申新棉纺公司的法律顾问。在1935年轰动全国的申新七厂拍卖案中，荣氏家族多份重要通告就是通过过守一律师对外发布的。1933年8月31日，慎成里71号迁入上海地方法院院长沈锡庆。此人在当时的上海法学界颇有名气，他是辛亥革命烈士徐锡麟的表侄，毕业于日本早稻田大学法科。除了这些名律师，20世纪30年代居住在慎成里的还有上海滩各行各业有头有脸的人物，如8号住着会计师何元明，27号住着同济大学军事教官何良信，61号住着上海市政府秘书王绍奇，79号住着女作家郭箴·及木刻版画家温涛、郑野夫等。弄堂内开设有三家私人诊所，诊所的医师自然也是慎成里的住户。

在慎成里住得最久的文化名人当数著名出版家丁景唐先生了，他和家人从1940年起就住在这里。巧的是陪同我们的张义清先生的家就在丁景唐先生家对面，他家前门正对丁景唐先生家后门。

祖籍浙江镇海的丁景唐出生于1920年，6岁时父亲去世，12岁被姑姑接到上海，入金陵公学读小学四年级。母亲去世后，他随姑姑回乡奔丧，之后又回到上海。14岁越级考入上海基督教青年会中学初中二年级，开始阅读《小说月报》《语丝》《创造季刊》等新文学杂志及创造社和左翼作家作品。16岁时，入上海青年会中学读高中。1938年秋，丁景唐（署笔名丁宁）与同学王韬办了一份文艺刊物《蜜蜂》。同年11月，他加入了中国共产党。1944年，丁景唐从光华大学毕业后，历任《小说月报》《译作文丛》《文坛月报》编辑。

中华人民共和国成立后，丁景唐长期在上海宣传出版系统工作，历任中共上海市委宣传部文艺处处长、宣传处处长、新闻出版处处长，上海市出版局副局长，上海文艺出版社社长兼总编辑等。著有诗集《星底梦》、评论集《学习鲁迅和瞿秋白作品的札记》《犹恋风流纸墨香六十年文集》等，他主编的《中国新文学大系（1927—1937）》获得中国第六届图书奖一等奖。

这位既是文史学者、作家，又是出版家的文化名人在慎成里住了七十多年。虽然丁景唐在编辑出版事业上成就杰出，但他在日常生活中与普通老百姓无异，待人和善可亲，毫无架子。丁景唐晚年，因为三楼朝南的房间阳光充沛，这间仅二十平方米的房间便成了他的卧室、书房、工作室、会客室。占据房间中心的是一张大桌子，室内东、西、北靠墙放着高高低低的书橱，他在玻璃书橱门上贴着一幅自书的陆游诗句"老来多新知，英彦终可喜"。

丁景唐晚年常用"景玉"之名通信、题署、作文，那是把他和他的夫人，也是大学同学、地下党员的王汉玉名字中的"玉"字与自己名字中的"景"字组合而成的，并请好友钱君匋专门刻了几方印章："景玉""景玉共赏""景玉赠书"。丁景唐在上海鲁迅纪念馆辟有"丁景唐专库"（藏书室），自书库名"景玉公书"，可见其伉俪情深。他们在慎成里养育了七个儿女，都是优秀才俊，而与他研究现代文学一脉的是老三丁言昭和老五丁言模。丁言昭擅长人物传记，丁言模专攻瞿秋白和"左联"。

俗话说：仁者寿。2017年12月11日，生性淡泊宽容的丁景唐以97岁高龄驾鹤西去，走完了他为国家文化事业呕心沥血的一生，从此离开了他居住近八十年的慎成里。好在，如今依旧居住在慎成里的丁先生的儿女继承了父亲的文脉，在慎成里开枝散叶。作为文化名家的丁景唐先生平生交游甚广，许许多多文化名人曾频繁出入于慎成里丁先生家，弄内留存了无数名人足迹，使得这条普通的石库门弄堂在中国文化史上留下了浓墨重彩的一笔。

那天我们还有幸跟随张义清先生走进了他在慎成里的家。张先生家的这幢石库门房子，中间的天井贯通三层，地面用青砖铺设，光线因周围高屋围堵显得幽暗。跟着张先生一层层盘旋着登上他三楼的家，那楼梯又窄又陡，而且弯度特别多，有人戏称为"九曲楼梯"。从小走惯了的张先生如履平地，我们却走得战战兢兢。登上三楼，眼前豁然开朗，见窗户一边在弄内，一边面朝永嘉路，张先生家三楼窗户正对着丁景唐先生家后门。三楼晒台又是一番好景致。天气晴朗，晒台上花花草草欢快地沐浴在阳光下，晾衣架子上挂满洗好的衣服、床单，祥和温馨的生活气息扑面而来。从晒台往下看是永嘉路嘉澜庭口袋公园，那天正在举办市集，一片热闹景象。往左看的一片水泥拉毛墙面的三楼是民主人士张澜旧居。

从晒台下楼，张先生又陪我们来到对面丁景唐先生故居，现在底楼住着丁先生的儿子丁言模。门前石库门虚掩着，看得见里面的天井和正对天井的客堂间。和张先生家幽暗的天井不同，丁家的这个天井显得十分敞亮。这时，在客堂里面的一位男士看见张先生，就走出来热情地和他打招呼。张先生介绍说此人就是丁景唐的第五个公子丁言模。丁言模初中毕业后到安徽插队落户，后来进安徽滁县一建筑公司当泥水匠，在艰苦繁忙的劳动之余，刻苦攻读，获得电大中文系的毕业文凭。从 20 世纪 80 年代开始，丁言模跟着父亲丁景唐研究瞿秋白，并专攻左翼文学研究，著有《穿越岁月的文学刊物和作家》（一至四），并出版有《鲍罗廷与中国大革命》《瞿秋白、鲁迅等人往事探觅》《瞿秋白与书籍报刊：丁景唐藏书研究》等专著。

1994年6月18日，父子两人曾受邀同赴常州，在常州市政协礼堂举办的"丁氏父子瞿秋白研究学术报告会"上父子俩联合作学术报告，这在学术界是绝无仅有的。丁言模先生十分豪爽，因为和张先生是相处数十年的好邻居，他热情地让我们走进他的家。像所有的作家一样，居室里满是书，占据了房屋的大部分空间，沙发后面的书橱中间并排安放着丁景唐及其夫人的遗像，书桌上的一台电脑打开着，丁言模说他正在撰写一本关于父亲的书，很快便会出版。那一刻，我感觉自己被包裹在慎成里这幢房子浓郁的书香氛围中，心底萌生敬意。

有意思的是张先生家的旁边恰好是丁景唐女儿丁言昭的婆家，也是她婚后居住的地方。张先生告诉我，丁言昭的先生董锡麟也是一位大名人，他是新中国第一代芭蕾舞演员，上海芭蕾舞团的开创者之一，曾任上海芭蕾舞团副团长，还是现代芭蕾舞剧《白毛女》中杨白劳的首任扮演者，这自然给了我意外的惊喜。张先生还说，董锡麟从小就住在慎成里，他1956年考取北京舞蹈学校，在京城学了七年舞蹈。1963年从北京舞蹈学校毕业后，分配到上海市舞蹈学校当老师，当年扮演白毛女的茅惠芳、石钟琴都是他的学生。1965年现代芭蕾舞剧《白毛女》首演，获得广泛好评。21岁的董锡麟在剧中扮演杨白劳。上海舞蹈学校的《白毛女》中，杨白劳只有A角，没有B角，都由董锡麟一人出演，他共计演过1000多场杨白劳。1971年拍摄的电影芭蕾舞剧《白毛女》中，董锡麟塑造的杨白劳形象生动传神而感人，已成为经典的芭蕾舞舞台艺术形象，广为流传。他还在《苗岭风雪》《阿里巴巴与四十大盗》《魂》《阿Q》等芭蕾舞剧中扮演过多个角色。虽然董锡麟已在 2003 年 10 月驾鹤西去，但他俊朗的身影永远留存在了慎成里。

后弄堂的别样风景

那天，张先生陪着我们从慎成里第三个出入口，即襄阳南路出来，张先生指着弄口与慎成里相连的一排房子说，这里当初计划建成慎成里二期，后来改成了永安别业。他指给我看慎成里的门牌号到 90 号就戛然而止，现在中间被隔开了，成了永安别业，慎成里穿过永安别业出来就是襄阳南路，所以永安别业也可算是慎成里的后弄堂。

永安别业建于 1934 年，是旧式里弄砖木结构二层住宅，共有 43 个门牌号码。张先生说现在网上流传上海百年老店乔家栅的老板王汝嘉住在慎成里，这是不对的，其实，他住在永安别业。张先生指着永安别业 4 号和 12 号的房子说，当年，王老板就住在这里。王汝嘉原先是美通汽车公司的跑街，1937 年与李一高合办点心店。不久，王、李意见不合，1939 年春决定分手，李一高将乔家栅的店名卖给了王汝嘉。

王汝嘉于 1940 年秋在今襄阳南路、永嘉路路口开设了乔家栅新店，定名为乔家栅食府，招牌上还标明："南市迁来 30 年老店""只此一家，别无分店"。乔家栅食府以经营江南菜肴和传统糕点为主，王汝嘉广纳各帮名师，还亲自带领技师们到其他店里去品尝他们的特色菜肴，或买回来研究，不久就创造了自己的十大名点：汤团、擂沙圆、粽子、猫耳朵、松糕、八宝饭、虾仁月饼、香糟田螺、面筋百叶和三鲜碧子团。当年，梅兰芳、周信芳、俞振飞、沈尹默、吴湖帆、周瘦鹃等经常到乔家栅来聚会就餐。周信芳为乔家栅题词"味传南国"，俞振飞留下"乔家栅食府好"等墨宝。宋庆龄在沪期间也经常派人来乔家栅买粽子。现在永嘉路襄阳路口的襄阳南路 336 号是乔家栅食府，斜对面的襄阳南路 313 号底楼则是乔家栅糕团店。

在靠近弄口处，我们见到一列三层联排现代风格住宅，共四套居住单元。南立面一、二层是红砖外墙，三层是乳白色墙面，白色的门框和窗框以及圆弧形阳台带着精致的雕花纹饰，是明显的装饰艺术派风格，门牌号是襄阳南路 349—355 号。深秋时节，门前一株高大的香樟树枝叶青葱，另外两棵银杏树却已满树金黄，洒下一地碎金，枝叶伸向三楼的窗户，把这幢住宅衬托得分外浪漫。

张先生指着门牌号为 351 号的住宅说，这就是作家萧军和萧红曾经的居住地。萧红和萧军是一对情侣作家，1934 年 11 月初，萧红和萧军从东北流亡到上海，先是落脚在襄阳南路 283 号二楼一个亭子间；12 月底，就移居到同一条路上的 411 弄 22 号二楼，1935 年 3 月底搬到襄阳南路 351 号三楼。鲁迅曾说，萧红和萧军"搬来搬去搬不出一条拉都路（今襄阳南路）"。

慎成里的这三个弄口两侧有不少点心店，萧红、萧军有一天在敦和里大门口北侧一处卖油条的小铺子买油条吃，回家打开包油条的纸一看，大惊失色，居然是鲁迅先生所翻译的苏联作家班台莱耶夫的童话《表》的原稿。"我们把这油条包装纸马上给鲁迅先生寄去，并写信请他把这《表》的原稿催讨回来……我们在信中表示得很'愤懑'。"鲁迅先生回说："我的原稿的境遇，许（指鲁迅夫人许广平）知道了似乎有点悲哀；我是满足的，居然还可以包油条，可见还有一些用处。我自己是在擦桌子的，因为我用的是中国纸，比洋纸能吸水。"鲁迅先生的豁达通透令萧红、萧军更加敬佩。

萧红搬来两个月后的 5 月 2 日，她家的门被敲响，开门一看，居然是鲁迅和许广平带着六岁的小海婴来了，惊喜万分的两人连忙把突然降临的贵客请进屋里坐下。面对偶像，萧红激动得不知说什么才好。鲁迅抽着烟，笑声朗朗地和两人聊了一个多小时。将近中午时分，鲁迅便邀请二人外出一起午餐，他们走出弄堂去了法租界一家有名的西餐厅。饭后，两人送鲁迅一家上车后回到家中，萧红当即埋首继续写作长篇回忆散文《商市街》。鲁迅先生的来访激励着年轻的萧红，她下笔如有神助，5 月 15 日就完成了这部作品。

一路听着张先生的介绍，站在慎成里弄口，我强烈感觉到慎成里的不同凡俗。这条弄堂里居然藏着那么多故事，那么多了不起的人物。它们无形中孕育出了居住在其间的张先生身上的热心、细致、乐于助人的品格。行走其间，我所感受到的石库门弄堂邻里之间的那份温暖的人情味在空气中流淌，那种氛围让从小生活在石库门弄堂里如今却已远离的我感到说不出的迷恋，那一刻，我仿佛找回了久违了的珍藏在记忆深处的乡愁，是的，那是上海人特有的弄堂乡愁。

中共江苏省委旧址

金国明

我曾数次到永嘉路慎成里进行调研，身临其境想象七八十年前的慎成里。而这次去时我走进慎成里弄堂口的咖啡店，发现墙上挂了几张永嘉路慎成里的老地图和相关报章，颇有收获。不久我又在旧书网上淘得有关慎成里的一些原始资料。本文以尊重史实为主旨，试图厘清抗战时期中共江苏省委选址在慎成里的前因后果和意义。

一、抗战时期中共江苏省委旧址

中共江苏省委旧址位于上海市徐汇区永嘉路 291 弄 66 号（原西爱咸斯路慎成里 64 号）。在 1939 年 4 月至 1942 年 11 月间的抗战时期，这里曾是中共江苏省委机关所在地。慎成里位于永嘉路 291 弄，由缪凯伯工程师设计，新亨营造厂承造，为石库门里弄住宅，砖木结构，装饰艺术风格。建筑为三层（假四层）砖木结构，石库门框上有拱券形装饰，两侧饰竖向凹槽线条，方窗，红瓦四坡顶，南立面米白色抹灰，东西两立面为红砖清水外墙。慎成里正门弄口是西爱咸斯路（今永嘉路），与甘世东路（今嘉善路）、拉都路（今襄阳南路）为邻，西南面与永安别业相通，东面支弄从西爱咸斯路出入。1931 年 5 月 15 日《申报》刊有慎成里的招租广告介绍：

> 有新建三层楼高等住宅百余幢出租，式样美观，空气舒畅，雇用武装巡捕日夜保护，室内装设精致异常，自来马桶等皆有，极合卫生。至于交通尤为便利，无轨电车可直达门口……

抗战时期中共江苏省委就隐藏在这片石库门里弄内的 66 号，位于小区拐角深处。昔日慎成里住户成分比较复杂，人员身份、职业等涉及行业分布颇广，有律师、会计师、公务员、作家、教师、演员等，属于中产阶层，这也是 20 世纪 30 年代该区域居民构成的概貌。如此居住环境具有很强的隐蔽性，符合中共江苏省委提出的"与群众打成一片的'群众化'精神"，是抗战时期中共江苏省委选址于此的重要原因之一。

慎成里位于十字路口，交通便利四通八达，周围里弄洋房密集，方圆一公里内存有十余处红色足迹。如马路北面的兴顺东里嘉善路 140 弄 15 号是新四军驻上海办事处；永康路 141 弄 6 号是上海中央局秘书处机关旧址，这里藏有"一号机密"中央文库档案；东临嘉善路的新兴顺里 117 弄 24 号是被誉为"龙潭三杰"之一隐秘战线英雄钱壮飞的旧居；西靠襄阳南路的 411 弄 22 号是萧红萧军旧居，306 弄敦和里内有三个编辑部：鲁迅创办的《译文》，郑振铎、傅东华主编的《文学》，陈望道主编的《太白》；南面建国西路 384 弄福禄邨 10 号是中共秘密电台旧址，昔日许彦飞和夫人郭佛宜在这里架起了一条上海地下党与中共延安之间的红色电波。

慎成里周边簇拥着这么多的中央机关秘密联络点和地下党员，中共江苏省委（兼上海市委）是直辖上海的指导机关，显然选址在此是经过中共领导人慎重考虑后决定的，这里出口多，进退自如。

慎成里有坐北朝南 120 幢三层楼（假四层）高的石库门房子。每幢配有天井、客堂、亭子间、正房、晒台、老虎窗，分前楼、后楼。里弄内所有房屋全是砖木结构，红墙白边、拱券形装饰门框，式样完全统一，陌生人进来后很难区分，容易迷路。从永嘉路正门进来朝里走到底，接着右拐弯到底，再左拐弯朝南走，一直到弄底第二排东边位置，中共江苏省委机关就隐藏在弄堂深处转弯抹角的一幢楼里，这里前后门相通，楼顶有老虎窗。东面有一条非常狭窄的小弄堂直通嘉善路，南临襄阳南路 357 弄永安别业，西面有一条支弄通襄阳南路。另外，昔日的西爱咸斯路两旁和甘世东路沿街的两层混合结构的门面房都开有各种小百货店，经营日常生活用品，如：西爱咸斯路 286 号大东文具社、278 号福和糖果号、287 号中华电气行、289 号慎成号、293 号西河号、296 号东福南货号、307 号东南书局等。这些糖果店、药店、文具店、书店、五金店等商家的后门都通往弄堂内部，居民可以从商店里借道进出，而外人却不知其中奥妙。谁承想中共江苏省委机关竟会隐藏于此，足见中共江苏省委领导们的睿智多谋。这里车水马龙，人声鼎沸，烟火气十足，一有风吹草动，中共地下党员就立即混入熙熙攘攘的人群之中安全撤离了。

上海是中国共产党的诞生地，党中央领导机关也长期设在上海。《党史资料》1981 年第 3 辑中阐述了中共江苏省委 1927—1934 年的组织演变过程。1927 年 6 月上旬，中共江苏省委（兼上海市委）在上海成立。省委直辖的指导机关有上海市委（省委兼），在上海设立七个区委，即沪东、沪西、沪中、法南、闸北、浦东、吴淞等。1930 年，沪东区为提篮桥以东地区，闸北区以曹家渡康脑脱路（今康定路）为界，沪中区是公共租界市中心。中共江苏省委建立后，从 1927 年至 1934 年 6 月遭到严重破坏为止，中共江苏省委书记更换了十二次以上。

二、重回上海

1935 年 1 月上旬，前两任中共江苏省委书记许包野（保尔）和邓中夏被捕后壮烈牺牲。7 月，中共江苏省委机关被完全摧毁。之后保存下来的一些党组织和共产党员分散隐蔽在群众中秘密地活动，坚持在白色恐怖的环境中开展党的工作，他们互不来往，独立工作，深陷于极度困境之中。

《抗战时期中共江苏省委旧址》中记载：1936 年初，党中央决定抽调一批有城市工作经验的高级干部，分赴上海等国民党统治区重要城市，恢复并重建党的领导机构。4 月，冯雪峰先行抵沪，通过鲁迅等人寻到周文、王尧山，以及上海的中共党员，上海党组织终于回归党中央怀抱。

徐汇区档案局《石库门里的峥嵘岁月》中介绍：王尧山，原名宋书模，江苏溧阳人，1931 年 10 月入党。1936 年 10 月，王尧山将一本密件带回了家，这是许广平从刚去世的鲁迅的银行保险库中取出的密件，经由周建人、沙文汉之手转交给王尧山，并告之："许广平说这是一位狱中的共产党员辗转送到鲁迅手中的。"王尧山的夫人赵先看到密件全是空白纸，便试着用碘酒棉球擦拭，"给党中央的信、为革命牺牲的方志敏"等字跃然纸上，原来这是方志敏烈士在狱中用米汤写下《可爱的中国》《清贫》的原稿。随后，王尧山将密件转交给了党中央。

1937年5月17日，党中央在延安召开白区工作会议，决定派刘晓赴上海，主持上海党组织的领导工作。刘晓是湖南人，1926年入党，与林钧、金学成等人参加了上海第三次工人武装起义，领导和组织了奉贤武装暴动，曾参加中央红军长征。临行前，毛泽东、刘少奇、张闻天分别找他谈话，指出在上海坚持斗争的重要性、艰巨性和复杂性，要求他到上海后坚持白区工作会议确定的基本方针和斗争策略，注意整顿和发展壮大党的组织，做好群众工作，隐蔽精干，积蓄力量。

1937年6月下旬，刘晓等人来到上海恢复和重建党组织，成立了由刘晓、冯雪峰、王尧山组成的"中共上海三人团"，这是上海党组织的最高领导机关，刘晓任书记。他们领导上海市和江浙两省沿沪宁、沪杭铁路线地区地下党的工作和开展敌后武装斗争。"三人团"从全国性抗战的总任务出发，确定把党的重建工作与领导群众公开的抗日救亡运动既严格区分又密切结合，使党的政治影响和组织基础在广泛的群众运动中发展起来。

1937年11月，经中央批准，中共江苏省委在上海成立。刘晓任书记，王尧山任组织部部长，沙文汉任宣传部部长，刘长胜（后任副书记）、张爱萍分别兼任工委和军委书记。中共江苏省委的主要工作是以上海市为重点，同时领导江、浙两省地下党的工作，还担负开辟江浙敌后农村武装斗争的重任。抗战一开始，党中央就告诉上海的地下党组织：抗战是长期的，必须作艰苦的斗争，保存力量，下达了"隐蔽精干，长期埋伏，积蓄力量，以待时机"的十六字方针。中共江苏省委提出"与群众打成一片"的口号，实行党员社会化、职业化、生产化、群众化的策略，深入、团结广大人民群众，扩大了党的政治影响力，慎重发展党的有生力量。考虑到上海地下党工作的需要，交给中共江苏省委的党员，必须具备两个条件：一是政治上可靠，二是在上海有隐藏条件。这些党员都是经过王尧山、刘晓、刘长胜逐个审查了解，分批与党组织接上关系。1938年上海党员仅有一百多名，到了1939年猛增至一千多名。

据《浦东史志·金学成——浦东同乡会后期的重要成员》介绍：1938年1月，金学成回到上海，与阿英、于伶等一起创办了宣传抗日的《文献》杂志和《华美晨报》，在中共上海地下党负责人刘少文的领导下开展工作。《文献》承印过毛泽东的《新民主主义论》等革命文献。《华美晨报》属于美商出版公司，发行人是美国人密尔士。后由中共江苏省委领导的中共党员梅益、刘少文、陆久之、金学成等人负责，他们常在浦东同乡会的璇宫剧场讨论商定社论文章。《华美晨报》《大英晚报》《导报》的社论主要由梅益、恽逸群、王任叔、杨潮（羊枣）、郑森禹等撰写，坚持抗日反汪的宣传。梅益、夏衍等办的《每日译报》翻译刊登了外报许多揭露敌军暴行的消息。在国民党办的《中美日报》之前，上海的新闻界完全在共产党的影响下运行。1939年夏，日军会同工部局巡捕房查封了《文献》杂志，金学成被捕，《华美晨报》被迫停刊。周恩来对沙文汉说，上海的新闻出版工作搞得活跃，对香港、内地都有影响，应当加以表扬。

三、迁至慎成里

中共江苏省委迁移之前"左翼"教授李剑华、胡绣枫夫妇带着两个孩子率先来到慎成里64号，租下了这幢三层楼的石库门房屋。（澎湃新闻《初心之路：藏着中共江苏省委的上海弄堂》）李剑华是上海学艺大学、复旦大学等学校的社会学教授，1934年加入中国共产党，在上海积极开展党的秘密工作。他是周恩来直接领导下的中共高级情报人员，也是受了周恩来、李克农等领导的嘱托来到这里打前站，为将来中共省委机关的迁移做铺垫。他深入虎穴，打进国民党政府上层内部从事隐蔽战线的革命工作，经常将重要情报传递出来。而居住在隔壁65号的邻居是国民党政府内政部营建司司长哈雄文。因此省委机关选址的隐蔽性、安全性就显得尤为重要。

据1989年11月7日《徐汇报》第七期（试刊）《中共江苏省委徐汇区旧址》记载，1939年4月，中共江苏省委机关经过几次迁移，总结和吸取惨痛教训，最后转移到西爱咸斯路慎成里64号，此后就没有发生过惨烈的大事件。为适应白色恐怖下上海地下党秘密工作的特点，改变"左"倾错误下形成的大机关作风，中共江苏省委机关采取了"机关社会化""机关家庭化"的做法。有了之前李剑华夫妇曾在这里开展工作的基础，为掩护中共江苏省委的正常工作，由王尧山、赵先夫妇租下房子做了二房东，刘晓为三房客。房屋进门是天井，里面是客堂，内有三大间房，还有两个亭子间和灶间、晒台。客堂里有大小沙发、写字桌、圆台，二楼是卧室，内有整套柳木做的家具。省委会议就在楼下的客堂里召开。刘晓的公开身份是关勒铭金笔厂的副总经理兼董事，夫人张毅以家庭主妇的身份作掩护，担任地下党领导层间的机要交通员。王尧山以浦东电气公司职员的身份作掩护，白天在浦东上班，晚上和休息日便在浦西市区从事党的秘密工作。在邻居们的眼里，他们都是挣钱养家糊口的生意人。赵先原在浦东的小学教书，搬来这里后她便辞职做了全职太太。她除担任省妇女委员会的部分工作外，主要是专职保护江苏省委机关的安全。

刘长胜与刘宁一以兄弟相称，他们租下了拉都路（今襄阳南路）一幢二层楼里弄房合住在一起，有时省委的一些会议也在此召开。刘长胜是山东海阳人，1935 年 4 月奉命离开苏联回国，1937 年 8 月到上海参加恢复和重建中共上海地下组织工作。

1940 年，王尧山还在拉都路口的乔家栅点心店对面西爱咸斯路 304 号开了一家仪记文具店，王尧山做店主，其二哥跑业务，兼营杂货。这里是党的一个秘密接头点。（徐汇档案局《石库门里的峥嵘岁月》）此外，刘晓开了一家贸易商行经营烧碱生意，而刘长胜又在附近开了一家米店掩人耳目，时间一长，邻居们都以为他们是做买卖的生意人，如此，中共江苏省委机关就显得更为隐秘。赵先负责机关掩护和联络工作，刘宁一的夫人李淑英和刘长胜的夫人郑玉颜也参与省委机关工作，几个家庭妇女里里外外唱好一台戏，由她们负责担任掩护省委机关的任务，以及负责文件的保管和通讯发行。中共江苏省委各级领导机关以家庭亲属的名义相处，使机关在外表上同一般居民家庭一样。

中共江苏省委按照不同产业、不同系统设立工、职、学、妇等党的工作委员会，全面领导上海的地下斗争。为了适应白色恐怖下秘密工作的特点，中共江苏省委坚持越公开越秘密的白区工作原则，要求每个党员都有公开合法的社会职业和身份，扎根于群众之中，便于隐蔽，长期埋伏。

自从中共省委机关设在慎成里后，虽然没有左右邻居干扰，但刚搬来不久的一天清晨，王尧山夫妇便被敲门声惊醒，只见一个高鼻子、黄头发的法国巡捕通过房间的气窗向室内窥视。开门后两名法国巡捕便闯了进来，他们拉开床头小柜，又打开大橱柜、樟木箱子，接着又到二楼的刘晓房间里转了一圈后就离开了，虚惊一场。为安全起见，小心谨慎的王尧山马上去街上买来油漆，将气窗玻璃漆成与房间相同的颜色。

1939年至1941年，由于中共江苏省委工作成绩十分显著，党员队伍不断发展壮大。在白色恐怖的笼罩下，中共江苏省委结合城市特点和实际情况，正确执行党中央在敌占区的方针，积极宣传党的抗日主张，动员多批工人、贫民参加新四军和共产党领导的抗日队伍。两年里逐步向前方游击区和新四军输送了数千名党员干部、积极分子。而仍留在上海的一千五百余名党员继续深入广大人民群众，积极开展革命工作，使党的政治地位不断上升。

1941年1月，蒋介石制造了皖南事变，党中央采取紧急措施，加强和扩大新四军部队，将新四军编为七个师。同时，党中央向全党及时发出准备应对突发事变的警示，中共江苏省委遵照了中央指示精神，尽早准备周全。

同年，刘晓和夫人张毅去了重庆。王尧山夫妇便将慎成里64号二楼租给一个自称开厂的老板。一天午夜，他们听到前门外有皮鞋跺地的响声，接着又传来一阵敲门声。开门后只见一名中国巡捕闯进来："外面快冻死了！"原来，租客是个汉奸，巡捕是来保护他安全的。好几天夜里巡捕就坐在灶间里守着，令人紧张，所幸不久后这个汉奸搬走了。以此为训，王尧山夫妇就再也不对外出租房间。（《政协往事·抗战时期中共江苏省委旧址》）

1941年底，太平洋战争爆发，日军占领上海租界后，上海的秘密工作环境愈加困难，由于中共江苏省委未雨绸缪提前做好了准备，相继转移了相关领导干部和关闭了一些秘密联络点，所以上海的地下党组织没有受到重大破坏。

1942年8月始，中共中央决定取消秘密的省委和特委组织。奉党中央指示，在上海坚持地下斗争的中共江苏省委机关领导和暴露身份的二百余名党员，分批撤退至淮南顾家圩子新四军根据地，得以保存革命力量。中共江苏省委机关从上海慎成里64号撤离后，所有的工作委员会相互之间都停止了联系，后来他们直接与华中根据地建立了联系。

1943年，中共中央决定撤销中共江苏省委，在淮南根据地成立华中局城工部，对外称新四军政治部调研室，继续领导以上海为中心的江浙一带的地下斗争。

史海钩沉，我们将永远铭记革命先烈。在抗日战争、解放战争时期，中共上海地下党组织对上海乃至全国的革命形势起到了积极作用，即便在白色恐怖笼罩下的中国大地依然闪耀着星星之火，无数共产党员前赴后继，为中国伟大的革命事业奋不顾身抛头颅、洒热血。他们不怕牺牲、艰苦奋斗的大无畏精神令人敬仰，伟大的共产主义战士永垂不朽！

1991年6月12日，中共江苏省委旧址被上海市徐汇区人民政府公布为徐汇区文物保护单位。

2015年8月17日，慎成里被上海市人民政府公布为上海市优秀历史建筑。

2021 年 3 月，中共江苏省委旧址被上海市文化和旅游局公布为上海市第一批不可移动革命文物。

　　现今上海永嘉路 291 弄 66 号还居住着多户居民，希冀不久将来这里能恢复中共江苏省委旧址原貌，并加以保护和利用，作为中共党史教育的纪念地和爱国主义教育基地。

经历过刀光剑影的张澜旧居

惜　珍

　　永嘉路 321 弄是建于 1939 年的新式里弄集益里。开阔的弄口有两根石头柱子托起一个黑色屋檐，下面是两扇黑色雕花铁门，弄内两侧坐落着九幢三层砖木结构住宅，红瓦坡顶，水泥拉毛墙面，这里原为四川和成银行上海分行的职员宿舍。靠近弄底的 8 号是中国民主同盟创建者与领导者张澜的旧居。这是一幢假四层砖木结构住宅，方方正正的造型，位于西侧的红漆大门四周镶嵌着褐色和米色拼接的方形马赛克，门口有三级水泥台阶通往二层，西南角退作小平台。室内木楼梯扶手为封闭的围栏，一直通到顶楼晒台。1946 年至 1949 年，中国近现代史上著名的民主革命家张澜就住在这幢普通的里弄房子里。

　　张澜字表方，故人尊称其为"表老"。张澜的一生正逢我国近现代史上大变革的年代。在经历的各个历史时期中，他始终爱国爱民，公而忘私，奋斗不息，为人民的利益做出了巨大贡献。张澜居住集益里期间，这里发生过许多惊心动魄的事件，集益里 8 号也因此在中国近现代史上留下了浓墨重彩的一笔。

永嘉路 321 弄 8 号张澜旧居入口

曾被誉为"川北圣人"

1872 年 4 月 2 日出生于四川南充的张澜原是当地的一位秀才，曾在紫荇书院任教。1902 年，他来到成都尊经书院专攻经史，第二年即以公费留学日本东京弘文书院。因公开在同学中倡议敦促慈禧退位，还政光绪，变法维新，被晚清当局视为"康梁党羽"。张澜完成学业后回到家乡南充县顺庆府官立中学堂任教，并致力于在南充、成都等地创办中小学堂。1911 年，腐败的清政府为维护其摇摇欲坠的统治，将川汉铁路抵押给英、美、法、德四国银行团，用以举借外债。清政府的这一丧权辱国行径激起四川各阶层人民的愤怒。于是，各县推选股东代表在成都开会商讨对策，张澜以南充代表身份出席并当选为川汉铁路股东大会副会长。大会成立了保路同志会，开展群众性斗争。清政府四川总督赵尔丰为抵制"抗命"，悍然逮捕了张澜等人。在大刀架颈、洋枪抵胸的威胁下，张澜面无惧色，他英勇挺身于"保路"前列，大义凛然地据理力争，赵尔丰被驳得理屈词穷，恼羞成怒地将张澜等人囚禁于督署，令其"候旨听斩"。消息传出，保路同志会 10 余万人马上包围了成都。为解成都之围，清廷命湖北新军入川弹压，结果造成武昌防务空虚，从而为辛亥革命创造了有利条件。赵尔丰见形势有变，不得不下令释放张澜等人。孙中山先生曾经说过："若没有四川保路同志会的起义，武昌革命或者要迟一年半载的。"1911 年 11 月 22 日，四川独立。半个月后，张澜出任军政府参赞，由此进入政坛。

1913 年，张澜参加了北洋政府召开的第一届国会。1915 年，袁世凯称帝，张澜带领川军同云南蔡锷一起反对袁世凯称帝，迫使袁世凯不得不取消帝制。1917 年 11 月，张澜就任四川省省长。身居高位的张澜全心全意为百姓服务。出任省长后，其母亲、夫人及其他亲人仍在家乡过着日出而作、日落而息的农家生活。人们眼中两袖清风的张澜，留着长长的胡须，身穿一袭满是补丁的棉布长袍，一副清癯的书生模样，被百姓誉为"川北圣人"。当时南充军阀石青阳欲倒戈张澜，曾派人暗访其家，但见"环堵萧然，一屋空空，家人庵居素食，无可窃物"。暗访者如实禀告，石青阳感叹说："川北圣人之誉，名不虚传也。"1920年，母亲去世后，张澜回乡奔丧。之后，他致力于家乡的教育事业，担任南充县立中学校长，不久又出任国立成都大学校长。

1937年，抗日战争全面爆发。1938年7月，张澜担任国民参政会参政员，参与抗日民主运动。1939年11月，张澜与黄炎培、章伯钧等民主人士在重庆成立统一建国同志会；1941年3月，又秘密组成中国民主政团同盟，张澜被推为主席。1944年9月，中国民主政团同盟改称中国民主同盟（简称"民盟"），张澜继续担任主席。1946年6月，民盟总部从重庆迁移到南京，张澜因病留渝。12月13日，张澜病情稍好，即启程至上海主持盟务，筹备召开民盟二中全会。

在集益里开展民盟工作

1946年12月18日，张澜抵沪，由于未置产业，受四川和成银行董事长吴晋航之邀，入住永嘉路321弄集益里8号二楼。张澜住较大的一间，他女儿张茂延和张淑延住一个小间，叶笃义和另一民盟人士、张澜身边重要工作人员陈新桂合住三楼一个小间，其余上下房间为银行职员及其家属居住。张澜所住的一间，既是他的卧室也是书房，同时还兼会客室和会议室。室内布置极为简单，只有一张床、一张八仙桌，一张书桌和几把椅子。墙上挂一条幅，上面书写着"八字三语"：八字是"宽容、忍耐、坚定、明达"，三语是"富贵不能淫，贫贱不能移，威武不能屈"。条幅上的字写得苍健雄浑，气势非凡，它是当年张澜领导保路运动时的那位四川臬台，后来成了张澜朋友的周善培先生所书。这"八字三语"是张澜一生恪守并付诸行动的座右铭。在这里，张澜与民盟领导人、进步人士一起磋商会谈、讨论时局，部署工作。张澜始终坚持和平民主的立场，带领民盟坚决拥护中国共产党的领导。民盟上海办事处设在离张澜住处不远的马斯南路（今思南路）上，因此，民盟中常委便经常到集益里8号张澜寓所开会。12月24日，民盟中常委在张澜寓所开会并通过决议，宣布将参加"伪国大"的青年党、民社党成员开除出民盟，并致函民社党："民主社会党违背政协，参加'国大'，与本盟政治主张显有出入"，"已碍难在本盟内继续合作"，"应予退盟"。随后，民盟中常委又数次在张澜寓所聚会，为具有重要意义的民盟一届二中全会作准备。

1947年1月，民盟一届二中全会在上海愚园路1352弄联安坊11号举行，二中全会后，民盟更加强了对国统区大规模民主运动的推动。国民党反动派视民盟为眼中钉、肉中刺，公然宣称"民盟是中共之附庸"。10月22日，在解放战争节节胜利的形势下，国民党公然出动大批军警特务把民盟南京民盟总部、上海办事处和集益里张澜的住处团团包围起来。民盟成员的出入均有特务盘查跟踪和监视，张澜寓所楼下集聚了大批特务。10月25日，马斯南路民盟办事处遭到国民党警官上门检查，集益里8号亦遭特务监视。10月27日，国民党当局悍然宣布民盟为"非法团体"，强行解散民盟在南京、上海的机关，查封民盟主办的报刊。他们派警察抢占马斯南路民盟总部，逼迫办事处人员全部撤出。张澜当即召集在沪民盟中央常务委员及中央委员在集益里8号紧急开会，会议决定派民盟中央常务委员黄炎培和民盟中央委员叶笃义两人前往南京，会同在南京的中央常务委员罗隆基一起向国民党当局进行交涉。

两人到达南京与罗隆基会面后，从10月29日到11月4日，黄炎培、罗隆基和叶笃义为保障民盟合法地位、维护民盟生存权利与国民党进行了艰苦的斗争，终归于失败。11月4日，黄炎培等三人被迫同意将国民党当局事先写好、审定过的民盟自行解散公告带回上海总部。这天，陈立夫在黄炎培接下公告后，以强硬的口气说道："公告上的文字一个也不许更动，发表的时候如发现有只字变动即全部作废。"接着，又说由他们派人护送黄炎培和叶笃义两人回上海。由于罗隆基是被当局严格监视的人，所以不得离开南京。对此，黄炎培强调讨论公告时不能少了罗隆基，陈立夫才勉强同意放行，但提出要黄炎培作担保，并规定罗隆基到上海后由他们安排住进虹桥疗养院治病（罗隆基患有肺结核），不许擅自离开。

在刀光剑影笼罩之下

11月的上海，正是秋高气爽的季节，马路上的法国梧桐树叶子随风翩翩起舞，洒下满地碎金。但这一年天气却十分反常，11月5日清晨，寒潮突然来临，天空乌云密布，气温骤降。集益里弄堂内气氛肃杀，显得阴森森的，犹如黑云压城。11月6日凌晨，在南京派遣特务的监视下，黄炎培、罗隆基、叶笃义带着由国民党当局审定的民盟总部解散公告返回了上海。三人刚下火车，就被国民党特务直接"护送"到永嘉路集益里。此时，弄堂口已停着两辆吉普车，8号门前还有一辆黑色轿车守候着，这是专为监视罗隆基而派来的。黄炎培等三人走进8号时，见沈钧儒、史良早已等候在那里。更为诡异的是 8 号大门前和楼下客厅里居然聚集着一大堆军警特务，各报社新闻记者也举着长枪短炮纷纷赶来，把客厅挤得满满当当。上午 9 时，决定民盟命运的会议正式在张澜居室举行。此时，年迈的张澜正抱病在床，他在两个女儿的搀扶下坐起来，背靠着枕头，目光坚定而镇静地向室内环顾一周，然后一字一句地对黄炎培说："任之先生，请您将南京交涉、抗议的经过和结果向大家报告一下。"此时，满屋肃静，静听黄炎培报告。黄炎培将南京之行的经过向大家报告完毕后，随即宣读他和罗隆基、叶笃义由南京带回来的那份宣布民盟自行解散的公告，大家凝神倾听，气氛异常凝重。黄炎培宣读完毕，室内鸦雀无声，大家静静地等待着张澜作出最后决定。此时，张澜却显得格外镇静、沉着，他让大家各抒己见。时间一点一点流淌过去，那是一种难忍的煎熬。

这时，守在大门口的几个特务不耐烦了，他们急吼吼地闯进张澜居室，其中一个特务把脸一沉，手指在自己手表表面上敲敲说："你们的会从上午开到下午怎么还没有开好？我们不好交差啊！"沈钧儒见状大怒道："干什么？你们出去！"为首的特务遭到呵斥后，嘴里叽里咕噜了几句，随即用大拇指向肩膀后一翘，带着一帮特务下去了。

室内的议论重又继续下去，大家对国内形势和民盟目前处境等作了反复研讨，为了对全国人民和全体盟员的人身安全负责，避免无谓的牺牲，大家认为应该保存实力，以退为进，一致同意"自行解散"民盟。病中的张澜一边静听大家发言，一边深深思考，就他个人而言，他宁可冒杀头危险，也决不同意将自己一手创建的民盟解散，但事关全体盟员的生死，他不得不忍痛同意大家的意见。会议决定照公告原稿一字不改，以民盟主席张澜的名义，将它送报馆发表。于是，叶笃义拖着沉重的脚步，含着眼泪走下楼梯，把公告交给楼下客厅内等候多时的记者们。记者拿了公告纷纷离去，围绕在周围的特务，除专事监视罗隆基的两辆吉普车、一辆黑色轿车和几个爪牙依旧留守在集益里外，其余的也都走了。

当晚，张澜躺在床上辗转反侧，彻夜无眠。室外寒风呼啸，冷雨敲窗，窗玻璃上水珠成串滴下，室内书桌上的座钟"滴答滴答"地走着，风声、雨声、钟声交织成一片。黎明时分，张澜才迷迷糊糊睡去。清晨，张澜居室的房门被轻轻推开，叶笃义拿着一份报纸进来，惊醒了张澜。叶笃义将报纸递给张澜，看到报纸头版上赫然刊登着民盟自行解散的公告，张澜顿时痛心万分，当即以极为沉痛的语气对叶笃义说："笃义，杀头，我不怕！我为的是全体盟员的安危啊！"叶笃义说："是啊！表老，您之所想，您的心情，我们全都知道，全都理解！"张澜放下报纸，让叶笃义根据他的口述，笔录了一份以他个人名义发表的书面声明，全文如下："余迫不得已，忍痛于 11 月 6 日通告全体民主同盟盟员，停止政治活动，并宣布民盟总部解散，但我个人对国家之和平民主统一团结之信念，及为此而努力之决心，绝不变更，我希望以往之全体盟员，站在忠诚国民之立场，谨守法律范围，继续为国家之和平民主统一团结而努力，以求达到目的。"张澜在声明的右下端郑重地签上了自己的名字。叶笃义当即将声明发到上海各报馆。但慑于反动派的淫威，除上海《正言报》和苏联在上海办的中文报纸《时代日报》于 7 日刊出外，其他所有报纸都拒绝登载。之后，也只有《大公报》和香港《华商报》予以转载。

民盟總部解散後
張瀾發表文告
關於海外支部動向
官方人士發表談話

（合衆社南京六日電）內政部發言人王匪雖（譯音）六日告合衆社：如民主同盟主席張瀾不顧民主同盟之解散，繼續非法之活動，政府將採取「外交或其他」步驟以制止其活動。

（合衆社本埠六日電）民主同盟主席張瀾六日頻訪盟員，在合法範圍內繼續從事中國和平統一民主之政治活動，但宣佈民盟總部解散，並宣稱民盟如次：「余迫不得已停止民盟之政治活動，但我個人對國家之信念，絕不變更。此政治的信念之全體盟員，努力以往，我希望在忠誠國民立之全體盟員，努力以團結國家之和平民主，以求達到一個新而目的。」

民盟在東西亞洲包括香港、新加坡、大東亞各地之支部繼續秘密活動。民盟內外之秘密活動，據香港來之一李海原澤川匪自稱：民盟秘密活動。岡然視察外交府，此間外交人士稱：民盟秘密活動。

《民盟总部解散后，张澜发表文告》（《时代日报》1947 年 11 月 7 日）

民盟总部被迫宣布解散后，民盟转入地下，沈钧儒迁到集益里 8 号与张澜同住，以便于商讨今后的斗争策略。经过深思熟虑，他们商量决定去香港恢复民盟，重振民盟。考虑到张澜必须留在上海继续领导已转入地下的民盟，许多被捕的盟友还需要张澜去设法营救。同时，特务正日夜紧紧监视跟踪张澜，他的一举一动都在特务的眼皮底下，所以，决定由沈钧儒前往香港。张澜要求沈钧儒一到香港立即联合之前已秘密去了香港的民盟成员，立即召开民盟三中全会，在香港成立民盟临时总部。并要他在全会召开之日首先宣布被迫发表的自行解散的公告无效，当场明确提出民盟倾向中共一边的口号。一切商议定当后，沈钧儒即离开集益里 8 号住回愚园新村 11 号自己家。在与张澜告别前，沈钧儒手书一副对联赠予张澜，上联是"无所往"，下联是"俨若思"。在险恶环境里，沈钧儒以此与张澜相互勉励，足见其革命情谊之深。张澜十分喜爱这副对联，把它挂在床头，日日面对，直到离沪北上。

11 月 27 日晚，沈钧儒头戴一顶紧压眉尖的鸭舌帽，长长的胡须塞在一个黑布大口袋里，身上的大衣领子翻起包住黑布大口袋和颈部，两手插在大衣袋里，什么行李也不带，只身一人悄悄钻进来接他的侄子沈浩的奥斯汀小轿车里，直驶公和祥码头。车到码头，停靠在一艘美国轮船公司的大船旁，船长是沈浩留美时的旧友，在他的安排下，化了装的沈钧儒下车由船员出入口上了船，顺利抵达香港。沈钧儒到香港后，立即投入紧张的恢复、重建民盟工作中。不到十天就召开了民盟一届三中全会，并把与张澜在集益里 8 号商定的各项决定忠实地贯彻到了全会中去：宣布民盟自行解散的公告无效，公开声明与中国共产党合作，号召打倒蒋介石、推翻国民党反动政权，拥护土地改革等。全会成立了民盟临时总部，并决定在张澜主席不能来港期间，暂由沈钧儒、章伯钧以中央常务委员名义轮流代理领导临时总部工作。会后，香港民盟临时总部特派参加三中全会的民盟中央委员罗涵先返沪当面向张澜汇报了会议的全部情况，令困居在集益里的张澜十分欣慰。此后，在住所被特务严密监视的情况下，张澜坚持为民盟在香港的临时总部筹集活动经费，所筹巨额款项一分不留，全部通过和成银行上海分行经理胡铭坤汇至香港民盟总部。

在虹桥疗养院虎口脱险

1948 年的冬天特别寒冷，刚到 12 月，天上便下起了纷纷扬扬的鹅毛大雪，朔风呼啸，集益里的屋檐下挂着一串串冰柱，更觉冰冷彻骨，比天气更令人心寒的是笼罩全市的白色恐怖。国民党反动派正在垂死挣扎，上海警察局长、特务头子毛森下令限期铲除民盟上海地下组织，还把一些重要民盟人士列入捕杀黑名单，特务对张澜的监视更是变本加厉。险恶的环境、艰苦的生活使张澜身体每况愈下，因生活拮据，女儿茂延只能在小菜场买些便宜的破壳鸡蛋给老父亲补充营养。天寒地冻，偏偏小偷又偷走了张澜唯一的一件过冬皮袍，幸亏他的侄儿从四川给他做了件棉袍寄来，才让他得以熬过严冬。

尽管生活如此清苦，但张澜绝对不肯动用由他募集并保管的巨额款项中的哪怕一分钱。面对险恶的环境，张澜处之泰然。他闲暇时独坐窗前看书写字，研究中国古代哲学，每天下午照常由女儿茂延陪伴外出散步，对于尾随在后亦步亦趋的特务，他置之不理，我行我素。

1949年1月23日上午，张澜偕同叶笃义和女儿茂延来到虹桥疗养院探望在院内养病的罗隆基。罗隆基怎么会住进这里的呢？原来1948年11月6日早晨罗隆基和黄炎培、叶笃义在特务护送下回到上海后，罗隆基在集益里住下，一个星期后，就被送进了广慈医院（今瑞金医院），不久，又被转移到淮海中路966号的虹桥疗养院，这实际上是国民党对他的一种羁押。虹桥疗养院离集益里不远，平时，张澜由女儿茂延陪同出门散步时，就经常顺便去探望罗隆基。

虹桥疗养院是著名医学家丁惠康创建的。丁惠康为人急公好义，对民盟为民主运动斗争的光荣历史颇多了解，对民盟领袖张澜更是十分敬佩。罗隆基住院后，他的肺结核症由该院副院长、肺科主任郑定竹负责治疗。那天张澜探望罗隆基出院时由大厅走下门前石阶时，遇见了疗养院院长丁惠康。丁惠康看到张澜疲惫不堪的状态，想到这位民盟领袖眼下处境凶险，最好的办法就是将他保护在医院，便对张澜说："表老，从您的脸色上看来，您身体有病，而且还病得不轻呢！"张澜用手拍拍自己身体右侧，微笑着说："丁院长真有本事。是的，我右半身感觉不自在，眼睛也有点毛病。"丁院长当即说："您必须马上住院进行治疗！"口气有点像下命令。张澜想了想说："一星期后再来住院，好么？"丁院长毫无商量余地地说："不行！一星期后不会有一间空的病房，今天是一个很难得的机会，不要回家去，马上住院吧！"张澜被丁惠康的坚持感动了，他用手杖重重敲了下地板，说："好！听丁院长的！"张澜就此在虹桥疗养院避居，全身检查后发现他患有尿道感染、齿槽脓肿和右半身不遂等病症，丁院长当场表态张澜住院治疗的一切费用全免，并让他住在罗隆基 206 室病房隔壁的 205 室。特务们得知张澜住院后，立即把监视点从集益里移到了虹桥疗养院周围。

是年 4 月 23 日，解放军攻占南京，震动了大上海。特务头子毛森心情尤为紧张，被软禁在虹桥疗养院的张澜、罗隆基成为他必须严密防范的首要对象。为怕张、罗逃脱，他干脆下令派淞沪警备司令部第三大队队副阎锦文到疗养院逮捕两人。5 月 10 日上午 9 时，几辆吉普车呼啸驰至虹桥疗养院门口，车上跳下几名全副武装的特务，为首的便是阎锦文，气势汹汹地直冲住院处，两名特务尾随他闯入二楼张澜和罗隆基两人的病房，其余特务在病房上下布满岗哨。阎锦文将张澜与罗隆基集中到 206 室，扬言要逮捕两人。张澜毫无惧色，大声说："你们是哪里来的？你们要杀人？好，就在这里把我杀了。要我走，办不到！"阎锦文慑于张澜的凛然正气，说话客气了点："我们是警备司令部的，奉上级命令，请两位跟我走一趟。"张澜和罗隆基拍桌痛责："笑话！凭什么随便抓人？""国法何在！人权何在！"阎锦文一摊手，示意手下动手。此时，闻讯赶来的郑定竹副院长挺身而出，他用自己的身家性命担保，以便两人能够继续住院治疗。经过交涉，由郑定竹写下书面担保，签名盖章。阎锦文电话请示后改为拘留院内，将两人暂时羁押在 206 室病房，隔壁空出一间病房，指派两名特务驻守，日夜轮班，严密监视。并把张澜、罗隆基两人房间相邻的二楼北部划为禁区，除布置特务昼夜轮班警戒，还将门向楼梯口的一间房辟为侦稽队的办公室和瞭望哨，使任何上楼的人都在监视、盘查之下。

1949 年 5 月 12 日，解放上海的战役打响，自知回天无力的蒋介石密令毛人凤处决张澜，毛人凤密令将张澜沉江。中共上海地下党得知后便用电台向党中央汇报，周恩来指示："务必全力营救，可请杨虎助一臂之力。"杨虎是上海滩呼风唤雨的人物，曾任上海警备司令，当时已转变成共产党的密友，与中共地下党保持着紧密联系，组织兴中学会，推动上海的爱国民主运动。当地下党把周恩来的指示转告杨虎时，他立即表示，一定设法完成任务。他随即密令自己一手培养的阎锦文，必须把张澜、罗隆基两人救出虎口，既不能让国民党杀害，也不能让国民党把两人劫往台湾，一定要保证他俩的安全。

5 月 24 日晚 7 时，毛森命令阎锦文：限当夜 12 点以前将张澜、罗隆基押解到黄浦江中一艘轮船上。阎锦文明白这是国民党撤离上海的最后一艘船，是要把张澜、罗隆基劫往台湾。阎锦文认为他完成任务的时刻到了。晚上 10 点，阎锦文亲自驾车开往虹桥疗养院，他提着手枪来到病房，故意大声吆喝："现在我奉令把你们立刻押送上船，你们赶快收拾一下自己的衣物，不得延误!"张澜问："上船到哪里去?"阎锦文答："不清楚，上面的意思，大概是去台湾吧!"张澜立即表示："我宁可死也不去台湾，你要枪毙我，就在这里枪毙吧!"此时，阎锦文低声对两人说："我是按杨虎的指示来救你们的。你们听我安排好了。"罗隆基问他有什么凭据，急得满头大汗的阎锦文急中生智地拎起罗隆基床边的电话，当场给杨虎的夫人田淑君打电话，请她亲口对罗隆基说一句话，使他放心。罗隆基接过电话听筒，听清杨夫人说："阎锦文确是老杨叫他来帮助你们的，你们听他没错。"这才证实了阎锦文是真来营救的。阎锦文把两人带到他的车上，让他们坐在车的后排，轿车驶出虹桥疗养院，疾驰至杨公馆。途中每遇盘查，阎锦文就说车上是他的父亲和哥哥，当时虽已全市戒严，但凭着警备司令部的证件，车辆顺利通过重重哨卡，终于开到了有着高高围墙的杨公馆，大铁门徐徐起开，车子入内，绕过喷水池，直接开进地下室。此时的杨公馆已成为中共地下工作的临时支部，守候在那里的地下党人上来迎接成功脱险的张澜和罗隆基。第二天傍晚，中国人民解放军第三野战军司令员陈毅百忙中抽空前来看望、慰问张澜、罗隆基。当夜，中国人民解放军攻入上海，第二天，传来上海解放的消息。

6月中旬，张澜、罗隆基等一行抵达北平，周恩来亲自前往火车车站迎接。第二天上午，周恩来专程前往北京饭店看望下榻在此的张澜。下午，毛泽东主席也到北京饭店看望张澜，彼此相谈甚欢。毛泽东临走还热情邀请张澜第二天到中南海吃午饭，张澜笑着答应了。隔天，张澜前往毛泽东住处，菜是四菜一汤，毛泽东和他对坐，两人吃着豆腐、炒肉丝、黄豆芽汤等，边吃边谈。毛泽东简朴的生活让张澜深感未来中国大有希望。

7月下旬，周恩来安排张澜住进颐和园听骊馆旁一座住宅避暑、调养，女儿张茂延陪伴父亲同住。由于环境幽静，生活又有专人照料，张澜健康状况大有好转。张澜在颐和园旁住到9月中旬后住进民盟北京总部。

9月21日，中国人民政治协商会议第一届全体会议在北平隆重开幕。9月30日，张澜当选为中华人民共和国中央人民政府副主席、中国人民政治协商会议全国委员会常务委员。10月1日下午3时，中华人民共和国开国大典在天安门举行。10月1日的前几天，按照周恩来的亲自指示，有关方面拨了一笔服装费，希望张澜先生能一身簇新地出现在天安门城楼，却被张澜婉言退回。他说："国家的钱，即人民的钱，我怎么可以用来做了长袍穿在自己身上。但总理的考虑是对的，我将保证着新装与民同庆。"于是，他自己出钱赶制了一件新的布长衫，罩在旧的打过补丁的麻灰色布棉袍外。在天安门城楼上，张澜就站在中央人民政府主席毛泽东右边，他脚上穿的是他23岁考秀才临行前母亲特地为他做的那双新布鞋，屈指算来，这双布鞋已经55年了，张澜自第一次穿过后就珍藏起来，每逢过年过节才穿几天。今天重又穿上它，以告慰母亲在天之灵。

1954年，《中华人民共和国宪法》诞生了，张澜为此热烈欢呼。他为民主、宪政跟蒋介石斗了十年，结果一无所得。今天有了这部真正民主的宪法，他怎能不感到欣喜万分呢？这一年的10月1日，张澜出席开国五周年大典。在天安门城楼上，毛泽东见张澜穿了一身新的长袍，颔首微笑，他朝下一看，见张澜穿的还是那双式样陈旧的"新布鞋"，想起张澜的种种言行，不禁当着众人的面赞叹道："表老啊！你很好，你的德很好，你是'与日俱进'！"

1955年1月底，张澜因患重度动脉硬化症和肺炎，入北京医院治疗。入院后病势日益沉重，临终前，章伯钧去探望他，张澜挣扎着断断续续说了"谦虚、谨慎、勤劳、节俭，全心全意为人民服务"十七个字，并叮嘱章伯钧转告民盟全体同志务必牢牢记住这句话。2月9日，张澜怀着对新中国未来无限美好的愿望，安详平静地离开了人世。逝世后，遗体移放于北京中山公园中山堂内，当天，毛泽东、刘少奇、周恩来、宋庆龄等党和国家领导人亲临肃立致哀，成千上万的群众纷纷前往中山公园中山堂吊唁。公祭完毕后，由刘少奇、周恩来、邓小平等亲自执绋，护送灵枢到八宝山公墓隆重安葬。

永嘉路集益里的张澜旧居现为民居。2003年12月25日，徐汇区文化局与上海市民盟举行张澜旧居揭牌仪式。2014年4月4日，上海市人民政府公布张澜旧居为上海市文物保护单位。2020年6月，永嘉路309号新落成嘉澜庭口袋公园，嘉澜庭是由东西两侧的里弄建筑山墙面围合而成，其中一幢便是张澜旧居，嘉澜庭因此而得名。

海上耆老闻兰亭旧居

段　炼

　　永嘉路 345 弄是一条幽静的小弄堂，东邻襄阳南路，马路对面偏西北方向就是著名的中国中学，如今是上海市第二初级中学。其实，这条弄堂原名"庸村"，属于孔祥熙、宋蔼龄夫妇名下的产业。作为"民国四大家族"之一，孔氏夫妇在上海的房产众多，包括东平路 7 号孔宅，多伦路、四川北路路口的孔家公馆，四川中路的嘉陵大楼，淮海路的培恩公寓、新康花园、武康大楼等，而西爱咸斯路（今永嘉路）383 号德国乡村式花园洋房则是孔氏夫妇长期居住的寓所。其实，从拉都路（今襄阳南路）到台拉斯脱路（今太原路），这一段西爱咸斯路上的房地产大多为孔家的产业。永嘉路 345 弄内的这几幢洋房，始建于 1935 年，与 383 号孔氏寓所相隔仅几步之遥。孔祥熙，字庸之，此处因毗邻孔氏寓所而取名"庸村"，亦为应有之意。

　　永嘉路 345 弄 3 号住宅，占地面积 230 平方米，为四层砖混结构。建筑立面呈装饰艺术派风格特征，山墙额头、檐下、额枋、窗裙板及烟囱等处皆有此类纹饰，庭院围墙上部亦采用连续的小花窗装饰，较有特色。底层为基座层，原来用作车库和厨房。花园设有户外楼梯通向主层客厅，二、三

闻兰亭旧居俯视图

层转角处皆设有内阳台，标准层房间各自带有独立卫生间。屋面为人字坡顶，北侧局部较陡，南侧略短，结构退台后设为晒台。2007年起，全国开展第三次文物普查工作。其间，徐汇区文物部门经调查核实，确认永嘉路345弄3号住宅曾经是历史上颇具争议的上海滩棉纱业巨头闻兰亭的居所。调查之时，仍有几位闻氏的孙辈在此处居住。

提起旧时上海滩的闻人大亨，人们大多会想起青帮大佬黄金荣、杜月笙、张啸林。其实，所谓闻人即有名望的显达之人，大亨则是威势显赫的人物。19世纪中叶，英国人约翰·亨生发明了一种双轮小马车，传入上海后被称为亨斯美车。据说，最早拥有这种马车的华人是《申报》老板史量才，而且是花费巨资从一个德国人手中买来的。于是，当时的上海人就将拥有这种马车的绅商称为大亨。因此，闻人大亨一开始并不仅仅指帮会头目。当然，在旧时上海这个大染缸，有头有脸的人物多多少少都会与帮会有着一丝半缕牵扯不清的关系。在旧上海的闻人大亨中，除了黄金荣等帮会头目，买办商人则以虞洽卿、傅筱庵、王晓籁、黄楚九等人为代表，此外还有日伪时期不慎落水附逆的"海上三老"闻兰亭、袁履登、林康侯。其中，以闻兰亭年龄最大，出道最早，不仅位列"三老"之首，在上海政界、商界也颇有一定的地位。

闻兰亭（1870—1948），名汉章，字兰亭，江苏泰兴人，原籍江苏武进。少年时，在江苏靖江的棉花店当学徒，后至上海闯天下，不数年便在纱界崭露头角。1912年，闻兰亭在南京路集益里创办纱业竞智团，进行纱业方面的交易。1918年，组建纱业公会，自任会长，逐步垄断了上海的纱业市场。1920年，又与虞洽卿在四川路共同创办上海证券物品交易所，并担任常务理事主持日常事务。上海证券物品交易所成立后，获利甚巨，从而引起了各行各业的关注与跟风，各类交易所一下开了几十家。由于闻兰亭是上海交易所的鼻祖，他制定的规章制度又为大家

闻兰亭

所取法，于是公推他为交易所联合会会长，执掌所有商品交易之牛耳，他的社会声望进一步提高。此后，他又先后被推举为上海总商会会董、上海特别市商整会执行委员、江苏省和全国商会联合会的常委和执委、纱业公会监事长等，并被数以百计的公司、工厂、商店、商行聘为董事或监事，一度被上海报纸媒体誉为"商界状元"。

此时的闻兰亭已过了知天命之年，但盛极必衰，没有永远的人生巅峰。纱布交易的兴盛，自然引起了外界的眼红，大家都想来分一杯羹。进入 20 世纪 30 年代后，工商金融界人士为了求得帮会势力的庇护，纷纷投靠杜月笙门下，主动送给他理事、监事甚至总经理、董事长之类的头衔，杜月笙一下子变成了上海工商界的名流。而时任上海纱布交易所理事长的闻兰亭倚老卖老，不肯放下架子，对杜毫无表示，连理事的帽子也未给他一顶。于是，杜月笙不时派流氓前往交易所捣乱，兴风作浪，控制交易价格，并对外扬言："只有杜某人才能解决问题。"虽然闻兰亭在同仁们的支持下暂时挫败了杜月笙想染指上海纱业交易的野心，但强龙难斗地头蛇，经过几番争斗，闻兰亭元气大伤，也领教了上海滩另一类闻人大亨的毒辣手段。后来，杜月笙开办中汇银行，闻兰亭迫于淫威，只好拨 70 万元纱业公款长期存放在中汇银行以补足资本。为此，这位纱业巨头、"商界状元"感到心灰意懒，渐渐淡出了工商界，不再参与这种无谓的争斗。但闻兰亭毕竟出道早、资历深，在上海滩有着一定的地位，包括杜月笙在内的晚辈，见面时仍要尊称他一声"兰老"。

闻兰亭四十五岁盛年之际，妻子病故，出于对发妻的情意，他宣布：不续弦、吃长素、皈依佛门。当时上海名流中信佛的很多，以他为最虔诚。闻兰亭自称"老莲居士"，在家中设佛堂、供佛像。每日晨昏，净身焚香，盘膝静坐，手持念珠，默诵佛经。他经常参加居士林、觉园等团体的佛事活动，与各地佛门长老、得道高僧频繁交往，因热心佛教事业，被推为中国佛教会常务委员。

本着佛家"慈悲为怀"的信念，闻兰亭热心参加各种慈善活动。他是以王一亭为理事长的仁济善堂常务董事，并担任了许多孤儿院、残疾院、教养院的院长或董事。作为各种救灾活动的领衔发起人，他积极发动社会各界筹款募捐，发动文艺界义演义卖，因此报纸上常常能看到各地灾区"鸣谢大善士闻兰亭"的致谢广告。他还担任中国红十字会执行委员会主席、国民政府赈济委员会常委等职，筹办全国救灾事宜。作为慈善家，闻兰亭的名字传遍全国，声望仅次于"北朱（庆澜）南王（一亭）"。

1932年"一·二八"事变发生后，上海各界人士成立了市民地方维持会，闻兰亭经王晓籁、林康侯介绍入会，领导红十字会进行伤兵救济工作。林康侯曾在维持会的工作报告中提到"红十字会闻兰亭已将南市伤兵千余人迁入租界"。此外，闻兰亭领导下的交易所联合会等五团体号召全市罢市抗议日军侵略暴行，并积极筹募款项物资支援十九路军。抗日战争时期，上海各界纷纷成立救国会，闻兰亭是商界救国会的负责人。他还与其他佛教界人士共同发起举办仁王护国法会，以"济国灾，却国寇"为口号，积极宣传抗日思想。1937年"八一三"淞沪会战爆发，闻兰亭领导的红十字会组织起十多支救护队，成立了四十多个伤兵医院。这次旷日持久的战役，造成上海及邻近地区成千上万人流离失所。作为慈善团体联合会救济战区难民委员会副主任，闻兰亭动员各行各业把空余房屋让出来，成立了五十多个难民收容所。出于信任，他放手引进大批共产党员和革命青年参与难民的收容与管理，由此成立难民教育中心和难民学校，教育和动员难民参加中共领导的各种抗日斗争。当谢晋元部八百壮士坚守四行仓库之际，他积极参与营救工作，使租界当局最终同意这支部队撤入租界安全区域。

闻兰亭并不热衷于政治，他常常说自己只是"规规矩矩做生意"，除了国民政府赈济委员会常委之外，未担任过任何官职。而且，像许多民族资产阶级头面人物一样，闻兰亭在抗战初期做了不少有利于救亡图存的事情。太平洋战争爆发后，日军进占租界。为了配合战争需要，日伪方面加强了对沦陷区的统制和对各种战略物资的搜刮。1942年6月，伪上海特别市商会成立，袁履登任理事长，闻兰亭任监事长。1943年，日寇命令汪伪政权设立全国商业统制总会，作为全国物资收买配给之最高统制机关，原交通银行董事长唐寿民任理事长，闻兰亭任商统会下属的棉花统制委员会主任委员。一年后，唐寿民辞去伪商统会理事长，由闻兰亭继任，大汉奸汪精卫亲笔签发了聘书。

从抗日救亡的积极分子，到落水附逆成为汉奸，消息一出，举国哗然。昔日的老友纷纷前来探望，晓以大义，劝闻兰亭千万不要出任伪职。但他可能真的是老糊涂了，竟然抱着"我不入地狱，谁入地狱"的所谓"用心良苦"，积极与日伪方面进行合作，客观上毕竟对整个民族犯下了罪行。战后，闻兰亭以汉奸罪被捕，上海高等法院检察官起诉书称："在其任内，伪商统会每年曾供给敌军军米约一二百万担，伪棉花统制委员会亦曾供敌大量纱布，约值五万多金条之巨。（民国）三十三年上半年，任伪上海市民众福利协会理事长，募收防空捐约为伪币十万万元，作为防空经费。"上海高等法院特种刑事判决书称："……其汉奸罪责已属无可脱免。"

当然，老于世故的闻兰亭还是给自己多留了一条后路，他暗中与国民党方面的地下特工人员建立了联系。当时，军统特务就隐居在西爱咸斯路闻家二楼卧室隔壁的小房间里，并在底楼卫生间设置了一部秘密电台。据说，他出任商统会理事长一职，就是得到了重庆最高当局的首肯。而且，在出任伪职期间，他与中共地下组织也有过接触，提供了不少伪商统会的组织情况和活动情况。抗战胜利前夕，闻兰亭将伪商统会重要档案秘密移交给了上海地下党组织，并表示希望由新四军接管上海。是非功过，终难评述，曾有我党地下工作者说："沦陷时期如没有闻兰亭，上海工商界要受到更大劫难。"当战后以汉奸罪被提起公诉时，闻兰亭对此自然不服，表示"本人不承认通谋敌国，更不承认是汉奸"，甚至还在《自白书》中申辩说："鉴于商统会为商民自治机构，前任办理粗具规模，若继起坚持则解除商民痛苦，保全国家元气，设法破坏统制方案，暗中阻挠敌伪阴谋，尚有可为。抗战期内，凡有利于国家或社会之事务，无不竭其心力为之。"然而，国民党当局法院仍以"出任伪职"为由，判处其有期徒刑八年，虽经不断上诉后减刑为三年六个月，但他终究没能等到"沉冤昭雪"的那一天。1948 年 7 月 5 日，闻兰亭在红十字会第一医院病逝，终年 78 岁。

迁居西爱咸斯路之前，闻兰亭住在爱麦虞限路（今绍兴路）。而庸村 3 号和 6 号寓所，原房主是丝绸大王朱静庵，应该是从孔家买下的产业。当时的西爱咸斯路 345 弄 3 号，是一幢新式三层楼花园洋房，围墙并不高。底层西间是汽车间，东间是佣人卧室。二楼西间是会客室，东间为卧室，卧室隔壁还有一间小房间。三楼为子女家眷住所。二楼的会客室同时也是佛堂，佛台上方挂着著名画家钱化佛所画的释迦牟尼像，正对面墙上挂着国民政府主席蒋介石赠送的木匾，以表彰其对慈善事业的贡献。闲暇之际，闻兰亭亦喜欢以笔墨丹青自娱，会客室东墙上即挂着王一亭、吴昌硕等名人的画作，其家中收藏有不少名家的墨迹。许多社会名流都曾到西爱咸斯路拜访过闻兰亭，但一般客人只在会客室略谈，只有商谈机密事宜时才能进入他的卧室。有一次，一位衣着朴素的妇女来访，事后他恭恭敬敬地亲自把她送到楼下大门口。以往闻兰亭送客只送到楼梯口，因此家人感到非常奇怪，而闻说："你们不知道，她是鲁迅夫人许广平，送《鲁迅全集》来托我推销。大名鼎鼎的鲁迅先生，身后清贫，这才是真正的革命者！"

岁月沧桑，如今的闻兰亭旧居早已风光不再，成为七十二家房客混居的"老破小"住宅楼。虽然该建筑的外观和内部结构改动较大，总体保存状况也不甚理想，但仍具有一定的历史人文价值，2017年4月27日，由徐汇区文化局公布为徐汇区文物保护点。

藏在弄堂深处的豪宅

惜　珍

　　永嘉路 345 弄，建于 1932 年前后，这个宽敞的弄堂原来叫"庸村"，名字典雅，透着儒家风范，弄内坐落着八幢法式老洋房。位于弄堂最里面的 6 号是一幢法式风格三层独立式花园住宅，这个建筑很隐秘，需从永嘉路 345 弄进去拐个弯才能看见。住宅门前一扇高大的黑色雕花大铁门隔断了弄堂的嘈杂，使之成为一个独立的世外桃源。与铁门相连的方柱上方绿底白字的永嘉路 345 弄 6 号的标牌低调地窝在一旁，反映出 20 世纪 20、30 年代上海富豪们藏而不露的心态。

　　从大铁门一侧开着的一扇小铁门进去，便见到坐落在花园里的豪宅，有点柳暗花明的感觉。住宅占地面积约 3 000 平方米，其中建筑占地约 800 平方米，可见花园之大。矗立在花园里的是一幢装饰艺术派风格的三层花园住宅，建筑平面呈不对称布局，分为主楼和辅楼两大部分，有内部楼梯衔接。主立面东侧八角形塔楼向前突出，构成视觉中心。建筑上下部以腰线分隔，底层为仿大方石砖的水砂石，显得粗壮而稳固，二层立面是棕褐色泰山贴面砖，水砂石的粗糙和贴面砖的光滑形成对比，筒楼墙面上的竖线条和装饰的图案使建筑显得生动多姿，细部有装饰艺术派纹饰。建筑西侧为三开间宽的外廊和二楼内阳台，原正厅南侧设有进入花园的落地窗和台阶，主入口位于东侧，为车行甬道式门廊，饰有丰富的装饰线脚，上为骑楼，衔接起前后两部分的室内空间。室内装饰及工艺细部亦为 20 世纪 30 年代的装饰艺术派风格。建筑南向为花园，绿色草坪上高耸的参天大树已有上百年的历史，四周摆放着各色名贵盆景，还有个小池塘。庭院深深深几许，深院高墙内藏着无数心事。花开花落，深宅的主人不断变化，留下的是上海滩令人寻味的过往历史。

上海滩两位风云人物的旧居

　　根据 1947 年上海电话本所载，这幢房子是上海滩丝业大王朱静庵出资建造的住宅。朱静庵是 20 世纪 30 年代中国丝业大亨，怡和静记丝厂老板。他在 1921 年交易所鼎盛时

永嘉路 345 弄 6 号俯视图

八角形塔楼

期到英商怡和洋行当买办，与怡和洋行的大班白兰纳尔（R. Plattner）关系很好，朱静庵经营丝厂得到的生丝一直都售予怡和洋行，需要茧款也都通过怡和洋行借款。朱静庵在江浙一带也有丝厂，他曾获选担任上海总商会会董。1933 年，朱静庵在永嘉路 345 弄弄堂深处建造了自己的私家别墅，门牌号为 6 号。抗战爆发后，因怡和丝厂设在租界，置有大量丝车，产量丰富，从未停工。朱静庵还利用英商名义雇用英商轮船经长江往内陆购进大宗蚕茧，除供应本厂原料外，还经营蚕茧出口，故获利丰厚。

朱静庵在发迹以前，曾做过上海河南路朵云轩笺扇庄学徒，发达后，他不忘曾经的书画生意。抗战初期，朵云轩生意清淡，遂于1938年盘给当时已有巨额资产的朱静庵，他删去"笺扇庄"三字，改用"静记"二字，以示店主已易人，并于1939年3月13日在《申报》上刊出广告称："本号静记自上年受盘以始将内部整理，而制各货悉心研究精良，承蒙各界称羡，驰名遐迩。"静记二楼常年特设古今名人真迹书画展。看来，这位朱老板还真有几分文人风雅。

后来朱静庵将这幢建筑售卖给了陆根记营造厂创办人陆根泉，此人亦非等闲之辈，上海的百乐门舞厅就是陆根记营造厂负责承建的。出身寒门的陆根泉1893年出生在浙江镇海，幼年丧父，后随母亲移居浦东三林获山村。成年后到浦西拜师谋生，学做水泥工。三年满师后，在久记营造厂做泥工小包头。1929年自立门户，创办了陆根记营造厂。陆根记营造厂开设后，先后承建了市立医院、南洋公学办公厅、中国银行宿舍等工程项目。1934年，陆根泉凭着自己广泛的人脉关系以及浦东同乡会的支持，取得了百乐门舞厅的承建权。建成后，百乐门舞厅被称为"远东第一舞厅"，名声大噪，而承建百乐门舞厅的陆根泉也随之名扬上海滩。随后，陆根泉又接连承接了中国银行、中南银行职员公寓、大同公寓及一批住宅等工程，陆根记营造厂遂成为上海近代主要营造厂之一。上海近代许多重要建筑皆出自陆根记营造。

这位陆老板还是个孝子。为了报答寡母的养育之恩，他在承建百乐门舞厅的同时，在浦东家乡三林（今浦东新区三林镇）荻山村为母亲建造了一座余庆堂。该堂占地 20 亩，是中西合璧的花园式宅院。宅院四周有坚固的围墙，宅院内主体建筑选材考究，有雕刻着三国故事的梁架，门窗窗棂及槅扇都精雕细刻，花园内栽植着各式名贵花木，还有一个椭圆形荷花池，是浦东地区近代民宅中规模最大并颇具特色的宅院。当地百姓称之为"陆根记"，并逐渐成为村名。2004年 4 月 20 日，一场无情大火烧毁了余庆堂，现浦东新区档案馆内留存着一块从余庆堂废墟里找到的刻有"泰山石敢当"的界石。上海解放前夕，陆根泉离开上海，永嘉路 345弄 6 号的房子移交上海市人民政府。

这里藏着上海滑稽戏的历史

中华人民共和国成立后，上海京剧院的办公处曾设在永嘉路 345 弄 6 号。1977 年开始这幢豪宅成为上海滑稽剧团办公楼。上海滑稽剧团前身是上海蜜蜂滑稽剧团。1950 年 4月，在上海南京东路、西藏路路口的红宝剧场里，一部关于惩处汉奸的滑稽戏《红姑娘》是当时的热门剧目，主演是滑稽界当红头牌姚慕双、周柏春。两人其实是同胞兄弟，姚慕双是阿大，周柏春是三弟。阿大原名姚一麟，从小模仿各种市声土语，在弄堂里白相时冷不丁突然喊几声"修阳伞！阿有啥坏格橡皮套鞋修伐！"引得弄堂里一些居民信以为真，纷纷拿着旧阳伞、破套鞋跑出来找吆喝的人，吓得阿大赶紧溜走。上学时，阿大改名姚锡祺。一天，他到电台去找在那里播音唱歌的姚敏兄妹玩，因为他英文好，有时就帮兄妹俩唱几首英文歌。在这家电台和姚家兄妹做前后档的是滑稽艺人何梅生，他看中了姚锡祺的才华。1938 年 4 月，姚锡祺被何梅生正式收为徒弟，何梅生的艺名为"何双呆"，姚锡祺则改名为"姚慕双"，蕴含仰慕师父之意。三弟周柏春原名姚一龙，后改名为姚振民。姚慕双在电台演唱之际，姚振民正在育才公学读高中，下课后就赶去电台为哥哥打下手。1939 年他第一次在电台讲了一段滑稽独角戏，引起广泛关注，于是就用母亲的姓氏起艺名为周柏春。弟兄俩长期在电台搭档演播独角戏，自此成为滑稽界搭档时间最长并享有盛誉的兄弟搭档。他们的代表作有《宁波音乐家》《英文翻译》《各地堂倌》等。1942 年，兄弟俩加入笑笑滑稽剧团，开始演出滑稽戏，很快"姚周档"在滑稽戏界声名大振，被誉为"超级黄金双档"。1950 年，姚、周共同组建了蜜蜂滑稽剧团，建团后他们的日常演出还是在有 400 多个座位的红宝剧场，这里处于南京路中心地带，对面就是大新公司（今第一百货商店）。

　　姚、周的滑稽戏以洋派、书卷气为特色，并具有冷面滑稽的特点，耐人寻味，迷倒了上海无数观众。那时，他们一天演出两场，常常满座。不久，蜜蜂滑稽剧团又吸收以演唱《金陵塔》被誉为"塔王"的袁一灵和擅长"幽默滑稽"的朱翔飞加盟。1960 年春，上海人民艺术剧院为了探索话剧民族化、群众化，促进滑稽戏艺术的繁荣发展，将上海蜜蜂滑稽剧团划归上海人民艺术剧院，定名为上海人民艺术剧院滑稽剧团。1963 年上半年起，剧团改名为上海市滑稽剧团，在黄佐临先生指导下，创作演出了一大批反映现实生活的滑稽戏，如《满园春色》《笑着向昨天告别》《一千零一天》等，同时，整理演出了《王小毛》《小山东到上海》《王老虎抢亲》等受上海市民欢迎的滑稽戏。这对红遍上海滩的滑稽舞台上的亲兄弟后来陆续收了不少学生，这批学生的艺名，男学生都有"双"，女学生都冠以复姓，因此他们被称为"双字辈"。"满园春色关不住，洒向人间都是笑"，两张巨大的"双字辈"创始人姚慕双、周柏春的照片一直挂在上海滑稽剧团的墙上。

1977年搬进永嘉路345弄6号后，朱家面积一百多平方米的大客厅便成了上海滑稽剧团的排练厅。因滑稽剧团部门多、人员多，灯光、音响、服装、化妆、道具也多，别墅内很难容下，于是，便设法"蚕食"空地，他们把花园中可以利用的地方几乎都利用了，还沿着围墙搭建了许多小房子，供团里各创作部门使用。入驻永嘉路后，剧团复排了滑稽戏《满园春色》，1979年演出时，正值大冬天，有些人带着被子半夜来排队，买不到票的，就不惜高价购买黄牛票。

1981年，正在读初中的周立波在父亲的陪同下报考上海滑稽剧团，就在这幢楼的大厅里接受考官严顺开的面试，从2 800多名考生中顺利过关，成为被录取的14名考生之一。20世纪80年代，正值滑稽戏历史上一个难得的黄金时期，姚慕双、周柏春、杨华生、笑嘻嘻、袁一灵等老一代艺术家创作能力依然蓬勃。围绕在他们身边的是被称为"双字辈"的中年演员以及王汝刚、姚勇儿、钱程、毛猛达、沈荣海等年轻演员，还有严顺开、筱声咪、孙明、黄永生等。他们秉承了姚、周两位大师的艺术理念，探索不为噱头而噱头的"高级滑稽"，在永嘉路这幢房子里创作排练了一系列广受好评的作品。上海滑稽剧团在这幢老建筑里驻扎了将近三十年，使得这幢原本寂寂无声的老洋房回荡着欢声笑语，宛若人间乐园。海派滑稽戏代表人物、上海滑稽剧团副团长钱程回忆说，他1981年考入上海滑稽剧团时就在这里求学、工作，从此和滑稽艺术结下了不解之缘。

大可堂普洱会所

2006 年，上海滑稽剧团搬离这幢老洋房，这里被一个喜欢普洱茶的人租下，装修后开办了一个普洱会所，他将自己名字里的"奇"字分拆出来命名为"大可"，于是这里就成了大可堂普洱会所。这个会所被称为"普洱茶中的爱马仕"，这里不但有从清末到民国时期的六十余款"号字级"茶，如福元昌、宋聘号、同兴早期圆茶等普洱老茶，还有七十余款从解放初期到 20 世纪 90 年代以及 21 世纪生产的普洱茶，应有尽有，犹如一个普洱茶博物馆。

2023 年初冬时节，阳光下我独自走进这幢房子，不想打扰任何人，只想一个人细细品味这幢藏着心事的老建筑。花园里绿伞下摆着好几张圆桌，四周围以高背椅子，俨然露天品茶空间。室内装修庄重典雅，进门是大堂，大堂吧台前放置着一个硕大的黑铁壶，进门左手边整整一面墙上是曾经来过大可堂的诸多名人照片，其中不乏文艺界、演艺界和商界人士，形成一堵醒目的名人墙。窗棂投下穿越了八十余年的光影，照在名人墙上，有点迷离。一边的大厅展柜中陈列着"号字级"的各种普洱老茶，还有形形色色的紫砂壶以及书画等。另一边大厅有面向花园的窗户，环境明亮宽敞，里面设置一张围着椅子的长桌以及沙发茶几。靠近窗户处隔出三个品茶的小包间，桌子两边围以沙发椅，舒适悠闲。从大厅出来。吧台右侧是楼梯，跟随服务小妹上上下下仔细走了一圈，小妹很不错，她只是默默地带着我，只在我向她询问时才轻轻地为我介绍，让我感觉很舒服。沿着有着优美弧形的封栏柚木楼梯拾级而上，只见上楼的墙面上开设着高低错落的长方形窗户，那是装饰艺术派的特征，窗台上摆放着的盆栽愉快地沐浴在冬日暖阳下。室内布置颇为用心，一切看似没有关联的东西摆在一起，看似混搭，却别有一番情趣。楼上是雅致的包房，每个包房都是根据不同的茶山命名，从可容纳三四十人的商务会谈到可容纳几个人的谈心小聚，一应俱全。我特别关注到的是顶楼的室外露台，推开室内落地钢窗可直接抵达露台，站在露台上，红瓦屋顶触手可及，下面是褐色砖墙。露台上摆放着一组组藤编桌椅，面朝花园的石头栏杆高低错落，做出各种造型，是典型的装饰艺术派风格；铺地的瓷砖上摆放着一盆盆绿植，和窗外的大树连成一片，把露台衬托得生机勃勃。

在大可堂会所的名片上印有余秋雨的题诗："避繁华于深巷，享幽静于当世，集群贤于雨夕，散胜会于霜晨，不失为海上一蕴藉之去处也。"大可堂的内在蕴意尽在其中了。

2015年8月17日，永嘉路345弄6号花园住宅被上海市人民政府公布为市优秀历史建筑。

一座花园住宅的沉寂与高光

孙琴安

20 世纪 80 年代初，改革开放的春风吹开国门，使不少外国影片在中国得以公映，深得国人喜爱。其中有些外国影片则作为内部资料片或参考片来加以观摩，在上海的星光影剧院、沪光电影院、美琪大戏院等一些指定的影院放映，有时也在上海电影局、上海电影制片厂附近或安福路等场所放映。我因工作关系，有时也会前往观看。记得在 1985 年左右，我持票去永嘉路 383 号看内部电影。时值初冬，暮色中来到静谧的永嘉路，摸到门牌号头，拐了一个弯，便走进放映厅看电影，散场时随着人流而出，全然不知是个什么建筑。

后来才知道，这里是著名的上海电影译制厂所在地，原是一座花园洋房，以前孔祥熙、宋霭龄夫妇曾在此居住过。

一、记载上的差异

在永嘉路 383 号门口，挂着一块"优秀历史建筑"的铭牌，上面写着：

独立式花园住宅。思九生洋行设计，费福兴承建，

1924 年竣工。半露木构架、英国乡村混合式风格。砖木结构。由主楼、辅楼组成，建筑体量较大，南侧花园宽敞。红瓦四坡顶，檐下有木支托。水泥拉毛墙面，墙隅和烟囱砌清水红砖。初始业主为颜德胜，1930 年代孔祥熙夫妇曾居住于此。

这段文字概括力很强，这幢建筑的基本风格、设计方、承建方、竣工年份，以及外形的规模、结构、色调诸项，都有简明扼要的介绍。然《梧桐树后的老房子》与《徐汇区文物志》均以为此住宅"建于 1926 年"，与"1924 年竣工"略有出入，并补充此建筑为"范文照设计"，范为中国近代著名设计师。而上海远东出版社 2006 年出版的《上海优秀建筑鉴赏》一书，则说该建筑是"1936 年建成"。如此则出现了三个时间点。

至于最初的业主颜德胜，其生平一时难以详知。铭牌又说"1930 年代孔祥熙夫妇曾居住于此"。这个"1930 年代"语焉不详，时间跨度不小。但奇怪的是，除了马路边的这块铭牌，走进 383 号的大门，来到住宅前，迎面墙上又挂着一块铭牌，上面写着：

> 原为孔祥熙住宅。范文照设计，1936 年建造。英国式花园住宅。由主楼、辅楼组成，体量较大。红瓦四坡顶，檐下有木支托。水泥拉毛墙面，墙隅和烟囱砌清水红砖。

上海市人民政府
1999 年 9 月 23 日公布

永嘉路 383 号

这块铭牌多出了设计者为范文照，对于建筑的外部形状诸项，与马路边上的铭牌介绍大致相仿。最大的差异是：门口铭牌说此住宅"1924 年竣工"，而住宅墙上的铭牌说是"1936 年建造"。后者与《上海优秀建筑鉴赏》一书的时间节点相同，但一说"建造"，一说"建成"，当以"建成"为主，如不"建成"，孔祥熙 1936 年也就无法搬进去居住了。另有说法，思九生为原设计，时在 1924 年；范文照为改建设计，时在 1935 年。

不过，据上海市文化和旅游局执法大队办公室刘主任介绍：此住宅外传为孔祥熙旧居，其实并非孔祥熙出资建造，而是他后来看中了此住宅，出钱买下来的。

至于孔祥熙是否从颜德胜手中购得，或是从其他人手中买下，难以确知。

孔祥熙夫妇1936年入住此宅不久，抗日战争全面爆发，特别是"八一三"淞沪抗战，地点就在上海，轰动世界。此宅虽在租界，终不安全，夫妇俩也就离开上海，后随国民政府迁到重庆居住了。所以孔祥熙夫妇在此居住的时间，不过一年左右。至于他在抗战胜利后是否来过此地，今已不可考。他曾担任过国民政府实业部部长、财政部部长、行政院院长、中央银行总裁、中国银行总裁等要职，位高权重。孔祥熙在上海曾拥有三处住宅，一为今上海虹口区多伦路250号，二为今上海长宁区虹桥路2550号，第三处即是上海徐汇区永嘉路上的这套花园住宅。

总之，这座花园洋房在最初建成的岁月里，虽有孔祥熙夫妇的短暂居住，但整体上是比较寂寞的。

二、孔祥熙为何购买此宅

世事难料，不管孔祥熙夫妇在此居住的时间长短如何，孔祥熙当年愿出资买下，并携夫人居住，肯定有其原因。

首先，这里的环境比较安静，周边多为住宅区，比较适合居住。其次，占地面积1 483平方米（一说1 480平方米），建筑面积约1 000平方米，属英国乡村式建筑风格的花园住宅。建筑为假三层砖木结构。坐北朝南。北立面竖三段划分，进出的门廊以四根塔司干柱支撑，上有一四方形平台，围有铁栏杆。南立面入口内凹，半圆形门廊以二根方柱

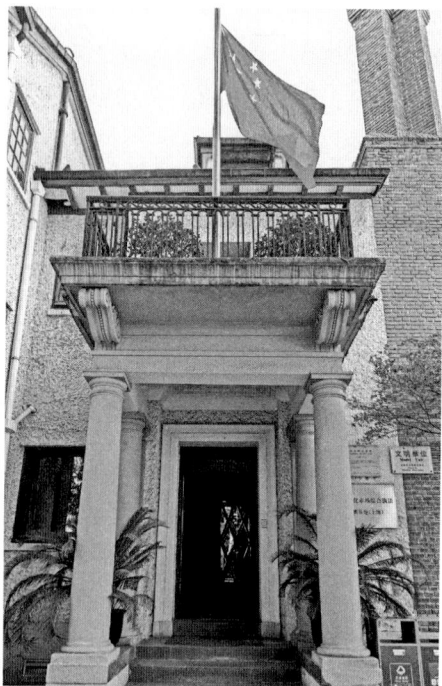

永嘉路 383 号
北立面门廊

和二根塔司干柱支撑，上面则是一大平台，也围铸铁栏杆。南北两立面各有一半露明木构架，红瓦陡坡屋顶，檐口有木椽支托。建筑南面有一花园，十分宽敞，比一个篮球场还要大。花园的南面还辟有一门，可以进出。

走进住宅的一楼，迎面便是一间会客厅，朝南，很宽敞，左边是一长方形的大房间，有两扇门，因左边一扇门紧挨着东面的厨房间，传送饭菜甚为方便，估计应是当年的餐厅。二楼的中间有一大房间，朝南，配有阳台，应是当年住户的主卧室；左边另有一大间，或说是舞厅，然舞厅多半应在一楼。朝北另各有两个较小的房间，中间即四方形的平台。三楼为存放杂物之用，或有简易卧室。

其较大的房间都配有英式壁炉，以供冬季取暖之用。楼梯为木质结构，深褐色上面镂刻有精美的花纹或图案。走廊边的主要大门，也是木质结构。其建筑四边的窗户均为钢窗，配置的玻璃很小，以防偷盗。厨房间的瓷砖颇具特色。

也许正是这些因素吸引了孔祥熙夫妇将此处作为沪上的住宅之一吧。

三、永难消失的光环

1949年以后，范文照设计的这座英式花园住宅，长期属于上海市委宣传部所管辖的用房范围，一直没有一个明确的入驻单位，寂寂无闻。直到1976年的夏秋之际，上海电影译制厂搬迁到这里，这幢沉寂多年的住宅才算有了些动静，迎来了一批新主人。这批新主人就是当年名声远扬、红极一时的译制电影的配音演员，如胡庆汉、邱岳峰、李梓、乔榛、童自荣、尚华、毕克、苏秀、曹雷、刘广宁、丁建华等。

上海电影译制厂的前身为上海电影制片厂下面的翻译片组，1957年4月成立译制厂，原先在上海静安区万航渡路618号，与上海美术电影制片厂同在一个大院内。其早期以译制苏联和东欧电影为主，1966年停业。从1971年起，这里又开始译制外国电影，作为内部参考片（习惯上称"内参片"）供中央有关领导观看。内部电影在当时是有着严格的保密制度的，来配音的演员第一件事就是"学习保密条例"。据曹雷在《电影往事》中回忆："楼梯口就贴着保密条例。剧本不能被家属看到，所以不能带回家。要练台词只能在厂里加班。晚上留在厂里，也不许对外面讲的。""我们都不知道配这些片子是为了什么，哪些人看。"

随着中央领导观看内参片需求量的增加，又有着严格的保密制度，上海电影译制厂长期与上海美术电影制片厂合用一个大院，总不太合适，再加上两个电影制片厂的确拥挤了一些，于是就有了上海电影译制厂的搬迁之举。

据著名配音演员、上海电影译制厂厂长乔榛对我说，他们刚搬到永嘉路383号，洋房南面的大草坪上还烧着砖窑，放映厅也是后来才建造的。他们搬迁也不是一次性完成的，是陆陆续续搬过来，等完全搬好，大概已是1976年9月光景了。

于此，上海电影译制厂的一个黄金时代开始了。同时也为这座沉寂多年的老建筑带来了光环，成为其近百年历史上最为荣耀和光辉的时刻。

上海电影译制厂迁此后，很快就迎来了一个改革开放、思想解放的新时代，各行各业都焕发了生机，中国电影译制业也迎来了蓬勃的春天。而作为中国著名的电影译制单位，上海电影译制厂更是一马当先，迎头赶上，在这里译制出了大量深受广大观众喜爱、具有全国影响的外国电影。

改革开放前，他们译制的都是"内参片"，仅在内部供应给相关领导人观摩，数量并不多；改革开放后，虽然最初仍有一些"内参片"，但有不少"内参片"如《流浪者》《简·爱》等已公开放映，再加上大量外国译制电影如《大篷车》《追捕》《叶塞尼娅》《冷酷的心》《悲惨世界》《桥》等都涌入市场，观众的观影欲望被极大地激发出来了，需求量急剧上升。乔榛告诉我："80年代的片源很足，那时广电部有个文件，要求中影公司，中国如一年进口四十部外国片，其中四分之三都交给了上海电影译制厂。"

为了满足广大观众的需求，同时保证译制片的质量，能译制出更多的优秀外国影片，上海电影译制厂搬到永嘉路383号以后，建造了一流的录音棚，引进了一流的设备。在老宅内的一楼配置了剪辑室、翻译室、图书馆等。由于当时配音演员中的名家很多，胡庆汉、邱岳峰、李梓、苏秀等都上了岁数，因此老宅内又配置了演员组，以便他们能够更好地工作和休息。条件比原来的地方要好多了。

正因为有了强大的配音演员阵容，又有了一流的录音棚和译制设备，再加上良好的工作环境和条件，大量高质量的外国优秀电影，经过上海电影译制厂的译制，源源不断地走进各大影院，受到了无数观众的欢迎、追捧与喜爱。像《尼罗河上的惨案》《悲惨世界》《佐罗》《苔丝》《红菱艳》《斯巴达克思》《茜茜公主》《廊桥遗梦》《虎口脱险》《亡命天涯》《九三年》《三十九级台阶》《叶塞尼娅》《追捕》《望乡》等许多优秀译制影片，都在此精心译制后与观众见面。

为了推动和鼓励中国译制电影事业的发展，1979年，中国设立了政府优秀译制片奖，上海电影译制厂译制的电影，先后获得文化部和广播电影电视部优秀译制片奖的有《追捕》（日本）、《安重根击毙伊藤博文》（朝鲜）、《啊！野麦岭》（日本）、《远山的呼唤》（日本）、《苔丝》（英国）、《国家利益》（法国）、《胜利大逃亡》（美国）、《黑郁金香》（法国）、《斯巴达克思》（美国）、《谜中之谜》（美国）、《国际女郎》（苏联、瑞典合拍）等。

上海电影译制厂之所以能获得如此巨大的成就，赢得这么多的荣誉，这与他们的译制原则是分不开的。他们最初的原则就是：忠实原著，注重质量。到后来，又提出了更高的要求，这就是乔榛厂长所说的：剧本在手，字斟句酌，韵味节奏，魂的再塑。

为了提高译制质量，加强观摩交流，他们还利用老宅前花园的东部面积，建造了一座电影放映厅，以供配音演员或其他工作人员及各方人士的学习交流。我当年曾两次来此观摩，就在这个放映厅，虽然不大，但印象深刻。

随着影视文化的发展，传播方式的多样性，国际文化交流的增多，译制电影的繁荣期已经过去了，用乔榛的话来说，当他1998年底第二次担任上海电影译制厂厂长时，人心"已经涣散了"。不久，上海电影译制厂又搬迁到了上海广播大厦。

今天，永嘉路383号大门的墙上还挂着一块牌子，上面写着："上海电影译制厂原址　1976.9—2003.3"。上海电影译制厂在此工作运行了近二十七个春秋，给广大观众译制了几百部外国电影，造就了一批才华卓越、出类拔萃、各具特色的配音演员。

上海电影译制厂迁出以后，上海市文化稽查总队在此挂牌后改为上海市文化市场行政执法总队。2019年，永嘉路383号又挂出了一块新的牌子，上面写着：上海市文化和旅游局执法总队。

比利时鲁义士住宅

罗　婧

　　永嘉路 387 号、389 号是一处典型的英国乡村式花园住宅，鹅黄色外墙，假三层，红色半露木构架，窗框有红砖镶边，树木掩映之下颇有浪漫的童话氛围。这处房屋原为比利时商人鲁义士（M. Albert C. Loonis）洋行住宅，1932 年设计建造，中国营业公司施工。〔郑时龄《上海近代建筑风格（新版）》〕另有说法认为，永嘉路 389 号为法国建筑师葛兰柏于 1922 年设计的。后来成为荣智勋的住宅，亦曾是杨澜和吴征的阳光卫视的办公地，现为解放军某部华东办事处。1999 年 9 月 23 日，此处被定为上海市第三批优秀历史建筑。（朱伟《永嘉路往事谈》）

　　关于房屋最初的主人比利时商人鲁义士的介绍并不多，只知道他原先是中国营业公司（China Realty Co. Federal Inc. U.S.A.）地产部的经理，后来自己创建洋行专做高端洋房的租赁买卖，管理过爱林登公寓（Eddington House），即常德公寓。通过检索当时上海的英文报纸等文献，尝试更清晰地梳理鲁义士在上海的创业发展史。

　　在研究上海史的重要编年资料《行名簿》中，鲁义士的名字最早出现于 1917 年 1 月。他位列法租界公董局地籍处

永嘉路 387 号、389 号

（Service du Cadastre），职位为办公室主任（Chief de Bureau）。而后，在 1917 年 7 月至 1921 年 7 月的多份《行名簿》上，鲁义士位列土地办公室（Land Office）之下，至 1919 年 1 月，标注为首席调查员（Chief Surveyor）。

1920 年 5 月 31 日，事业稳定的鲁义士迎来了人生的婚姻大事，《字林西报》（*The North-China Herald and Supreme Court and Consular Gazette*）上刊登了鲁义士先生和 Eveleigh 小姐的婚礼报道：

> 法租界公董局工程部门的 M. Albert C. Loonis 先生与 Arthur Eveleigh 先生和夫人的女儿 Shura Eveleigh 小姐的婚礼于周六举行。上午在比利时领事馆举行世俗婚礼仪式，由总领事 D. Siffert 先生主持。下午 3 点在圣约瑟夫教堂举行宗教婚礼，由 Crochet S. J. 神父主持。教堂装饰得非常漂亮。
>
> 新娘身穿一件迷人的白色绉纱礼服，上面镶布鲁塞

尔手工蕾丝和橙花。她手持白色玫瑰和康乃馨的花束，一袭宫廷式的拖尾更添美丽。伴娘 Elizabeth Grosse 小姐和新娘的妹妹 Dorothy Eveleigh 小姐身穿奶油色和暗纹花边礼服，手持粉色康乃馨和玫瑰的花束。

新娘由其父亲 Arthur Eveleigh 先生领进婚礼现场。新娘的父亲牵着新娘进入婚礼现场，她的母亲也陪伴在旁，穿着得体的棕色和奶油色搭配乔其纱礼服，头戴鸬鹚羽毛装饰的棕色丝质草帽。Bournanville 先生担任伴郎，而 W. H. Leslie 先生和 B. Dawson 先生担任引宾员。

婚礼后，在位于宝建路（Route Pottier，今宝庆路）2号的新娘父母家举行招待晚宴。招待晚宴上聚集了许多朋友，晴好的天气为这次婚礼仪式增色。在这里，Toledano 先生提议为新婚夫妇的健康干杯，而新娘的父亲作为代表回应了这一提议。婚礼上有许多美丽的礼

永嘉路387号、389号

物，新郎送给新娘的是一枚镶有铂金的钻石胸针，而他送给伴娘们的礼物是海蓝宝石吊坠。

一场盛大而隆重的婚礼跃然纸上。鲁义士在法租界公董局工程部门就职，这个身份对他而言相当重要，后来贯穿他在上海发展的整个阶段。主持婚礼的薛福德（D. Siffert）从1906年起，担任过较长时间的比利时驻沪领事。在任内曾劝说公共租界和上海城乡的鸦片烟馆停止营业，在上海享有一定声誉。1912年4月18日，在"中外人士会晤之所"尚贤堂召开欢迎孙中山的宴会的欢迎仪式，就是这位比利时驻沪领事担任主持的，其在沪的地位可想而知。鲁义士的婚礼由他来主持，家族的社会地位可见一斑。

婚礼的男主角情况已经有一定了解，再来看女主角的背景，可以从她的父亲 Arthur Eveleigh 入手。1916年《行名簿》载：安来，Eveleigh & Co.，在广东路10号，为该行的负责人。1918年9月5日的《大陆报》（The China Press）的新闻（News）一栏报道：Arthur Eveleigh 先生已被任命为尤罗维塔内外贸易有限公司上海办事处总经理。后来，Arthur Eveleigh 又供职于祥茂洋行（Messrs. A. R. Burkill & Sons）、达孚洋行（Dreyfus & Co., Louis）。除洋行外，Arthur Eveleigh 还担任三一俱乐部（Thirty Club）主席、上海洋商纸业公会（Shanghai Paper Importers' Association）副主席以及上海棉花洋公会（Cotton Importers' Association of Shanghai）主席。1940年7月起，Arthur Eveleigh 先后从各个协会和组织退休。Arthur Eveleigh 不仅在商界占得一席之地，还非常乐善好施，报纸上多次感谢 Eveleigh 夫妇的捐赠。从Arthur Eveleigh 来看，新娘出身商贾之家，拥有良好的社会地位。

1923 年 1 月后，鲁义士已成为驻华比利时商会（Chambers of Commerce，Belgian）的秘书，至 1925 年 1 月止。1926 年 1 月后，鲁义士已列在中国营业公司下，即大家最熟悉的他的身份。该行经营的范围为金融、保险、土地和房地产代理、建筑师和测量师（financial，insurance，land and estate agents，architects and surveyors）。在主管（directors）一栏，鲁义士列第三，为秘书（sec），前面有 Sutterle，F. W. 为总裁，小 Sutterle，F. W. 为副总裁和财务（vice-pres. and treas.）。直到 1932 年 7 月，鲁义士仍在中国营业公司任职，但已经晋升为副总裁，原先的小 Sutterle，F. W. 只担任财务一职。1937 年 7 月，鲁义士依旧在中国营业公司，但将他归到管理部门（management），直至 1939 年 1 月。永康路的住宅就是在他中国营业公司任职的时候建造的。

鲁义士在中国营业公司工作期间，其地产调查员的身份在《市政公报》（The Municipal Gazette）得以佐证。1930 年该报总共公布了 3 份公共租界的地产估价表，分别是：1930 年 9 月 5 日的中区地产估价表、9 月 26 日的北区地产估价表和 11 月 14 日的东区地产估价表，这几份地产估价表体量庞大，表格清楚标明：1930 年×区土地估价局所估的租地价值，作为课税的基准；允许业主在 30 天内提出抗议。表格主体内容分为租地号和每亩多少千两。表格最后签署除鲁义士，另外还有 Wm. E. Sauer（洋行总裁）和 R. E. Scatchard 二人，他们的职位为土地评估者。1930 年《上海公共租界工部局公报》刊登中文版地产估价表，最后的表尾为：一九三〇年地产估价员：路尼（A. Loonis）、少欧（W. E. Sauer）、斯盖却（R. E. Scatchard），与英文表格的三位签署者一致。按，路尼即鲁义士。

1938 年 3 月，鲁义士在法国公董局地产委员会选举中被选为外国领袖（"Foreign" Head），可见社会地位日趋上升。在中国营业公司任职多年后，鲁义士自行创业。在 1939 年《行名簿》中可查阅到以他名字命名的洋行，即鲁义士洋行（Loonis & Co., A.），经营范围为房地产和保险（Real Estate and Insurance），地址为九江路 113 号大陆银行大楼 310 房间，电话为 13244。鲁义士为经理，另外还有 Terenine, M. M.、Louis, F.、Woo, Fred S. L. 列在洋行下。然而，该行仅存在到 1941 年《行名簿》，当年还增加 De Jong. F. 为副经理，好似还增加了一位孟姓中国女性（Meng, Miss C.）。1941 年《行名簿》与鲁义士相关的记载，为爱林登公寓（Eddington House），经营属性记为住宅公寓（residential apartment），在赫德路（Hart Road，今常德路）195 号，管理者办公室为鲁义士洋行。

鲁义士除本职工作外，还参加了很多社会组织，1932 年起为比利时福利协会（Societe Belge de Bienfaisance）副主席，1933 年 7 月升任主席，1935 年为中国比利时友好协会（Association Amicale Sino-Belge）比方 11 位代表之一，1937 年上海国际救济会会员录中列有鲁义士，但是这次中文译名与前面出现的又不同，音译为"龙里史"。

鲁义士热爱旅游，报纸上多次报道他陪同夫人、女儿度假。据《字林西报》1931 年 8 月报道，鲁义士夫妇乘坐"亚洲女皇"号前往比利时度假。1934 年 11 月，鲁义士陪同夫人、女儿和另外几对夫妇乘坐日本特快游轮。1938 年 9 月，鲁义士夫妇又带着他们的小女儿从马尼拉乘坐游轮回到上海。当然，报纸上还有一些关于鲁义士经济方面官司的报道，经商之中总有一些纠纷，孰是孰非难以评价。

这样一位勤勉工作、热爱生活的房子主人的形象已经呼之欲出，正是这样的个性特色，鲁义士才会选择英式乡村花园的自然风为自己住宅风格。回归自然，倡导舒适，这就是这幢花园住宅带给我的深刻体会。

小太原别墅？

钱宗灏

　　永嘉路、太原路的东北角上尽是小院高墙，墙内分布有好几幢花园住宅，平日里院门紧闭，路人只能透过围墙上方的竹篱笆看到露出的红瓦屋顶和楼层的一角。404 号仅是其中的一幢，再往里面的 402 号也是一幢，西面一墙之隔的太原路 87 号和 89 号又各是一幢。也就是说在这片不大的地块上就扎堆分布着四幢独立式的花园住宅，如再把范围扩大到周边一百米之内，这里就是林木葱茏、千姿百态的老上海顶级花园住宅集中地。

　　其实这片区域在进入 20 世纪后的第一个十年里仍然是一片传统的江南乡村景色，1914 年法租界拓展到了徐家汇后，这里才开始逐步进入城市化，1918 年至 1921 年太原路的前身台拉斯脱路辟筑、1920 年永嘉路的前身西爱咸斯路辟筑后，开始有人了来到这里购地建造住宅。1928 年法国贵族出身的法学博士狄百克大律师在今太原路 160 号建造了自己那幢漂亮的大宅子（即狄百克花园，以后又称马歇尔公馆、太原别墅）以后，来这里建造住宅的人逐渐多起来了。〔据：法国国家图书馆 ISNI 系统：狄百克（Amand Du Pac de Marsoulies）1874—1932，Du Pac de Marsoulies 是家族姓氏，

永嘉路 404 号

其本人名 Armand。1899 年毕业于图卢兹大学，获法学博士学位，后赴法属印度支那工作，出任民事行政长官。1917年起定居中国上海，开设狄百克律师事务所，1932 年逝于上海，其遗孀继续居住在台拉斯脱路 160 号。〕1934 年，英国保泰保险公司（South British Insurance Co.）经理人德克斯特（W.J. Dexter）建造了台拉斯脱路 87 号住宅；1935 年，英美烟草公司（Yee Tsoong Tob. Co.）原料供应部主任贝尔纳普（W.C. Belknap）建造了台拉斯脱路 89 号住宅。但是与之紧邻的西爱咸斯路 402 号、404 号未见记载。

　　网上有文章说永嘉路 404 号住宅建于 1923 年，从建筑外观上 1923 年上海的富人确实流行建造这种风格、形式的花园住宅。为证实此说不谬，我特意去查了从 1922 年到 1941 年（1942 年因战争停刊）《字林报行名簿》里的《上海道路指南》（*Shanghai Street Directory*），可惜并没有找到 Route herve de Sieyes（永嘉路的法文旧称）404 号的踪迹。我想，会不会是门牌号又重新编排了呢？于是细细比对，发现早先的门牌号与现在的确实不一致，但从 1936 年开始就和现在完全一致了，如 231 弄、418 弄等，甚至弄内的门牌号都相同，可 404 号就是没有，就像我们有时候读网上的帖子，弹出 404 错误码一样无奈，这意味着你就别想找到它了！不过也好，这不也旁证了 2009 年第三次全国文物普查时的结论没错，这幢房子建于 1942 年，虽然普查文件中也没有给出此说的依据。

同一篇文章中还说"当初的主人是谁已经很难查找，仅知 1937 年日军入侵上海时，由丁福保创建的虹桥疗养院曾迁至此"。然而此说同房屋建造的年份一样，文章作者也没给出依据，这不免又让人心生疑惑。据我所知，1934 年丁福保与他儿子丁惠康创办的虹桥疗养院是在虹桥路，靠近伊犁路，即今上海市血液中心的位置。抗战全面爆发后，虹桥疗养院被迫停业，部分医疗设备无偿供给伤兵医院使用。上海沦陷后，沪西虹桥一带的治安混乱，局势动荡，虹桥疗养院无奈于 1938 年迁往法租界霞飞路，即今淮海中路 966 号徐汇区中心医院 5 号楼内继续开办。（2024 年 3 月，徐汇区中心医院迁至龙川北路 366 号。）这是有史料依据，并且经权威部门挂了牌的。再说 1937 年日军入侵上海时，永嘉路 404 号住宅还没有建起来呢。

读到这里，朋友们一定很想知道当初永嘉路 404 号建造的情况了吧？可十分抱歉，目前我也并没有找到更多的证据，只查到了这幢房子的地籍号是 F.C. Lot.9526，这是一条有用的线索，但是要考证出当年永嘉路 404 号的出资建造者、建筑设计师和原来的房屋所有人，仍然是一件十分困难的事情。由于资料的缺失和前些年历史调查工作的不到位，使得真相至今依然如同这幢房子一样隐藏在高墙的后面。也许热门公众号"外滩以西"的"地产侦察员"会有办法据此找到 F.C. Lot.9526 号地块的主人和房子的曾经拥有者。不过话说回来，1942 年能够有财力建造这么一幢独立式住宅的人肯定在那个时候方方面面都很吃得开。彼时第二次世界大战正打得如火如荼，上海的西方商人和多数中国富人是不可能建造房子的，那么会是谁呢？

以下是上海市文物部门公布的关于永嘉路 404 号房屋说明：

> 建于 1942 年，法国古典式花园住宅，占地面积 414 平方米，建筑面积 450 平方米。建筑为假三层砖木结构，南立面竖三段布置，主入口在中间，有四根塔司干柱支承门廊，上为水泥平台，饰几何图案。两侧开方窗，窗户上下都有凸出的水泥线条装饰，中间置锁石。顶层退为露台，檐口饰竖向线条，孟莎式红瓦屋面开老虎窗。右侧附屋，顶为露台，围宝瓶式栏杆，黄色水泥外墙，屋檐、阳台、窗饰皆白色。

这段文字对建筑的描述十分客观，但认定其为法国古典式花园住宅有些牵强，虽然它的三段式布置属于古典形式，南立面的弧形楼体和东立面的八字形凸窗也都属于古典范畴，但是外立面上许多显而易见的装饰纹饰已经不属于古典范畴了，比如"饰几何图案""檐口饰竖向线条"等，那些都属于 20 世纪 30 年代开始在上海流行的装饰艺术派的设计。看来房屋主人有喜爱古典的偏好，但也不拒绝建筑师绘制流行的装饰艺术。所以，将它定义为"仿法国古典式花园住宅"更加符合实际。

仔细看我们还会发现建筑在许多细节上都模仿了不远处的太原别墅。如同样漆成白色的窗扇，陡峭的孟莎式屋面上的老虎窗，长方形的壁炉烟囱，二层平台上的宝瓶式栏杆，入口处的塔司干柱门廊，都是以太原别墅作为参照和模仿对象，只是在战争年代里做得稍微简单点而已。我们今天给它一个别称，说它是"小太原别墅"也不为过吧？

中统末任局长季源溥在上海的旧居

段　炼

　　徐汇区永嘉路 416 弄，原名西爱咸斯路同益村。该弄 1
号，占地面积 400 多平方米，建筑占地面积 180 平方米，为
近代独立式花园住宅。根据上海市文物部门的调查，这幢小
楼建于"孤岛"时期的 1939 年。当时，上海法租界虽不受
日伪魔爪控制，但受战争的影响，境域内中高档住宅建设也
相对处于低谷期。

　　1 号这幢两层砖混结构建筑，坡顶有出檐，建筑平面呈
不对称布局，东侧二层为出挑的弧形转角阳台，绿釉宝瓶式
栏杆。立面有多条呈水平带状分布的装饰线，山墙部分有几
何形装饰图案，建筑底层架空，设有半米高的防潮层，东侧
主入口设门廊，有四级台阶。建筑立面多矩形钢窗，窗间墙
饰横向带状装饰纹，带有现代派风格特征，里里外外透出一
种殷实和厚重。如今，历经岁月的洗礼，建筑的局部也有所
改建和搭建，原本独门独栋的豪宅终究难逃七十二家房客混
居的命运。

　　由于档案资料的散失，这座老房子的投资者、建造商以
及最早的入住者已经不可考了，不过抗战胜利后至上海解放
前，这里曾经是中国国民党中央执行委员会调查统计局（简

永嘉路 416 弄 1 号

称"中统")最后一任局长、时任中统上海办事处主任的大特务头子季源溥的住宅。因具有一定的历史人文价值，于 2017 年 4 月 27 日由徐汇区文化局公布为徐汇区文物保护点。

季源溥（1906—1979），字汇川，江苏沭阳人，出生于城市贫民家庭。高中毕业后，曾在沭阳县第一小学做语文教员，后经朋友介绍到南京国民党中央党部工作，加入 CC 系，成为中统特务。因诡计多端且身材矮小，人送绰号"季小鬼"。国民政府北伐成功后，阎锡山和冯玉祥联合反蒋，季奉命前往太原刺探阎冯联军调动情况，使蒋介石有了充分准备，为中统立下大功。为此，由陈立夫特别举荐，派他前往日本留学，专攻特务情报技术。

学成归国后，季源溥被派往上海市警察局任侦缉总队副总队长，专责破坏中共地下组织。为了做好特务工作，季源溥拜杜月笙为师加入青帮，自己也开设香堂广收门徒，联络地痞、流氓，扩大情报网络。据说，抓捕中共中央政治局委员兼政治保卫局局长顾顺章，就是由季源溥一手策划并亲自办理的。顾顺章被捕之后，受不了威逼利诱而叛变投敌，幸好由打入中统内部的地下工作人员钱壮飞通风报信，中共中央以及周恩来等领导人得以安全转移，才没造成更大的损失。

顾案之后，季源溥的特工才能深得蒋介石、陈立夫等人的赞赏和器重，他在中统系统内部的地位进一步上升。1935年，季源溥的父亲季福霖在家乡沭阳病故，国民政府主席林森送来挽幅"乡间矜式"，军事委员会委员长蒋介石送来挽幅"古道可风"，其他如陈立夫、陈果夫、吴铁城、徐恩曾等党政要员皆有挽幅吊祭，可谓风光一时。

此后，季源溥一度离开中统局本部，被派往铁道部担任劳工科科长。当时，中统秘密安插在铁路、公路、海员等特别党部的调查室主任，不是老同事就是上下级，大多都与季源溥有着不错的交情。

抗战爆发，南京沦陷，国民政府西迁重庆。季源溥便在国统区积极筹组工人福利组织，网罗工界特别是交通工人中的上层分子入会，实际上是发展中统情报组织。1938年，季源溥将他所控制的战时劳工社改名为"中国劳工协进社"，后又进一步扩大为"中国劳动协会"。季源溥因此而名声大振，摇身一变成了所谓的"工界领袖"。中统头目徐恩曾对此举颇为赞赏，认为成立劳动协会，既可以扩大国民党在工界的影响，以与共产党抗衡，又能以合法的面目掩护中统组织的特务行动，决定每月特批一笔活动经费给劳动协会。后来，季源溥又先后成立数家劳动分社，并在1943年举行了一次劳动协会成员代表大会。为了进一步扩大影响，季源溥还以"中国劳动协会"的名义办了一份名为《战时劳工》的报纸。

抗战初期，新疆军阀盛世才大肆标榜"反帝亲苏"，愿意与中国共产党合作。为此，中共方面在新疆设立办事处，并派了毛泽民、陈潭秋等人进入新疆，与盛世才通力合作，为新疆建设出谋划策。然而，到了1941年，苏德战争爆发，苏军猝不及防，节节败退，日军也开始了侵华大扫荡。内忧外患之下，盛世才急需重新寻找靠山，开始投向国民党的怀抱。经过与中统徐恩曾的谈判，盛世才撕下进步的伪装，于1942年9月17日将毛泽民、陈潭秋等共产党人软禁了起来。1943年3月，国民党重庆当局组织了一个所谓的"新疆审判团"，专门审理由盛世才捏造的所谓共产党人"阴谋暴动案"。这个审判团的审判长，就是中统大特务季源溥。在新疆，季源溥率领中统大小特务，严刑逼供，造谣诽谤，罗织罪名，炮制了一份充满了谎言的"判决书"。1943年9月27日，毛泽东同志的弟弟毛泽民、原中共湖北地委主要负责人陈潭秋以及中共新疆库车县县长兼乌什县县长林基路，在新疆迪化也就是今天的乌鲁木齐被杀害。

抗战胜利后，季源溥又被派遣回上海，在亚尔培路（今陕西南路）2号设立中统上海办事处，出任办事处主任一职。当时，国共合作尚未破裂，中国共产党在上海设有办事处，位于马斯南路107号（今思南路73号），对外称"周恩来将军官邸"（Gen. Chou En-lai's Residence）。就在周公馆对面的上海妇孺医院小楼内，中统特务设有秘密据点，对周公馆进行二十四小时监视，并将"监视日报"上报国民党当局。在1998年出版的《卢湾区志》内，收录了一份1947年3月15日《季源溥呈吴国桢监视专报》，详细记载了2月16

日至 2 月 28 日周公馆内人员进出情况。其中，进出人员除董必武、钱之光等工作人员及眷属外，还包括沈钧儒、陈家康、戈宝权等社会各界人士，一举一动均被严密监视并详细记录在案。例如：

姓名：戈宝权

职务：生活书店总经理

活动地点：马斯南路一〇七号

活动时间及方向：十八日九时三十分，自北走入。五时十五分，偕陈家康自北走出。十九日十时零五分，自北走入。十一时四十分，朝北走去，三时十分，自北走入。二十日二时，偕王凝出，朝北走去，四时十分，偕陈家康、王凝自北走返。二十一日四时五十五分，出，朝北走去，五时十五分，自北走返。二十三日九时三十五分，自北走入。十一时零五分，出，朝北走去，十一时五十五分，自北走入。五时二十分，出，朝北去。二十四日四时四十分，偕王凝及一年青女子向北走去，二十五日十时二十分，骑自由车出，朝北踏去，十一时二十分，返。一时三十分，出，乘人力车朝北去，四时零五分，偕一女子自北来。二十六日一时三十五分，出，朝北走去。二十七日一时三十分，出，朝南去。二十八日三时五十五分，偕王凝北去。

除中统之外，上海市警察局也以保护为名监视周公馆和在沪中共领导人，国民党反动派特务统治之专制由此可见一斑。

中统上海办事处虽然名义上挂着"上海"，其实管辖整个华东地区。除此之外，还在上海设有东、西、南、北、中、浦东、吴淞七个分区。上海办事处原本只有六十人，经过季源溥的几次扩充，在编人数超过六千人，形成了一个庞大的"特务帝国"。

在中统上海办事处主任任职期间，季源溥为首的中统特务对共产党的迫害与屠杀，以"《文萃》案"最为出名。《文萃》创刊于1945年10月，初为文摘性周刊，后改为时事政论性期刊，在中共领导下积极从事和平民主宣传，郭沫若、茅盾、田汉、许广平、马叙伦、周建人等名家经常为该刊撰稿。由于《文萃》的影响不断扩大，文章越来越尖锐，不可避免地引起了国民党当局的嫉恨。蒋介石亲自吩咐国民党中央党部秘书长吴铁城负责此案，而吴把这个皮球踢给了中统。

当时，卢志英是中共打入中统的地下工作人员，在侦办"《文萃》案"中引起了其他特务的怀疑，因而被暗中监视。不久，卢志英被捕，为了迅速侦破此案，季源溥亲自参与了审问工作。然而，敌人并未在卢志英身上挖出任何有价值的东西，只好派出大批特务到上海大街小巷搜寻《文萃》的地下印刷厂，并埋伏在各个报摊抓捕前来联系发行工作的地下发行员。

1947年7月18日，在北四川路守候的特务发现了几名与摊主联系的小贩，又顺藤摸瓜抓了四个地下发行员。五天后，特务们又找到了秘密印制《文萃》的友益印刷厂，地下党员吴承德正在装订最后一本《文萃》时被抓获。特务们又跟踪到印刷厂经理骆何民的住所，抓捕了骆何民和陈子涛。至此，除少数发行人员逃脱之外，"《文萃》案""要犯"均被捕。1948年12月27日晚，陈子涛、卢志英、骆何民三人被押至南京雨花台南麓宝林寺附近的一个山坳里活埋。1949 年 5 月 9 日，另一名共产党人吴承德被枪杀于宁波南门外薛家山大坟滩上。一时间，"《文萃》案"轰动全国，中统特务的手又一次沾满了共产党人和革命群众的鲜血。

抗战前，季源溥虽然也在上海工作过一段时间，但名义上只是个市警察局侦缉总队副总队长，年纪轻，资历浅，只能租住一般的住房。但作为中统办事处主任，季源溥算得上是雄霸一方的实权人物了。除了破坏中共地下组织、镇压学生、工人运动，查封先进报刊，中统上海办事处还负责一部分接收日伪资产的工作。抗战胜利以后，国民党党政军要员纷纷抵达上海，抢着"劫收"日伪产业，大发了一笔横财。原法租界地区，洋房别墅林立，各路大员觊觎，是"劫收"的重灾区。以季源溥为首的中统大小头目，或以"附逆"为借口敲诈民族资本家，或以"伪产"为名强占豪宅，狠狠地捞了一笔，很多特务头目一下子就成了花园洋房的新主人。据统计，中统先后控制了陕西南路 2 号、襄阳北路 1 号、高安路 3 号、麦琪路 7 号、安福路 31 号、永嘉路 161 弄 3 号、襄阳北路 111 弄 6 号、武康路 7 号、霞飞路逸园新村 7 号、巨鹿路古拔新村 1 号、尚智路 3 号、襄阳南路花园村 18 号等多处所谓的"敌伪产业"花园洋房。永嘉路 416 弄同益村 1 号这幢洋楼，应该就是季源溥"劫收"来的不义之财。据另一位中统特务束裕德解放后的交代，季源溥在上海时至少贪污了 3 000 两黄金。

中统特务的疯狂敛财行径惊动了国民党上层统治集团，为了掩盖季源溥等人的贪腐罪行，时任局长叶秀峰迅速将季调回本部担任副局长一职，这才转移了高层的注意力，让季源溥涉险过关。中统，前身为 1927 年成立的国民党中央组织部党务调查科，1935 年改组为党务调查处，1937 年并入军事委员会调查统计局第一处，1938 年 3 月在此基础上正式成立中国国民党中央执行委员会调查统计局。中统历任局长由国民党中央党部秘书长兼任，实际工作由掌握实权的副局长主持。1947 年 4 月，中统改称中央党员通讯局（简称"党通局"），叶秀峰担任局长，但习惯上仍称"中统"。1948 年，国民党当局为了维持独裁统治，玩弄起"还政于民"的把戏，匆忙召开"国民大会"，开始施行"宪政"。按照所谓的"中华民国宪法"，国民党的党务经费不能再由国库支出，这样一来，所谓的中央党员通讯局就无法维持了。于是，经季源溥提议，参照美国联邦调查局挂靠司法局的模式，将中统特务系统改组为内政部调查局。然而，原党通局局长叶秀峰认为自己资格老、地位高，不愿意屈尊在内政部之下当个局长。季源溥时任党通局副局长，背后又有陈果夫、陈立夫撑腰，1949 年 5 月内政部调查局挂牌成立之际出任局长一职。

尽管坐上了局长的宝座，但此时的国民党政权早已风雨飘摇，在布置好西南地区特务的潜伏任务之后，季源溥带着眷属逃到了台湾。1950 年 3 月，蒋经国在台湾出任"国防部总政战部"主任，将季源溥的"内政部调查局"划归"国防部总政战部"名下。随后，蒋经国对中统特务系统进行整改，换上了自己的人。1957 年，季源溥升任"内政部"政务次长，随着人员变动与机构变迁，曾经与军统并称为国民党两大特务机关的"中统"也就名实俱亡了。1979 年 10 月 28 日，中统最后一个大特务季源溥因支气管炎引发肺气肿，在台湾病逝。

行文至此，想到了题外的一个故事。抗战胜利后的

1946 年，著名教育家、民主建国会创始人黄炎培回到上海，一度住在襄阳路妹妹黄惠廉家，后又搬入雁荡路中华职教社暂居。长期漂泊，没有自己的居所，终非长久之计，因此黄炎培打算在上海市区买一套住房。据《黄炎培日记》所述，1947 年 11 月 19 日下午，黄炎培夫妇在友人的陪同下看了永嘉路 416 弄同益村的房子。因没有记载确切的门牌号码，不知道夫妇俩看的是哪一栋房子。或许是知道了同益村有这么一位令人闻之色变的住户？或许是感受到了这里特殊而神秘的氛围？黄炎培夫妇放弃了永嘉路同益村，最终选择了威海卫路威海别墅 8 号。历史就是这么有趣，两个敌对阵营的人物在这里有了交集，差点成为同一条弄堂进出的邻居。黄炎培的次子黄竞武，时任民主建国会上海临时工会常务干事，主持民建地下工作。上海解放前夕，黄竞武与中共上海局策反工作委员会取得联系，以党外人士的身份积极策反中央税警团起义。1949 年 5 月 12 日黄竞武被国民党特务逮捕，17 日英勇就义。

散落在时光中的记忆

钱宗灏

　　一个阳光温暖的冬日午后，我又出发去踏勘永嘉路了。沿着永嘉路由东往西，过了太原路，然后就是永嘉路 416 弄和 418 弄共用的一条甬道。哦，跟记忆中的不一样了，原先紧挨着甬道就是约有三十米长的铸铁栅栏，里面是植栽良好的临街小花园。两幢西班牙风格的毗连式花园洋房就掩映在小花园里的树丛后面，给人的印象很是惬意。现在位于弄口的 1 号已然经过了装修，主入口外立面贴上了黑色大理石门套，花园绿地也被硬化做成了停车场。

　　我仔细打量了这幢房子，发现他们修缮得不到位，要命的是抹掉了原本西班牙式建筑的风格特点：门脸上方原来是个典型的一步阳台，扶栏墙上的绿釉漏窗被封闭在了黑色大理石贴面的后面；原来应是漆成绿色的细棂钢窗全部换成了铝合金大玻璃窗；曲线窗楣应该是白色的，现在跟拉毛墙体涂成了混一色；上一次修缮时添加的墙角隅石倒忘了除去，要知道西班牙式房子是没有隅石的，就像它们没有出檐一样，看来我们离历史建筑保护的要求还是有些差距的！倒是后面的 3 号和 4 号，一眼望去虽然显得有点陈旧，但仍保留着西班牙式建筑的本色。

2009 年徐汇区第三次文物普查记录的资料，虽然简要，但比较全面，特摘录数条如下：

概述：永嘉路 418 弄 1—4 号住宅，建于 1935 年，占地面积 450 平方米，西班牙式建筑风格，二层砖木结构。两号双联、对称分布，前后两排构成一个小型里弄。建筑物为平缓坡顶，素筒瓦屋面不设烟囱，檐下设有券齿线脚，山墙上部通气孔采用绿釉镂空方砖为装饰。室内不建壁炉，以锅炉水汀系统供暖。南立面以拱券门洞和圆拱形钢窗为主，转角小阳台配以水泥板式栏杆，上面镶嵌绿釉方形的镂空花砖，主房间开设三联式圆拱窗，窗间设有欧式壁柱，其他墙面方窗皆以卷花纹饰装点窗楣。主入口也为圆拱门，原始的铁艺门饰还有所保留。室内保存一般，多处进行改扩建，北侧晒台多已搭建房屋。目前 1、3 号建筑部分作为办公机构，其他单元则由四至六户居民合用。

现状描述：结构稳定，南部立面风貌犹存，有不合理维修的痕迹，如与西班牙风格不相符合的墙角隅石等，内部保存较差，多处改扩建并多显陈旧破损，部分房间按当代风格重新装修，公共区域较脏乱。

损坏原因：多户居民合用，多处进行了改扩建，建筑使用过度，外部风貌和公共区域缺乏有效维护。

小组建议：维持现状。

看来"维持现状"是非常紧要的措施，不然自发改建、扩建的趋势会愈演愈烈，最后导致其失去"不可移动文物"的保护价值。

永嘉路418弄

我陆续寻找到了一些其他史料：

永嘉路418弄在字林西报馆1936年出版的 *China Hong List* 中的"Shanghai Street Direcotry"上被称作418 Passage。当时住在弄内1号的主人是柯士德夫妇（Mr & Mrs G. E. Koster），住在弄内2号的主人是杰扎格瑞（J. Jzagirre），住在弄内3号的主人是萨维茨基（G. Savitsky）。Savitsky是英国人中较常见的名字，尤其女性用这个名字的较多，萨维茨基那时在法租界公董局警务处担任文秘之类的工作；杰扎格瑞的职业则未见记录。

值得做一番考订的是住在弄内1号的柯士德夫妇。我发现柯士德先生的职业是一位建筑师，这引起了我的兴趣，首先想到的就是从这姓氏上看看他是来自哪个国家的人。

谁知一番找寻下来发现Koster在西方原来是一个十分古老的姓氏，该姓氏起源于古罗马，讲拉丁语的罗马人喜欢将

Koster 用作男性的名字，代表着一种独立和积极向上的人格。文艺复兴以后，属于拉丁语系的法、意、西、葡等国家的男性依照习惯喜欢在自己的姓名全称中加上 Koster 一词，于是 Koster 不仅作为姓氏，还可以作为名字了。后来这个姓氏又流行到了日耳曼语系和斯拉夫语系的国家，还发生了一些变体，在英语国家里大多数情况下则被用来作为女性的名字，如 Keister（代表伶俐）、Kesterson（代表如花似玉）、Kooistra（代表亭亭玉立）等。

这些都很有趣，但我们却无法根据姓氏来判断柯士德夫妇来自哪个国家了。其实这倒不重要，上海本来就是一座移民城市，来自世界各国、各地的人多了去了，重要的是柯士德是一位自己开业的建筑师，我在"Shanghai Who's Who"栏目下找到了他的职业身份，以及一句另见××页的提示。按图索骥果真找到了一家名为 Koster & Chang 的公司，英文

树木掩映下的 418 弄

名称下还配有公司的中文名称：柯士德建筑师事务所。这家建筑事务所地址是在四川路220号310-16室，就是外滩汇丰银行大楼后面四川路上的小汇丰大楼，那地方租金不菲，应该是栋很好的办公楼。不知道他们在上海留下过哪些建筑设计作品？查中国科学院院士郑时龄著的《上海近代建筑风格》一书，可惜也仅收录了这家建筑师事务所的名称，其作品栏内暂付阙如。

我想柯士德夫妇俩来到上海应该是在1933年以后的事了。因为我在同一年出版的 *Men of Shanghai & North China* 中没有找到 G. E. Koster 这个人名的记录，尽管这本书中收录了许多中外建筑师，包括他们的出身、教育背景、设计的作品和加入的团体等。可见是20世纪30年代前期上海建筑市场的繁荣，才吸引了这位建筑师携太太一起前来上海寻找施展才华的机会。

值得一提的还有柯士德建筑师事务所的合伙人张光圻（Chang.K.C.）和员工 Chang.T.S，他俩可能是兄弟。张光圻是中国第一代建筑师群体中的一员，在赖德霖主编的《近代哲匠录：中国近代重要建筑师、建筑事务所名录》里，记录了他的生平。张光圻，1895年出生于江苏崇明（当时崇明还不属于上海），1916年清华学堂毕业后，旋即赴美国哥伦比亚大学学习建筑，获得学士学位后于1920年回国，1923年担任上海前元实业公司建筑部主任。1927年10月，张光圻与吕彦直、庄俊、巫振英、范文照等清华校友发起组织上海建筑师学会，1928年改称中国建筑师学会。他还曾在报刊上写文章介绍欧洲诸国的基础教育理念，说欧洲国家的小学生课外作业很轻，注重培养健全的人格等。1931年起，张光圻担任荷兰治港公司驻南京代表，所以他在柯士德建筑师事务所的身份后面有括注——（Nangking），说明他在沪、宁两地均承揽建筑设计业务。

　　遗憾的是我终究还是没能找到 G.E. 柯士德或张光圻设计的房子。根据徐汇区第三次文物普查记录的信息，永嘉路418 弄 1—4 号建于 1935 年，那时 G.E. 柯士德已经在上海了，或许他和太太就是住在自己设计的 418 弄 1 号房子里？但就是没有证据！2009 年的第三次全国文物普查记录中并没有调查出 418 弄 1—4 号建筑的设计者和营造商，这无疑留给了人们猜测的余地。因为 20 世纪 30 年代中期以后，上海仍在大量建造新式里弄和公寓，一直到 1941 年底太平洋战争爆发后才戛然停止。那时候无论建筑师还是营造商都突然没有了市场，而战争条件下的历史记录又往往难以保存下来，所以只能寄希望于有心的读者朋友了。现在上海有许多历史建筑爱好者，如果能找到柯士德建筑师事务所设计的建筑，又如果正好是优秀历史建筑或者文物保护建筑，那么对我们的文化事业无疑是大有裨益的。

中西女中第二附属小学

段　炼

　　如今，有许多中学都设有小学部，形成了九年一贯制的义务教育体系。一般而言，高等学府可以利用其优质的教学资源下设附属中学、附属小学，而中学开设附属小学也不是什么新鲜事，早在民国时期的上海就有这样的学校。例如，历史上赫赫有名的中西女中就有附属小学，那就是位于当时法租界西爱咸斯路（今永嘉路）靠近台拉斯脱路（今太原路）西北转角的中西女中第二附属小学，即今五原路幼儿园。

一、从中西女塾到中西女中

　　中西女塾，1892 年由美国传教士林乐知（Y.J. Allen）创办，英文名 McTyeire School，亦名墨梯女塾。初创之际，学校位于今黄浦区汉口路西藏中路口，1917 年迁至忆定盘路 11 号（今江苏路 155 号）。1930 年，中西女塾向国民政府教育部门立案，改名为中西女子中学。中西女中是上海乃至中国最有名的女校，主要招收富家女子入学，杰出校友众多，影响了中国近现代历史进程的宋氏三姐妹均毕业于该校。1952年，中西女中与圣玛利亚女中合并组建上海市第三女子中学。

对于以上所述中西女中的沿革史，想必大家都很熟悉，其实要再往前追溯学校的历史，那还得从美国监理会在中国创办的第一所学校——三一堂女塾说起。监理会属于循道宗，1739年由英国神学家约翰·卫斯理创立，传入美国后建立起会督制教会。1844年，美国卫斯理宗因黑奴解放问题而分裂，北方称美以美会（The Methodist Episcopal Church），南方称监理会（The Methodist Episcopal Church，South）。1848年，监理会派遣秦佑（Benjamin Jenkins）和戴乐（Charles Taylor）医生来上海传教。抵沪后不久，两人在郑家木桥（今延安东路与福建中路、福建南路交接处）建造教堂，同时创办女学及小学，于1850年1月举行落成典礼。监理会兴办学校的目的不是为了实施正规的文化教育，而是出于传教的需要。旧时中国性别歧视严重，女子受教育程度远不如男子。一些开明的传教士认为，要改变中国的现状，就得改变中国的母亲，而要改变中国的母亲，必先改变终将为人母的女孩。让女孩学习文化知识，掌握谋生技能，在耳濡目染中逐渐接受基督教，成为上帝的信徒。

1854年9月，监理会教士蓝柏（J.W. Lambuth）夫妇来到上海，接手戴乐医生所创办的女校。早年的教会学校，注重讲经说道，校舍往往比较简陋，大多依附于教堂，师资力量也不强，还算不上是正规的教育机构。直到1870年，蓝柏夫人依靠美国友人资助为学校建造了新校舍。1879年，位于西新桥的监理会三一堂落成。1883年，学校迁入三一堂，正式命名为"三一堂女塾"。若是从1850年秦佑、戴乐医生设在郑家木桥的女校算起，三一堂女塾实为美国监理会在华创办的第一所学校。

1860 年，监理会教士林乐知偕夫人来上海传道，不久美国国内南北战争爆发，差会经费来源中断。在教会的允许下，林乐知出任上海广方言馆首任英文教习，后又参与江南制造局翻译馆译书工作。由于长期与士大夫交往，林乐知意识到要在中国宣传基督教不能光靠教义和教理，还必须客观地介绍西方先进的文化和科技，在潜移默化中引导官绅富商子弟成为上帝的信徒。

1881 年，林乐知在上海创办中西书院（Anglo-Chinese College）。由于学校采用完整的初、中、高三级教育体制，教学内容强调"中西并重"，宗教科目所占的比重很少，学生也无须成为基督教徒，因此深受中国上层人士的青睐。

中西书院的成功，促使林乐知开始考虑筹建一所同样性质、同等规格的女校，于是函请美国监理总会女子部多派一些独身女教士来华工作。1884 年 11 月 17 日，海淑德（Laura Haygood）、汉密登（Dona Hamilton）、金振声（Virginia M. Atkinson）、斐小姐（Lou E. Phillips）及其妹斐医生（Mildred M. Phillips）抵达上海。1892 年 3 月 15 日，经过长期准备，中西女塾正式开学，海淑德出任校长。而在此之前，三一堂女塾作为监理会女童教育的实践基地，这一批女教士都曾在该校执掌教鞭。即使在 1892 年中西女塾成立之后，由于两校相距不远，还有不少女教士同时身兼两校教职。

进入 20 世纪以后，东新桥、西新桥、郑家木桥地区早已成为上海市中心的繁华地段，地价日益昂贵。而中西女塾世俗化和贵族化的教育，比起三一堂女塾刻板的宗教教育更受中国上层社会的欢迎。1904 年，为了更好地整合教育资源，监理会决定撤销三一堂女塾，部分高年级学生升入中西女塾。

由此可知，早期的监理会很注重女童尤其是幼龄女童教育。开办之初，中西女塾学制十年，毕业生相当于高中程度，可以直接报考美国的女子大学。据说，宋蔼龄入学时只有五岁，当时没有适合她的班级，校长连吉生同意她先试读一学期，并单独教了她两年。而宋美龄入学也是五岁，这个时候学校已经有了幼儿班。中西女塾一直在不停地探索合适的学制方式，从最初的十年制改为十二年制，即包括了小学阶段和中学阶段的教育。十二年学制，即六三三学制，小学六年，初中三年，高中三年，是20世纪初经美国中等教育改组委员会肯定而形成的一种学制。1922年，北洋政府效法美国制定新学制，规定普通教育阶段为小学六年，初中与高中分别为三年。而在此之前，深受美国教育影响的中西女塾已试行四四四学制，即小学、初中、高中各四年，后过渡到更为成熟的六三三学制。因此，早在1913年，中西女塾即在虹口海宁路太原坊创办了附属小学，并附设幼稚园，校长为倪逢梅。因汉口路女塾本部已有小学部，因此这所设在外面的小学称为第二附属小学。

二、中西女中第二附属小学

1917年，中西女塾迁往忆定盘路，小学部单独设立，为第一附属小学，即现在的长宁区江苏路第五小学。1932年，第二附属小学由江洁贞担任校长，美籍女教师沙爱丽任学校顾问，学校迁至法租界亚尔培路（今陕西南路）附近西爱咸斯路65号一幢洋房内。搬迁后，随着招生规模的扩大，校舍不敷使用，于1934年在西爱咸斯路邻近台拉斯脱路转角处自行修建新教学大楼。据当时的报纸记载："该处闹中取静，新屋构造坚伟，适合幼年儿童攻习学业及陶冶性情。"中西二附小新教学楼共三层，内有十二个教室，以及礼堂、图书馆、卫生室、练琴房、饭厅、木工间等。在大楼东侧，另建小楼一幢，为幼稚园，可容大班、小班各二，共四个班级。1935 年 1 月 1 日，中西女中第二附属小学及幼稚园迁入新校舍。搬迁之后，学校学生名额增至四百余名，更添置了"大教育图书用具，一应设施悉系科学化，所有教材均纯采新颁课程标准"。至此，中西二附小初具规模，已成为远近闻名的一所小学。

尽管筹斥巨资兴建了雄伟宽敞的新教学大楼，但中西女中第二附属小学却没有教师集中的办公室，仅有一间教师休息室。为了与学生打成一片，教师的办公桌都放在教室内。至于学生的课桌椅，或成条列排置，或围成一圈，根据教师授课的需要灵活安排。除课桌椅外，教室内还有书橱、画图架等，还经常布置花草、盆景，以美化环境。和其他学校一样，中西二附小每周上五天半课，但校方只规定每天上课、午饭、放学的统一作息时间，至于各个班级每天的课程，由任课教师自行安排，全班师生共同掌握每一节课的时间。因此，学校每个教室的墙上都挂有一台壁钟，这是中西二附小的特色。

与中学部不同，中西女中附属小学男女生兼收，女生毕业后多数可以直升中西女中。至于开学和毕业典礼，附小则与中西女中联合举行，学校管理、教书的方式全如中西女中，校歌、校旗和校色都与女中一样，校训同样为 "Love Live and Grown"（信、望、爱），甚至连教学计划也是中学、小学一起制定，因此两所附小也带有一定的教会色彩。例如，两所附属小学只聘用女教师任教，幼稚园及低年级教师大多毕业于监理会系统的苏州景海师范学校，而中、高年级教师一般都是大学本科毕业生，以监理会系统教会学校毕业的高才生为主。中西二附小初小阶段的班主任教师，包揽班内除音乐课以外的语文、算术、常识等各科目的教学。中西女中是美国监理会创办的学校，因此两所附属小学都非常重视外语教学。中西二附小从三年级开始教授英语，由专业外语教师任教。英语课本采用美国原版书，彩图鲜艳，课文多为对话，从听和说入手，强调口语训练。有时候，学校还会邀请中学部的外籍教师来讲课，并组织学生学唱英文歌，用简单的英语对话表演节目。因此，中西二附小学生的英语程度明显高于一般小学。

中西二附小长期聘有两名音乐教师，一位指导学生唱歌，一位负责钢琴伴奏，音乐教学别具一格，带有宗教色彩。学校共有六架钢琴，幼稚园的小朋友清晨踏入校门，就在教师钢琴指挥下进行活动。下课、吃点心前，学生会在教师的带领下唱歌祈祷，都由钢琴伴奏，因此大家都会唱基督教的赞美诗。一部分学生会在音乐教师的指导下学习钢琴演奏，每年学校都会组织汇报表演。除了音乐课，学校还开设了美术课和劳作课，不仅教授美学艺术知识，还要求学生做木工、泥工，自行设计并完成手工作业，培养大家的动手能力。美术课和劳作课上的优秀作品会在学校的橱窗内展示，供大家欣赏学习。陈列展览结束后，举行作品义卖会，邀请家长到校参观认购，收入款项捐赠给聋哑学校。

根据当时的教师回忆，中西二附小经常开展多样的单元式教学，深化课堂知识。在常识课上，老师结合课文内容，采用参观和自制活教材等方式进行教学，增强学生的学习兴趣和感性认知。例如，为了了解邮政局，老师会组织学生参观邮局，学习写信格式和内容，并自编自演邮递员送信的小品。再如，为了让学生了解蝌蚪如何变成青蛙，老师会在教室内设缸，让学生喂养蝌蚪并观察其成长过程。在六年级的"轮船"单元中，老师选用相关语文教材，引导学生收集资料，了解轮船的发明史和我国造船工业情况，并制作轮船模型和编写数学题。单元结束后，学生还须归纳小结。这些做法不仅锻炼了学生的资料收集能力，也弥补了感性知识的不足。教学相长，共同作息，共进午餐，教师与学生整天都在一起，二附小师生之间的关系十分融洽。

中西二附小形成自己的办学特色，成为远近闻名的学校，除了有一批认真工作甘于奉献的教师外，与校长江洁贞严谨治校的精神是分不开的。搬迁至西爱咸斯路之后，江洁贞执掌中西二附小差不多有二十年的时间，其间于1934年和1947年两度赴美进修儿童教育，获哥伦比亚大学教育学硕士学位，学术上具有较高的造诣，且能用以指导实践。江校长对教师的教育工作持有严谨的态度。她不仅频繁检查备课记录，给予面对面的细致指导，还定期召集大家交流教学情况，分享彼此的教学心得。她常常深入课堂，亲自听课，评估教学效果，抽查作业批改情况，并当面表扬教师的出色表现。江校长本人也是模范表率，严格遵守校规，从未迟到早退。每次新教师入职，她都会对她们说："家长相信我们，把学生送到学校，我们要全面关心学生的成长。"她还亲自教授三年级英语课，给新教师作范例。

中西二附小行政组织精简高效，仅设秘书、会计和校医各一名，注重节约行政开支。然而，在校园建设上，学校却慷慨投入，为学生们提供了单杠、攀登架、巨人步、滑梯、篮球架等多种运动设施。特别值得一提的是，一、二年级的教室独具匠心，采用彩色课桌椅，以激发低年级学生的兴趣和好奇心。此外，学校在绿化方面也毫不吝啬，一进校门便是绿意盎然的葡萄棚架，让人瞬间感受到校园的宁静与美丽。

中西女中两所附属小学男女生皆收，作为旧时上海的"贵族学校"，大家都以进附小为荣。例如，开滦煤矿总经理韦增复之女韦健兰，中国红十字会总医院院长牛惠生之子牛彼得，著名女钢琴家顾圣婴，评弹表演艺术家金丽生，原科技部部长、著名高分子科学家朱丽兰均为中西女中第一附属小学毕业生。由此可知，中西二附小培养出来的优秀学子应该也不在少数。根据坊间流传的一些名人传记，上海滩商界叱咤风云的荣氏集团第三代荣智和、荣智乾和荣智健，均就读于中西小学，有些文章这样描述："小时候，荣智健在中西小学读书。他放学回家后，只要祖父有空，就亲自教孙子读古书。"荣智健与父亲荣毅仁、祖父荣德生住在一起，当时的荣家就在高安路18弄20号，也就是如今的徐汇区少年宫。此处住所与中西二附小相距不远，仅隔几条马路。荣家曾经历过绑架风波，心有余悸，更没有必要舍近求远，让年幼的孩子们去江苏路那里的中西一附小就读。因此，所谓的就读于中西小学，大概率还是永嘉路上的中西二附小。

上海交通大学电机工程系学科带头人、博士生导师陈陈教授，平时喜好钢琴，被誉为电机界的音乐才女。她早年就读于中西二附小、中西女中和市三女中，考上清华大学电机工程系后，担任清华学生文工团钢琴队队长，并由学校选送中央音乐学院业余部学习钢琴。在文工团期间，陈陈遇见了同样爱好音乐的土木工程系学生刘西拉。两人由音乐结缘，从相识到相知，最终走到了一起。毕业后，夫妻俩响应国家号召参加大三线建设，后相继赴美留学，成为公派留美取得博士学位后第一对归国的夫妻。陈陈就是当年在中西二附小接受的音乐启蒙教育，在回忆文章《中西十年引导我终身学习》里，她这样写道：

> 童年是快乐而单纯的。我从入学中西第二小学的幼稚园直到初中二年级暑假，在中西读书的日子逾十年。并校后继续在上海市第三女子中学读到高中毕业。
> 我的父母都是知识分子，对子女尽职而慈爱。家住太原路（台拉斯脱路），距中西二小半条马路，父母特别重视子女教育，从小就送我们进中西二小幼稚园。中西第二小学教导我们为人善良，处事严谨；教给我们学业知识；培养我们良好的卫生习惯；教会我们待人接物有礼貌。中西二小实行小班上课；三年级就开始用原版书教英文；学生可以课余到学校练钢琴。

除此之外，银行家徐国懋的女儿徐家瑜，中国工程院院士、微生物学家闻玉梅，著名导演黄蜀芹，香港中文大学教授、语言学家王士元，中央音乐学院教授、钢琴演奏家陈比纲等，也都毕业于中西女中第二附属小学。如今的风气，一般人皆以最高学历为荣，以所受到的最终阶段教育的为重，加之学校几经变迁，学生档案散失，中西二附小大部分的校友已不可考。

如今的永嘉路420号，已成为五原路幼儿园。原中西二附小教学大楼，建筑面积1 478平方米，坐北朝南，砖木结

永嘉路 420 号（原中西女中第二附属小学教学大楼，今为五原路幼儿园）

构，假三层，红砖清水外墙，白色水泥边框方窗，拱形门洞
饰逐层内收线条，缓坡屋面开老虎窗。因保存完好，且具有
一定的历史和艺术价值，于 2017 年 4 月 27 日由徐汇区文化
局公布为徐汇区文物保护点。

任百尊的红色往事

何成钢

　　我先前采访交通银行副董事长兼副行长陈恒平，他说，锦江集团老总任百尊曾经告诉他，自己解放前是交行地下党员。无独有偶，在撰写《群贤毕至的集雅公寓》一文时，我对晚年居住该处的任百尊的资料多有涉及。此后，作为交行地下党员的任百尊这个谜团，在我的心头一直萦绕不去，随着资料积累，这个谜团渐渐解开了。

一

　　任百尊三代同堂，他家原本住在永嘉路 495 弄 7 号。在这个弄堂里共有九幢法式风格假三层小花园住宅，建造于 20 世纪 30 年代，占地面积 2 175 平方米，建筑面积 2 160 平方米。这些房屋是砖木结构，外墙面上砌有鱼鳞状的水泥细纹，具有很强的装饰效果。建筑东西面入口门廊作两连拱券，屋顶有三角形山墙。南面二楼设阳台，北面中间有平台。南北红瓦陡坡顶，各开一单坡老虎窗，中间平顶，竖长方形窗。一楼是打通的大客厅，二楼是主卧房，任百尊很孝顺，有套卫阳台的给母亲住，自己住公卫的。几个小孩住在

永嘉路 495 弄 7 号
任百尊旧居

有尖顶老虎窗的小房子里。

　　邻居陈孙沪回忆道："我小时候就住在他们隔壁，小平爸爸是个高个子，老漂亮的，他娘像外国人，是闸北中学的教导主任。家里三个小孩，一个小阿妹送给亲眷了。儿子任世平（小平）原在鼓风机厂工作，大阿姐任世和（毛毛）比小平大两岁，以前在检察院工作。家里还住着一个娘娘。任百尊家老大的，单独住一幢房子，两只汽车间。任百尊解放前搞地下工作辰光就住这里了。任家有一只电视机、一只电话机，平时经常让我们一起使用，夫妻俩很客气的，单位轿车从不进弄堂，全家人都很低调的。"

　　1966 年 8 月，任百尊被抄家，后全家迁往上海天目中路

任百尊的全家福（前排左一、左二为任百尊及其夫人，左三、左四为任世和及其小儿子；后排左一、左二为任世平及其儿子，左四为任世和的大儿子）

200 号靠近新疆路的一幢老公房五楼居住。房子不算小，有四五间房，但要爬楼梯上下。"文革"后，别人的住房政策相继得到落实，而任百尊总是说："让别人先落实，人家比我们困难。"由于永嘉路老屋分给空四军军代表住了，一时难以迁出，1984 年他家被安排搬到衡山路 321 号集雅公寓 31 室居住，直到他去世。

身为旅游饭店业巨子，任百尊长年穿一双圆口黑布鞋，着一身洁净工作服，从不去娱乐场所，也不嗜烟酒，居室内是陈旧的家具、破旧的沙发。任百尊亲自接待过世界上 134 个国家和地区近 15 000 名贵宾，其中包括 544 位国王、总统和总理。（翁义骏《儒商任百尊》）他接待过的国家领导人有毛泽东、刘少奇、周恩来、朱德、邓小平、叶剑英、李先念、胡耀邦、江泽民、朱镕基等。陈毅喜欢戏谑地称呼任百尊为

"任老板"。《美国经济导报》刘易斯·塞孟曾经说，"任百尊这样的企业家当时整个中国大陆约有20位"。

任百尊被业界推崇为"中国第一美食家"。他的酒店服务哲学是"小事做透、大事做精、凡事做细"。菜谱是饭店服务水平的体现，凡贵宾莅临，一律由他亲自审定。1982年9月25日，他为船王包玉刚宴请英国首相撒切尔夫人定的菜单是：花色冷盘（川味）、八小碟（川味）、清汤官燕鹌鹑蛋（粤味）、金华凤翅（粤味）、滑炒大虾仁（粤味）、烙蟹斗（西式）、冰灯冰糕（西式）和萝卜丝酥饼（扬点）。他了解邓小平爱吃川帮红油饺子和鱼香茄子，不喜欢改良的法式菜，对20世纪30、40年代的正宗法式大菜十分执着，同他政治上始终如一的坚定相吻合。他知道陈毅更爱吃麻婆豆腐和干烧鲫鱼。

1959年4月2日，中共八届七中全会在上海召开，代表住宿在上海锦江饭店18层楼。国家及各省市自治区党委第一书记共二百多人出席了会议。当时正是困难时期，国家领导人主动提出不吃猪肉，以素代荤，锦江饭店的食谱虽然每天翻新，但都是素食。餐后国家领导人对锦江饭店十分满意，后来到上海多次在锦江饭店居住和办公。

锦江的文化俱乐部被列为中共八届七中全会会场之一。有关方面认为，一群赤身裸体的外国女人的雕像，不符合当时人们的价值取向和审美情趣，便下令将浮雕全部毁掉。任百尊思量再三，选用了质地看起来相似的木料，把所有的柱子封上，再用油料和涂漆粉刷一遍，让外面看起来协调美观。这个小小的动作，瞒过了当时参加会议的所有人，而木板里的裸女浮雕则被保护下来。

二

任百尊，1920年5月16日生于北京的一个官宦家庭，父亲是驻日使馆的外交官，所以他的小学、中学都是在日本上的，能操一口流利的日语，普通话也很标准。抗战以后，他随父母移居香港。

1942年底，任百尊随父母从香港回到上海，进入复旦大学读书，决定由政治经济改学土木工程。生性开朗的他熟悉环境后，身边聚集了不少同窗好友前来切磋学习、议论国事。

一次偶然的机会，任百尊结识了当时锦江川菜馆的老板董竹君的女儿董国瑛。两人谈得很是投机，交往越来越频繁，生人变成了熟人。董国瑛个头高挑，身材苗条，鹅蛋脸，酒窝里总是盛满了微笑，妩媚端庄。

董竹君发现，在女儿身边的众多小伙子中间，出现了一位高大英俊的青年。白皙的皮肤衬着高鼻大眼，卷卷的头发，讲话舒缓而有节奏，夹带南方口音的普通话，条理清晰，显得精神十足，潇洒自如。"他是谁？"董竹君禁不住问女儿。"任百尊。""是什么人？""复旦大学学生。""怎么认识的？""同学介绍的。"董竹君不置可否地朝神情自若的女儿瞅了瞅，她发觉女儿对这位外表出众的青年颇有好感。（董竹君《我的一个世纪》）

董国瑛思想甚为进步，在她的介绍下，任百尊读了《西行漫记》《大众哲学》等进步书籍，初步了解了共产党和马列主义，顿感眼前豁然开朗，苦闷的心情缓解了不少。通过董国瑛，任百尊知道了抗战前线的真实情况，也明确了自己的奋斗目标。

这年，经熟人介绍，任百尊担任当时交通银行董事长唐寿民的秘书兼日语翻译，渐渐熟悉了许多财政金融方面的情况。私底下，任百尊和亲属、同事，当然还有董国瑛，组织了一个学习小组，大家经常对社会问题展开激烈辩论。

不久，董国瑛突然秘密去了苏联。得知这一消息后，任百尊怅然若失，也萌生了去苏联一睹红色国度风采的念头。他实在难以忍受沦陷后上海压抑的氛围，对学习小组一直争论的苏联，很想去实地考察一番。几天后，已经辗转到达重庆的任百尊，在同学的劝说下暂时压下了去苏联的念头，返回了上海。

1943年3月，唐寿民出任伪职——全国商业统制总会理事长。唐寿民说："统制一事，非不可办，但须处处以国本民生为重，君等如亦以此为是，立予赞助，余亦不遑为自身计矣。"之前唐寿民已主持交通银行"复业"，并出任董事长兼总经理，这时再出任商统会理事长，一时风头无两。

抗战胜利前夕，唐寿民看到日本即将被打败，就派任百尊等人去重庆找国民党说情。任百尊到重庆见到了吴铁城等人，碰了钉子。回到上海后，唐寿民又让他到苏北去试探共产党的态度。

任百尊抓住这次机会，通过生活书店田鸣的介绍，联系上了共产党的地下交通员。经过一番筹划，任百尊来到了苏北抗日根据地，与华中局领导接洽深谈，了解了共产党的各项主张和相关政策后，思想上受到了很大的触动，当即表示不愿继续为唐寿民做事，准备辞掉交通银行的职务，参加革命。

据董竹君回忆，首次与田云樵见面时，田云樵曾谈道："任百尊，上海敌伪时期是交通银行行长的秘书，抗日战争胜利后，曾去过重庆，回沪后在政治上彷徨苦闷。经国瑛多次启发，他进入苏北根据地——阜宁县益林镇苏北党委城市工作部找关系。是我首先接待他，我当时是城工部科长，任说是董竹君介绍他去的，我又同他谈了一阵，转到城工部部长薛尚实同志接待。同时任要求入党，薛部长见是董竹君介绍来的，即在城市工作部领导小组会议上讨论，决定任作为特别党员再观其今后的表现。"（《我的一个世纪》）

什么是特别党员？张闻天在中共六届六中全会的报告中作了清晰的说明："凡党员处于特别地位，而不过一般党的组织生活者，谓之特别党员。"可见，华中局领导是非常看重任百尊的能力和社会背景的，赋予了他特殊的使命。

返回上海前，薛部长对任百尊交代了两项任务：其一，返回上海，物色进步青年，秘密送到苏北来；其二，秘密为新四军购买药品，尤其是当时奇缺的盘尼西林。又特别嘱咐他多购一些治枪伤的药和消炎的药。

回到上海后，任百尊立即以做生意为掩护，弄来一批捐赠的药品，装满两大箱，利用汪伪一位李姓少将与扬州地面伪军熟稔之便，安排了接应。运药的船只到达扬州时，接应的军官诓称这批药是自己的，顺利地过了关卡。任百尊和他领去的三四个进步青年带着药品绕过扬州，取道瓜洲，经仙女镇，直抵根据地。这一次往返历时两个月，城工部对他神速可靠的工作非常满意。经过这次考验，任百尊被批准加入了中国共产党。

任百尊的此次苏北之行，可谓恰逢其时，与中国共产党正准备开展城市工作不谋而合。通过任百尊的介绍，田云樵认识了董竹君。田云樵后来在上海从事策反工作，为上海和平解放立下大功，董竹君也起了非常重要的作用。

董竹君

三

　　1945 年 3 月，新四军苏北区党委书记薛尚实转达党的指示，要董竹君在上海创办秘密印刷所，准备在新四军解放上海之时，出版报纸，印文件、指示、宣传品之用，由董竹君出资会同城工部来沪的任百尊协助办理。董竹君从锦江饭店抽资，由任百尊出面盘入马浪路（今马当路）377 号永业印刷所，未领执照，秘密经营。据上海地下党领导张执一说，1945 年夏，他秘密来上海时，华中局指示他领导董竹君开展地下工作，是周恩来的指示。

　　1946 年夏秋之间，中共中央成立了上海局，董竹君开设的锦江饭店成为地下党的正式联络点。在实际工作中，因张执一是第一线的人，不便彼此多见面，有事张执一皆嘱田云樵与董竹君、任百尊联系。

1945年夏末，永业开始营业不久，为便于工作，掩护革命同志，董竹君另在迈尔西爱路（今茂名南路）163弄6号三层楼房，租下一、二层和楼底后面小间、厨房、汽车间。任百尊从事地下工作，不便住家，干脆搬来这里。田云樵第二次由苏北来上海时，为避免警察注意，带着家属亦住进这房子一段时期。

三楼是当时的"上海小姐"王韵梅家。在竞选"上海小姐"时候，川军军长范绍曾加码到7000银元才得胜，因此，范绍曾经常到王家鬼混。在老虎口里有人觉得害怕，殊不知，虎口反倒成为地下党最佳的避风港。地下党领导吴克坚把董竹君的家作为碰头会的地点。他们商议的内容是有关策反敌人的海、陆、空军的工作。

永业经营到9月中下旬，圣约翰大学学生何溶（何舍里）、陈宝森、陈鲁直、金沙（即成幼殊）、复旦学生任阴桐、黄森、董国瑛等，联络了一批文艺爱好者筹备出版综合性文艺刊物《麦籽》，主编为何舍里。还成立了进步团体麦籽社，其成员多为地下党员或进步青年。麦籽社的经费是由董竹君女儿董国瑛从锦江抽出的资金，刊物在任百尊主持的印刷所印刷。

国共签订"双十协定"后，董竹君旋即从锦江抽出30两黄金又在麦赛尔蒂罗路（今兴安路）43号盘入协森印务局的全部机器设备及一楼一底房屋。仍用协森印务局店名加上"（尊记）"开设，名字中取了任百尊的"尊"字，由任百尊担任经理，董竹君为董事长，书版排字房领班工人40人左右。

一天，周恩来指派秘书陈家康要用解放社、中国灯塔出版社名义出版《解放》杂志、党的"七大"文献，由程克祥一人负责送全市书报摊销售。任百尊一口应了下来，接下了中共代表团交办的印刷任务。

灯塔出版社连续出版了毛泽东所著《新民主主义论》《在延安文艺座谈会上的讲话》《论联合政府》，朱德所著《论解放区战场》以及以新华社报道的"双十协定"国共谈判过程为内容的《为和平而奋斗》等书，还有《论持久战》《论共产党员的修养》《评赫尔利》《上饶集中营》等。《钢铁是怎样炼成的》首译者梅益也到协森印刷过宣传品。这些书刊曾一版再版，深受各界人士的欢迎。

1945 年底左右，上海地下党市委所属工委、职委、学委、教委公开出版的《生活知识》《人人周刊》《时代学生》《新文化》以及银联（即上海市银钱业业余联谊会）的《银钱报》等都由协森承印。任百尊积极承揽，一时间业务量猛增，他与董竹君商量，协森需扩充排字房，增添铸字机等设备，董竹君又增加了投资，此时协森已日产三至四万字，也就是说每天可以出一本杂志与两万字的书一本，十分高效。

1946 年 6 月 20 日，上海人民反内战大游行前夕，沪西国毛一厂工会送来反内战传单口号、标语底稿。任百尊通过同行关系在天潼路找到一家停业的印书车间，用他们的全张平板机、浇铅板设备，经连夜赶工，只一天一夜印就四万张传单。这天，运送传单的三轮车，过四马路（今福州路）、山东路口，因红灯急刹车，车上传单成捆翻落，散布一地，幸好交通警未注意传单内容，急令快走，任百尊等一众随车护送人员，草草收拾，重新装上三轮车，送达国毛一厂，保证了 6 月 23 日大游行的需要。

在协森承印七家出版社业务时，经常代垫纸张，印工都是在出版后偿付。由于杂志销售结账有困难，《生活知识》

等杂志的赊欠账款直到协森歇业时都没有付清，都作为坏账处理了。

到 1947 年春，协森的业务只剩下中国灯塔出版社的"灯塔小丛书"。这时，负责送书报摊销售的程克祥已离沪，灯塔出版社实际上成了印刷厂的出版社，"小丛书"印好后有人来取走，转入秘密发送。

国共内战全面开始后，嵩山路警察局特高科长借故到协森找经理谈话，种种迹象表明，协森已不宜存在下去了。张执一果断决定将协森关停、转移，把印刷厂经办得更大，表面上为纯商业性质的股份有限公司，并以此掩护党的地下工作。

董竹君再从锦江抽资，加上协森卖得的 50 两黄金，同时吸收外股，共 80 多两黄金，盘入福履理路（今建国西路）69 号育才印刷厂的全部生产机器设备，改名美文印刷股份有限公司，于 1947 年 8 月正式开业。田云樵代表共产党也投资 500 元。董竹君任董事长，任百尊任总经理，田云樵挂名工务经理。

前前后后，美文印刷了大量进步书刊如《麦籽》（半月刊）、《解放》（杂志）、《新民主主义论》、《论联合政府》、《论解放区战场》、《双十协定》、《论持久战》、《论共产党员的修养》、《评赫尔利》、《上饶集中营》、《生活知识》（杂志）、《人人周刊》（杂志）、《时代生活》（杂志）、《新文化》（杂志）、《教师生活》（杂志）、反内战传单、《新音乐》（杂志）、"灯塔小丛书"、《张自忠将军》（画册）、《呐喊》、《彷徨》、《野草》、《谁之罪》（作家书屋）、《红与黑》、《反对内战》（对时局的宣言）、《驳蒋介石》（新华社稿）、《南通惨案真相》（新华社稿）、《三八妇女节》宣传品、《告上海全市人民书》等。

董竹君全力支持共产党的工作，任百尊全力以赴，四处奔波，细心打点，他们紧密合作，成为令人尊敬的革命战士。

美文建成不久，张执一嘱托田云樵向董竹君、任百尊传达党中央指示，中共上海局要在上海建立一条党的交通线。在上海—台湾—南洋开辟交通线，便于这些地区的党组织联系。这条交通线以经营商业形式掩护联络点及工作人员来往等为任务。

任百尊通过关系，在上海南京路大陆商场楼上找到一处办公室，新创办的锦华进出口公司就设在这里。由蔡承祖派来的刘永达（党员，原新知书店经理）任总经理，田云樵是协理，柴俊吉、林再谋任副经理，任百尊任监察，董竹君任董事长。

董竹君与策反英雄田云樵结下生死之交，两人为上海解放屡建功勋。他们俩的介绍人就是任百尊。董竹君慷慨资助田云樵交办的地下党企业，第一执行者是任百尊。任百尊、董竹君、田云樵三人联手从事地下工作，屡立战功，成为上海隐蔽战线的"黄金三人组"。

1951 年 6 月 9 日，上海锦江饭店正式开张。董竹君被聘为董事长，任百尊被任命为总经理。

改革开放以后，任百尊执掌的锦江集团输出管理，足迹遍布上海、福建、四川、安徽、山东、广东，创建了上海航空、锦江财务、静安面包房、花园饭店等二十家公司，均是上海第一家。任百尊被邓小平誉为"改革开放的企业家"，被人称为"马克思主义的百万富翁"。

与任百尊有着深厚师友情谊的邱根发，称任百尊为"红色贵族"，我觉得实至名归，他当之无愧。1997 年 12 月 11 日凌晨，任百尊因心脏病在华东医院病逝，享年 77 岁。

1999 年 9 月 23 日，永嘉路 495 弄 7 号被上海市人民政府公布为市优秀历史建筑。

这里是新邨的滥觞

钱宗灏

永嘉路 500 弄，思齐新邨的名称出自《论语·里仁》："见贤思齐焉，见不贤而内自省也。"其意思是：见到贤人就思考向他看齐，见到不贤的人就自我反省有没有犯与他相类似的错误。《里仁》是论语中著名的篇章，两千多年前中国先哲孔子讲的话很有道理，一直被国人传颂，又特意用在了民国时期法租界一处物业的名称上，开发这处物业的主人大概率也是一位华人。

思齐新邨建于 1940 年，三排建筑共占地 713 平方米，通常记录它有花园式住宅楼三幢。其实沿永嘉路 496 号和 498 号的两幢也属于思齐新邨的范围，而且那两幢房前的花园更大，故准确地说它应该是有毗连式住宅三排六幢。"毗连式"是个建筑学上的名称，现在通俗点的说法叫"双拼"。再说思齐新邨也不属于花园式住宅，而是带小花园的里弄式公寓，那时候的公寓设计都不兴带外阳台的，顶多带个内阳台，思齐新邨也一样。而说它是公寓的最大理由还是其内部的每一层都是可以独立成套，南向为两大间卧室，北向设计为错层，房间较南向的层高要低一些，可以按用户需要布置成厨房或盥洗室。东面一列楼体的中后部还建有一个贯通三

永嘉路 500 弄思齐新邨

层的小天井，用以通风、采光和隔离厨房及卫生间排出的气味。当然如果有购房者将三层楼全部买下或租下来也是可以的，一层后部用作过道和厨房，前面有小花园的两个房间用作客厅和餐厅；二层、三层还有四间朝南的大卧室，后面的错层部分除了楼梯走道及卫生间外，剩下的就被用作亭子间了，可供佣人居住或用作客房；第三层亭子间的楼顶上则是一户独用的大晒台。所以，像思齐新邨这样的房子就是当年上海住宅中的"新邨"概念，它跟称作××邨的新式里弄不一样，跟后来 60、70 年代众多的工人新村也不一样。而这正是思齐新邨现在被列为文物建筑的最大原因，它以一个新的名称诠释了一种居住建筑的类型。

思齐新邨建造时，正处日本全面侵华战争时期，上海除租界以外已经全部沦陷，租界则因英、美、法等国政府尚未对日宣战，日军找不到侵占理由，故成为相对安全的"孤岛"。很多来自江、浙、皖等省的人为逃避战火纷纷涌入上海租界，其中当然有穷人也有富人，中外投资者们看到了商机，纷纷斥资建房，一时间造成房地产市场畸形繁荣；同时中外海运航路没有因战争中断，美洲的花旗松、钢材，东南亚的柳桉、柚木等仍得以正常输入，水泥和砖块本地有生产，劳动力则更不成问题。到了 1941 年底太平洋战争爆发，日军占领租界，"孤岛"沦陷后建筑业才全面萧条了。

思齐新邨是在一块狭长的基地上建造起来的。其东面是法商电车电灯公司的自来水塔，西邻今岳阳路 113 号住宅的大花园，北面是今岳阳路 79 弄茂龄邨，这些建筑都要早于思齐新邨建成。原来像这样狭长的基地因为比较难以规划房屋而不受市场待见，一直空着，在这当口则无论怎样的边边角角地块都被充分利用起来盖房子了。

我们再来看看思齐新邨建筑设计上的一些特点：虽然是战争年代建造的房子，可是无论设计、施工和用料，还是内部空间配置等方面都毫不含糊。建筑为混合结构三层，双开间面阔达 8.51 米。前半部底层铺地架空，踏上三级台阶后经由平台进入室内。后半部的开间宽度与前半部相同，一侧为厨房，另一侧设置辅入口、门廊走道、厕所、小储藏室及楼梯。至第四层的一半退为平台，这一贴心的设计尤其受到习惯晒衣物、被子的上海主妇们的喜爱。外立面水泥拉毛墙面给人以一种自然毛糙的亲切感，二至四层配置横向通长窗框，窗间墙饰以深色贴面砖，形成色彩对比效果的同时也显示了上海师傅手艺的精细。顶部被女墙遮掩住的红瓦坡屋面，给人造成视觉上的平顶感受。这是上海建筑师的一种讨巧设计，既迎合了时尚人士对建筑外观的现代感追求，也满足了坡屋顶下面房间内的温度适宜。

最后来谈谈思齐新邨的建筑风格。看到网上有文章说思齐新邨属于现代风格，我觉得大体上也说得过去，可经不起推敲。"风格"一词，在现代汉语中的含义原来就比较宽泛，通常是指具有独特于其他人的表现、打扮、行事作风等行为和观念。译成英文是 style，其含义是式样、种类、类型、类别等，与汉语语境下的"风格"不完全相同，所指要严格得多。西方人对现代建筑的名称不曾用过 style 一词，在 20 世纪初期，现代建筑曾经被称为 new architecture，这很好理解，当时留学欧美学习建筑的人和国内的一些刊物都是按字面直译成"新建筑"的。但随着现代建筑运动在欧美国家的风起云涌，一些英文文献中，常用小写字母开头的 modern architecture 表示广义的现代建筑，其中也包括装饰艺术派建筑；而现代建筑的旗手和践行者们，则以大写字母开头的 Modern Architecture 或 Modernism 表示他们创新设计的现代建筑。这是狭义的现代建筑，往往只包括格罗皮乌斯、勒·柯布西耶、密斯·凡·德罗、阿尔瓦·阿尔托、赖特和贝聿铭等少数著名建筑师设计的作品。他们的作品诞生时非常前卫，极富个人风格，真正具有"独特于其他人的表现"，如格罗皮乌斯的法古斯工厂、勒·柯布西耶的朗香教堂、密斯的巴塞罗那国际博览会德国馆、阿尔瓦·阿尔托的帕米奥结核病疗养院、赖特的流水别墅和贝聿铭的华盛顿国家美术馆东馆。他们的作品都极其经典，属于那种经常被模仿，却从未被超越的现代建筑。

　　简单罗列了上述人物和案例后，相信读者很快就能作出自己的判断：思齐新邨只能是属于小写的"现代建筑"，但在现代汉语语境下却没有小写的现代建筑这一概念，于是便出现了表述上的不规范或者说混乱，如"现代风格"。诚然，这个问题也不是现在才有，早在"新建筑"传入中国的初始阶段，就有"摩登建筑""现代派建筑""法德最新之建筑""包豪斯建筑"等许多种叫法，而事实上，近代上海的现代建筑除了极个别的案例，如铜仁路、北京西路口的吴同文住宅、淮阴路姚氏住宅（现西郊宾馆内）达标外，绝大多数都与大写的现代建筑有着不小的差距。

依我看，思齐新邨属于晚期装饰艺术派建筑。因为装饰艺术派发展到了晚期已不再像前期那样追求以新奇的装饰来抓人眼球，而是逐渐与现代派趋同。建筑师们受到 Modernism 愈来愈强势的影响，往往仅仅以横竖向的线条来作为外观构图的内容。这一点在思齐新邨的外立面上有很突出的表现，而大写的现代建筑视装饰为罪恶，德国现代主义建筑大师密斯凡·德·罗的那句名言"Less is more"（少即是多）正说明了这一点。他设计的范斯沃斯住宅甚至没有一条多余的线脚，被评论界认为"有如水晶般的纯净"。思齐新邨显然没做到这一点，但它功能实用，也比较美观，这就够了。

城堡式的宋子文旧居

惜　珍

每次路过岳阳路、永嘉路路口一眼就看见从围墙和浓郁的树丛中露出的一座浅灰色锥形尖顶塔楼，它显得那样神秘，在上海建筑中确实少见。它令我想起电影《哈利·波特》中位于苏格兰高地的霍格沃茨魔法学校，这使我对这幢德国城堡式建筑充满了好奇。

仿佛走进哈利·波特的魔法学校

2023 年岁末，我在原丁香花园总经理邱根发先生的陪同下，走进了这幢看上去如此神秘的建筑所在的院内。因为永嘉路 501 号的大门没开，我们是从岳阳路 145 号进入其内的，先是看到一个大花园，然后看到面朝花园的一幢荷兰式房子，它的旁边就是那幢尖顶城堡。我的心中难免激动，绕过花园，经过荷兰式建筑，才看到尖顶建筑的全部身影。建筑面前是一片开阔的庭院，庭院四周环抱着郁郁葱葱的树木花草，庭院一角是面朝永嘉路的严丝合缝的绿色大铁门，铁门上方有红色砖瓦砌成的坡屋顶，与大铁门成直角的是一座红砖坡顶的小房子，朝向庭院有一扇两开窗户，窗户四周用

永嘉路 501 号宋子文旧居俯视图

红砖镶嵌，拉毛墙面也有红砖勾勒，想来是用作门卫室的。

　　我站在面朝永嘉路的绿色大铁门前，端详这座被染上神秘色彩的建筑。这是一幢建于 1928 年的德国城堡式假三层混合结构花园洋房，建筑面积 549 平方米，建筑立面为不对称造型，双坡平瓦屋顶，坡面中部有三个连续的棚式老虎窗，屋檐下有连续的木支托支撑。建筑东侧为坡顶，有上下两扇长方形窗户，窗框同样用红砖勾边，上下两扇窗户中间及下部饰以砖红色菱形花纹，两侧墙面饰以砖红色齿状几何花纹。建筑西侧便是神秘的圆柱形锥顶塔楼，塔楼顶部是浅灰色铁皮尖锥屋顶，屋顶下部呈喇叭口，它构成建筑物侧面深沉的轮廓线，由圆锥形组成的几何体造型使建筑呈现出多姿多态的变奏。这座塔楼有三层，一、二层分别有三扇排列错落的狭长竖窗，三楼的三扇长方形窗户顶部组合成穹形，窗口及墙隅镶清水红砖，三层竖窗间用红砖在墙面上镶嵌

永嘉路 501 号宋子文旧居

出了菱形组合图案。这座锥形塔楼里的楼梯绕着塔楼螺旋上升，可直达顶层。整幢建筑底部为厚石墙承重，下部半地下室外墙为仿石饰面，上面两层为细砂卵石墙面。建筑以入口台阶为中心，踏九级石梯可直接进入一层门廊，长方形门框的左右两侧各有一扇半圆拱券窗，门框镶有红砖，整幢建筑窗型复杂多样，有圆券窗、尖券窗、方窗，窗口及墙隅均镶嵌清水红砖。建筑二层为三扇方形钢窗，沿窗户四周都用红砖白粉槽勾勒装饰。这座偏隅一角的城堡型花园住宅为四周增添了几许神秘色彩，站在它面前，似乎感受到欧洲古城堡神圣而又沧桑的特殊美感。那是我在行走上海的建筑时很少有的感觉。

曾是宋子文旧居

这幢城堡建筑是宋子文旧居。宋子文家族是民国时期"四大家族"之一，"四大家族"分别为蒋介石家族、宋子文家族、孔祥熙家族和陈果夫、陈立夫家族，简称"蒋宋孔陈四大家族"。宋氏家族是一个影响中国政界、军界和经济界十分显赫的家族。宋氏家族的宋美龄与蒋介石结婚，宋霭龄与孔祥熙结婚，而宋子文曾任国民党政府财政部部长，权倾一时，当时欧美国家财政界都知道 T.V. Soong 是中国的理财家。

宋子文祖籍是广东文昌（今属海南省），他的父亲宋嘉树（字耀如）早年即赴美国求学、经商，后接受洗礼，成了一名虔诚的基督教徒。1886 年，宋耀如回到上海担任牧师，在传教之余还进行商业活动，获利甚丰。他的夫人倪桂珍是明代科学家徐光启的后人，久居上海，幼年时便是一位接受洗礼的新教徒。宋耀如和倪桂珍结婚后，他们的六个子女都出生于上海，因此对于宋氏家族来说，上海才是他们的根。

宋子文1894年12月4日出生在上海同仁医院，其兄弟姐妹分别是宋庆龄、宋美龄、宋霭龄、宋子良、宋子安。与大名鼎鼎的宋家三姐妹相比，宋子文的名气可能并不是那么大，但他的才华一点也不逊色于宋氏三姐妹。作为家里的长子，宋子文出生后就深得父亲器重，父亲为他请了家庭教师，天资聪颖的宋子文三岁时就能读懂全英文的儿童读物。在父亲的安排下，他进入上海圣约翰大学少年班，后相继转入预备班、大学班，1912年从圣约翰大学毕业后以优异的成绩考入美国哈佛大学攻读经济学，获经济学硕士学位。因为出色的才能，他被美国花旗银行高薪聘请。在纽约，他一面供职于花旗银行，一面在哥伦比亚大学听课，攻读经济学博士学位。1917年，宋子文获哥伦比亚大学博士学位后偕妹妹宋美龄一同离开美国回到中国，经大姐宋霭龄引荐，出任清末官僚、当时上海最大的资本家盛宣怀一手创办的汉冶萍公司驻上海办事处秘书。因为工作的原因，宋子文经常出入盛家。长得一表人

宋子文

才、风流倜傥的宋子文很快迷上了漂亮大方的盛家七小姐盛爱颐，两个年轻人自然而然地走到了一起。然而，爱情之花并未能绽放，庄夫人认为宋家并不是当时上流社会的豪门，门第不同，不可深交，便以此为由不同意两人交往。为了阻止两人的恋情，庄夫人让盛家老四盛恩颐想办法让汉冶萍公司以一纸调令将宋子文打发到了武汉，宋子文一气之下愤然辞职。他带着心中的无限惆怅，离开了自己的心上人。离别之际，盛爱颐掏出一枚精致的金叶子赠予宋子文。

1923 年，孙中山在广州成立陆海军大元帅府，宋庆龄推荐了弟弟宋子文。当年 3 月，宋子文来到广州，先后任孙中山的英文秘书及中央银行筹备委员。一年之后，宋子文就担当重任，出任中央银行行长一职。1925 年 1 月，孙中山在北京病重，急电宋子文进京。3 月 12 日，孙中山去世，宋子文是见证人之一，他在孙中山的两份遗嘱上签名，参加治丧活动，其在国民党内的地位大大提高。1925 年 7 月 15 日，国民政府在广州成立，宋子文被委任为财政部部长、广东省财政厅厅长兼中国银行行长。不久，宋子文又兼任广东商务厅厅长、两广盐务稽核经理等职，揽中央、广东政府财政于一身。由于宋子文杰出的管理才能，政府财政状况进一步好转，宋子文因此奠定了自己在财政金融界的权威地位。在国民党高官中，宋子文是坚定的抗战派，他公开表明抗战到底的决心，他说："即使上海和黄河以北均告不守，中国政府亦不愿与日本休战。"上海"八一三"淞沪抗战爆发后，国民政府军政开支骤增，遂决定于 8 月份发行救国公债 5 亿元。当时，淞沪会战打得异常惨烈，宋子文决定诚邀有社会声望的人士出面，然后成立全国性的募捐机构。募捐总会正式成立后，他出任会长，并亲自主持救国募捐工作，自己带头认购了 5 万元公债，以鼓励千百万人民投入到抗战的募捐之中。1945 年 7 月，宋子文出任国民政府行政院院长。

从 1928 年到 1947 年初，将近二十年，宋子文经常回上海小住。他在上海的寓所进行政治、金融活动。1946 年，兼任最高经济委员会委员长的宋子文下令开放黄金外汇市场，以大量抛售黄金吸引游资，结果引发黄金风潮，出现战后经济危机。在"倒宋风潮"下，1947 年 3 月，宋子文被迫辞去国民政府行政院院长职务，于同年 9 月被外放到广东担任省主席。

上海是宋子文前半生主要活动的地方，永嘉路 501 号这幢德国城堡式建筑便是宋子文任财政部部长后于 1928 年建造的豪华公馆。自然，像宋子文这样权倾一时的人在上海当然不会只有一幢花园住宅，如东平路 11 号、虹桥路 1430 号等都是他在上海的私人别墅，永嘉路 501 号只是他寓居上海的花园住宅之一。

建筑承建者和宋氏家族的渊源

永嘉路 501 号城堡建筑的承建者是陆鸣升，他是上海高桥镇人。19 岁时陆鸣升在上海天津路五福弄开设陆福顺水木作行，承接家具、门、窗、招牌制作等业务，因其手艺出众，被中国银行庶务科看中，包揽了该行的银箱制作和房屋修理业务，并于此期间结识了宋耀如。

陆鸣升与宋氏家族的渊源是从他修理西摩路 139 号（今陕西北路 369 号）宋家花园开始的。这幢英国乡村田园风格的花园住宅建于 1908 年，最初它是一个名叫约翰逊·伊索的外国人的别墅，1918 年 5 月，54 岁的宋耀如不幸患心血管病在上海逝世，宋氏姐妹为安慰老母，共同出资买下了西摩路这幢别墅，宋夫人倪桂珍从虹口郊区寓所携子女迁居于此。倪桂珍迁居到此时，感到住房不够用，就在住宅的西边扩建与正楼相连接的二层楼房，建筑风格与正楼完全一样。宋家把西摩路 139 号的扩建修理交给了陆鸣升。陆鸣升十分珍惜这个难得的机会，对工程质量严格把关，精益求精，因为修缮质量好，得到宋氏家族的认可和信任。

后来，陆鸣升干脆将水木作行升格为陆福顺营造厂，在陆秉玑、陆秉奎、陆秉璋三个儿子的努力下，生意不断扩大，并以其高超的房屋建筑装修技术，承建或改建了上海滩大量私人公馆、住宅，如东平路 9 号蒋介石与宋美龄的婚房爱庐，永嘉路 501 号宋子文住宅，香山路 9 号孙中山住宅，永嘉路 383 号孔祥熙住宅，衡山路 249 号张汝焯、张思云住宅，小南门吴湘琴住宅等。从上列私宅可见，宋氏家族在上海的大多数房屋都是陆鸣升负责修建营造的。

1929 年起，陆秉玑开始担任陆福顺营造厂经理，负责对外交往承接工程，工地管理由陆秉奎负责。陆秉玑在跟随父亲为宋氏家族修建住宅中结识了宋庆龄，为人忠厚老实的他和父亲一样得到了宋庆龄的信任。抗战期间，东平路 9 号被日军占用，严重毁损；抗战胜利后，陆福顺营造厂根据照片进行修复，大量采用进口材料，水平超过原有建筑，令业主十分满意。1948 年，国民政府将林森路（今淮海中路）1803 号的一幢欧式花园住宅调拨给宋庆龄居住，宋庆龄便请陆福顺营造厂整修装饰。为了感谢陆氏父子几十年来为宋氏家族造房修屋花了不少心血，宋庆龄亲手把一座珍贵的孙中山纪念铜像赠送给了陆秉玑。

1949 年 5 月 22 日，陆秉玑接到宋庆龄电话，立即带着儿子等五名亲属、亲信赶到宋宅。宋庆龄关照陆秉玑把守好门户，万一有人来问，只说两句话："夫人已经离开上海，去向不明；我们是她的远亲，来看房子的。"陆秉玑听命后便将带来的人分成两班，日夜在宋宅内巡逻，整整两天两夜，直到上海解放，保卫宋宅的中国人民解放军到达后才撤离。上海刚解放，上海市军管会和市政府拨款修缮香山路9号孙中山故居，征得宋庆龄同意后，特请陆福顺营造厂承包全部修缮工程。

永嘉路501号现为上海市老干部局使用。1994年2月15日，上海市人民政府公布其为市优秀历史建筑。

他们曾是这儿的主人

钱宗灏

今永嘉路 525 号住宅的建造时间不会晚于 1932 年。此说的依据是我在 1932 年的 *Shanghai Street Directory* 上找到了那时居住在这幢房子里的是一位法国人，他的名字叫杜·胡格（E. du hooghe）。我知道法国国家图书馆有海外公民的档案资料，有的还非常详细，于是便请旅居巴黎的侄女帮助寻找 E. du hooghe。侄女很快来了回音，她是从法国学者写的《法国在中国，从孙中山到毛泽东 1918—1955》（*La France en Chine de Sun Yat-sen à Mao Zedong 1918－1955*）一书中找到的。书中说杜·胡格是一位法学家，有贵族身份，曾在 1926 年受法国政府派遣到北京与北洋政府交涉法国在中国的治外法权问题，南京国民政府成立后，他继续履行这一职责有很长一段时间。我因为知道书中叙事的历史背景，所以能明白为何要交涉治外法权。那是因为自 1925 年五卅运动之后，中国人民要求收回西方列强在华治外法权的呼声日益高涨，旅居中国的西方侨民感觉到了害怕和不安，于是各国政府都就此问题向北洋政府施压，以求保住自鸦片战争、《南京条约》以后西方国家获得的在华治外法权。之后几年里的中外交涉也一直不断，直到 1931 年日本发动"九一八事变"，侵占了东三省，中国人民掀起轰轰烈烈的抗日救亡运动，治外法权之争才暂告平息。所以书中说他履行这一职责有很长一段时间也是符合实际情况的。事实上治外法权存续的时间还要更长，要到1945年抗战胜利，西方各国与中国签订的新条约生效，外国在华治外法权才最终得以废除。

话归本题。从1932年开始，杜·胡格无论在北京还是南京，似乎都已经没啥事情好做了，但他毕竟为法国的在华利益尽心尽职地工作过，于是法国驻上海总领事请他出任法会审公廨（Special District Court，旧址在今建国中路20号）庭长，同时公董局邀请他在法律处（Legal Dept., Mun. Francaise）兼任顾问一职。公董局还特意提供了今永嘉路525号住宅供他居住，不过这位杜·胡格先生住在这幢法式花园住宅里的时间似乎并不长，因为在以后的几年里，无论是公董局的职员名录，还是在 *Shanghai Who's Who* 中都找不见他的踪迹了，我想比较合理的解释应该是他思念法国，回去了。可惜我侄女没能查到杜·胡格的生卒年月，不然还会推测出另一种可能，如果1932年他还年轻，会不会受聘去往法属印度支那工作了呢？

杜·胡格与永嘉路短暂交集的故事讲完了，可问题依然还在。永嘉路525号这幢花园住宅的最初主人是谁？谁是这幢花园住宅的建筑设计师？法租界当局又是依据什么获得了对这幢花园住宅的支配权？还是公董局本来就是这幢花园住宅的业主？一系列疑问依然深埋在历史的迷雾中，一时找不到解锁的钥匙。也许是我花费的精力还不够，也许是好故事不能一口气讲完，但无论如何，这幢花园住宅的故事开头、起因都是很紧要的。抱歉之余，也只能期待后来的研究者从头继续探寻了。

既然源头已无从探寻，可对这幢花园住宅流变的猜想一直令我无法释怀。1932年后的永嘉路525号为什么突然在各类文献记录中消失了？按常理公董局不会让这么好的一处物业长期置空，那么，谁会租下或买下这处物业？我想接手的大概率是低调而不愿透露身份的华人，这个猜想一直刺激我不断去寻找。果然，我意外地找到了1939年在 *China Hong List* 中的记录，那一年这处物业已被登记在了大鑫钢铁工厂（Iron & Steel Industry）的名下，真是失之东隅，收之桑榆！

关于大鑫钢铁工厂，我原来只知道它是一家民族资本开设的著名的钢铁厂，抗战爆发后从上海内迁到了重庆，继续生产各类刀具、枪械用钢，支援中国军民的抗战事业。可是在这本1939年版的 *China Hong List* 上却找不到这家钢铁厂在上海的本体，于是我将寻找的年份前移，结果在 *Shanghai Hongs 1936* 上找到了 Iron & Steel Industry，当年的厂址是在公共租界齐物浦路（今江浦路）730号，工厂专事生产各类碳钢、合金钢，各类锻铁、元铁、角铁及熨斗铁。我再尝试着上网搜索，结果发现了详细的史料。一个名为"矿冶园"的公众号上有多篇文章记叙了这家著名工厂的方方面面，如《周恩来总理亲自题词的钢铁厂：大鑫钢铁厂》一文中这么介绍：

> 1933年8月，大鑫钢铁厂创办于上海，由炼钢专家余名钰与其姐夫方文年共同出资建立。同年9月，大鑫钢铁厂正式投产，余名钰任总经理兼总工程师，定钢铁厂性质为民营股份有限公司，主营炼制普通钢、合金钢及铸钢，轧制钢板等各式竹节钢及钢条，铸制普通铁、强性铁、合金铁及各种合金。

与此同时，大鑫钢铁厂的业务还包括协助上海金陵等兵工厂制造国防需要。上海的江南、瑞镕等造船厂的机件材料，京沪、沪杭、津浦、陇海等铁路所需要的机器配件，大多由大鑫供给。

1942年1月，周恩来总理专门视察渝鑫钢铁厂并题词："没有重工业，便没有民族工业的基础，更谈不上国防工业，渝鑫钢铁厂的生产，已为我民族工业打下了初步的基础。"对渝鑫钢铁厂为中国钢铁工业及抗战做出的贡献给予了充分肯定。

另一篇题名为《抗战时期的钢铁大王：余名钰先生》的文章中这么写道：

余名钰先生1896年生于浙江省镇海县，1916年毕业于北京大学矿冶系，1918年毕业于美国加利福尼亚大学冶金系，获得硕士学位。在美国期间，他曾任加林福林采金公司、加拉钨锰电冶厂、惠尔磁力提选厂工程师、顾问等职，学以致用的钢铁之路由此开启。

回国后，余名钰先生于1933年在上海与方子重等人，开办以生产小钢锭、铸钢件为主的大鑫钢铁厂，并任总经理和总工程师，该厂引进国外先进的电炉炼钢技术，装备了旧中国第一座0.75 T电弧炉。经过几年时间的发展，大鑫钢铁厂成为上海最大的民营钢铁企业。

1937年七七事变抗日战争全面爆发以后，日本侵略者全面攻打我国东部沿海。上海沦陷前夕，为了支持抗战，防止东部地区的工矿企业落入日本侵略者之手，

余名钰

当时的政府开始实施工业撤退，有计划地把工业重心转移到西南的大后方。

时任大鑫钢铁厂总经理的余名钰先生首先致函国民政府："呈请政府协助内迁"。余名钰先生迁移钢厂之举，虽然迁移过程没有预想中顺利，但他通过果断的决定和责任担当，为国民政府坚持正面抗战提供了大量的枪炮弹药等军用物资，为中国的持久抗战奠定了经济基础。

我之所以引用公众号"矿冶园"上的文章一方面是为了让读者更多地了解大鑫钢铁厂和余名钰（按，"矿冶园"相关文章原皆作"余铭钰"，误）的故事，另一方面也是我觉得文章已经间接回答了为什么 1939 年上海已无大鑫钢铁厂实体这个问题了，因为那时余名钰已经将它迁往大后方重庆了。还有，文章也间接说明了永嘉路 525 号花园住宅不会

永嘉路 525 号俯视图

是大鑫钢铁厂 1939 年才购入的物业，那时候余名钰才完成艰巨的内迁工作，哪里有余款在上海购买物业？由此可以推断出以下两点：

一、永嘉路 525 号花园住宅是 1932—1937 年之间，由余名钰从原业主手中买下来的。

二、余名钰不是用个人名义，而是用大鑫钢铁工厂的名义买下来的。

只是到了 1939 年余名钰肯定已经不住在这里，这里或已用作工厂的驻沪办事处了。

从 1948 年上海福利公司出版的行号路图录里可以看出那时候永嘉路 525 号的花园面积仍然很大，一南一北共有两个出入口。只不过那时上海大鑫钢铁工厂已不存在，渝鑫钢铁厂也已经关闭了。"矿冶园"上另一篇文章说余名钰先生于抗战胜利后曾回到上海居住，名下有上海益华钢铁厂，虽没说他是否还住在这幢花园住宅里，但我想大概率应该是的。文章还说1951年，余名钰将益华钢铁厂迁至新疆迪化（今乌鲁木齐），并参与组建了新疆八一钢铁厂，新疆军区任命他为八一钢铁厂的总工程师。1952年，余名钰研制去磷率高的涡鼓型碱性侧吹转炉并获得成功，开辟了上海钢铁工业涡鼓形碱性转炉炼钢的先河。这两条史料说明了他在解放初期是上海、新疆两地跑的。

1960年他再赴新疆，对新疆生产建设兵团钢铁厂冶炼高锰钢做出了重要贡献，并因此获国家发明奖。1962年11月30日，余名钰因病在北京逝世，享年66岁。后来不知哪家单位沿永嘉路建造了一排三层楼的临街房屋，再后来又有单位在南面建了岳阳花苑，才使得525号这座花园住宅名不

永嘉路525号（新建的三层临街房屋）

副实。

据 2009 年第三次全国文物普查小组人员收集的口述资料记录：1960 年以后，这里一直作为中国科学院东海研究站的职工宿舍，目前由七户居民合用。改扩建严重，室内布局及装饰多数已遭到破坏，建筑仅外部风貌略存，总体保存状况较差，外围也搭建严重，立面构图形式已不复见其原貌。

现在我们仍能见到的永嘉路 525 号住宅与法国南部地中海沿岸的民居颇为相似，因为我有在法国南部地区旅行的经历，所以有种似曾相识之感。建筑为两层砖木结构，红瓦坡顶，出檐深远，檐下有外露椽木，屋面较为平缓，北向开有一座宽面老虎窗，这是地中海式住宅的特点之一（南向屋面的老虎窗一望便知是后期加开的，不合章法），中部前出部分构成了东西贯通的一楼敞廊和二楼阳台，廊外侧均布四根方柱，内侧有联立的落地窗扇通往室内。外墙采用淡黄色水泥拉毛抹层，木制门窗，有宽大的半圆拱券窗，较为别致，亦为地中海式住宅的特点之一。该住宅将厨房布置在辅楼，主建筑内空间开阔、布局从容，可以想象如果是建造在海边的话，远眺视野一定极好。另从内墙痕迹可以推断当年的室内格局和布置都比较奢华。

2017 年 4 月 27 日，徐汇区文化局公布永嘉路 525 号住宅为徐汇区文物保护点。

发现近代花园式公寓

钱宗灏

永嘉路 527 弄内的 1 号到 5 号住宅，以前我没有关注过。从谷歌地图上看，这片住宅区位于永嘉路、乌鲁木齐南路附近，周边居民住宅区成片，鸟瞰下一片红瓦绿叶，居住环境堪称优美。

现行公开资料显示：

> 永嘉路 527 弄 1—5 号住宅，建于 20 世纪 30 年代，法商赉安洋行设计，中法营造厂承建。建筑占地面积 1 200 平方米。房屋为假三层砖混结构，立面作竖三段划分，中间突出，左侧三层为露天阳台，右侧二层为露台。一楼是小门厅；顶部为三角形山墙；红瓦双坡顶，方窗，白色水泥拉毛墙面，隅角、窗间柱用红砖砌筑，门前有花园。1999 年 9 月 23 日，上海市人民政府公布为上海市优秀历史建筑。现为民居。

上述文字表述得十分扼要，另外网上还可以找到十来幅照片。我向参加过徐汇区"三普"文物调查的朋友打听，他只说："527 弄啊？里面的房子老好的。"但好在哪里却没讲。于是我觉得无论如何，靠手头的这些资料给这处优秀历史建筑写记叙文章是不够的，就动了去实地踏勘的念头。

永嘉路 527 弄俯视图

水泥拉毛墙面

抵达现场是在一个阳光温暖的冬日午后，无风。这种气候条件适合进行 City Walk。步入永嘉路 527 弄，我看到的是一条不太长的通道，南端还另有一个关闭着的出入口。小区内建筑呈点状分布，各有属于自己的庭院，我发现五幢房屋的整体朝向并不一致，这要是在中国开发商那儿是不可想象的，中国开发商一定会事先将要建造的房屋都安排成南向，不然朝向差的就要降价销售了，但法国人似乎没有这种观念。我想起一位朋友跟我聊起的在法国购房经历：除了选区位，比价格，看房时包里还得带个罗盘看朝向。朝向对我们中国人来说很重要，但法国人无所谓，他们那里比的是景观，举凡朝向林荫道或花园草坪的房屋要贵些，即便房间朝西、朝北也无所谓的。

这么看来，赉安洋行的建筑师倒是依照他们法国的习惯来设计的，反正当年的销售对象也是旅居上海的外国人，他们不讲究朝向。但到了具体的户型设计上，就能看得出建筑师的用心了。他们很了解房子建好后的居住对象中既有单身的成年人，也有不带子女的夫妇和有多个子女的家庭，故在内部户型的配置上十分多样化。以 4 号或 5 号单幢建筑为例，主出入口开在中间，入内为宽阔的过道，左右均为两开间，可各自独立成套，但左侧的开间明显要宽些，这样室内面积也会更大一点。虽然整幢楼的住户共用一个出入口，但在一层的边上还另有一个辅出入口给住户进入庭院和车库的便利。到了第二层居然左右套的层高也不一样，一侧前面有内阳台，另一侧将室内层高降低，上面配置了假三层，有小楼梯通往顶层和晒台，如果住户把两侧套房合起来还可以形成一个大平层。到了第三层就只剩右侧一边的楼体了，包括外面的走道，都供三层一户独用，虽然比楼下的大平层面积要小些，但比起一楼的左套或者右套居室都要大。

在一幢三层楼的房屋里居然给出了五种房型，真的是厉害了！这是完全不同于工厂化的模数建造，而是体现了很强的空间营造意匠。我带着赞赏的心情细细地察看，不料却引起了居民的不快，有人开口说："破房子了，有啥看头！"于是赶紧道歉退出。心中疑惑，现今居住在里面的人感觉到了这些设计理念没有？再细想，居民们在经年累月的熟视无睹下，自然会生出了没啥稀奇的感觉，也是人之常情。老房的平面布局虽然还完整，可内部保存一般，原设计最多供五户居住的房子如今被超负荷使用，且房间的格局大多已经更改，居住体验肯定大不如从前了。

小区环境当然无法跟现在的高端物业相比，但每幢房子都带有一个独立的小花园，可惜因为住户多，绿地大多已做硬化。就这样，我在房子外面不会引人讨厌的地方，又兜兜转转了约一个时辰，发现五幢房子虽然风格一致，可是无论平面还是立面，居然都有稍许不同，这表明它们连各自内部房间的配置和布局也是不一样的。譬如 4 号和 5 号的正立面是相同的，但转到后背面去看，背面楼体的凹凸却是不相同的。我一度以为这些是居民后期的搭建，仔细看了发现有的是，有的却不是，房屋山墙上的露明木架构亦不是每幢房屋都有，这些细节同样体现了建筑师的匠心，原来他们不是用一套图纸建造了五幢房子，而是以一套图纸建造一幢房子。这无疑会给设计增加不少工作量，好在建筑的用料和门窗、扶梯及开间的尺寸还可以模数化制造，不然真的难以想象。在没有计算机辅助设计的情况下，靠一支笔、一把尺，人工完成了建筑的差别化设计，把工作做到了极致。这是他们的理念，还是百年前的建筑师向后世同行发出的一个挑战？抑或是仅仅为了让生活在当下的我们获得一种别样的惊异感？也许都不是。但无论如何，我们必须感谢建筑学家和文物工作者的眼光，是他们的慧眼才使永嘉路 527 弄内的建筑被选入了优秀历史建筑名录。

离开永嘉路 527 弄已是下午 4 点多钟，明亮的阳光给西向的山墙涂上了一层金黄，赭红色的露明木架构在蓝天的衬映下煞是好看，这些经历了百年风云的老房子依旧是那么令人觉得温暖。我想起有人据此将它称为英伦风格，其实这种露明木架构并不只在英伦，在欧洲大陆也很流行；如果再看看屋顶上的老虎窗，它们是双坡顶的，而英式老虎窗一般是单坡棚式的，这又作何解释？墙上显眼处镶嵌的铭牌上写着"现代式花园住宅"又引起我的注意，不由得止步斟酌了一下，觉得"现代式"似不妥，"住宅"一词又外延过大，不如改成"近代花园式公寓"比较准确。

接下来照例该是案头工作了。我发现永嘉路 527 弄 1—5 号住宅原来不是这么编排的。根据 1936 年上海字林洋行编辑出版的《字林报行名簿》上的记载，建成时的这五幢房子最外面沿马路的一幢是 527 号没错，弄内的四幢房子则分别是西爱咸斯路 529 号、531 号、533 号和 535 号。只是后来将 527 号改成 527 弄，再将五幢房子全部编成弄内的门牌号码，怪不得现在 527 弄迄西留下有一长段空号。

我们来看看房屋建造好后的最初几年里都住了些什么人，仍以手头找到的 1936 年记录为凭：

527 号住户是宾特（J.H. Buenter）夫妇；另一户是辛德勒（K. Schindler）夫妇。

529 号住的是范先生（T.T. Fan）。

531 号住的是福雷斯特（C.M. Forrest）夫妇，另一单元为伯内特先生（L.H. Burnett）。

533 号住的是克劳格尔（A.R. Kroeger）夫妇。

我们再来看看这些住户从事的职业：

资料显示 527 号住户宾特夫妇正式的住址是在祁齐路（今岳阳路）192 号，也许这里只是登记在他们名下的一处房子。宾特先生此时应该已经退休，在上海的商业名录中早在 1932 年便找不到宾特先生的踪迹了。辛德勒先生当时是高乐洋行（W. Koreska）的经理。高乐洋行位于圆明园路 133 号，是一家文具、办公用品和纸张的供应商。

529 号住户是一位范姓华人，除了姓名外没留下任何身份及职业信息。中外观念不同，当时住在租界里的国人一般都不太愿意公开自己的身份。

531 号的福雷斯特先生退休以前一直在太古洋行（Butterfield & Swire Co., Ltd.）的轮船票务处工作，夫妇俩原来住在西爱咸斯路 577 号，退休以后才搬到这处稍稍小一点的房子里居住。伯内特先生单身，是美益烟叶公司〔Pemberton & Penn（China）Inc.〕的总经理，这家公司在四川路 110 号，是一家专事烟叶进出口的公司。他们将美国弗吉尼亚产的优良烟叶品种"大金元"进口到中国，再买入河南许昌产的烤烟按一定比例混合后卖给各制烟厂生产卷烟。

533 号住户是一对德国夫妇，男主人克劳格尔先生是上海德孚洋行（Deutsche Farben Handelsgesellschaft Waibel & Co.）的职员。这家公司的地址在四川路 261 号，是一家进口代理商，主要业务有技术服务、五金杂品、簿记等。

再根据 1947 年上海福利公司出版的《行号路图录》所示，这五幢房子所在的小区在岳阳路 170 弄内也有一个出入口（跟我踏勘时看到的一样）。这样弄内的居民出行就比较方便了，即便开车出入也能北进南出各行其道。20世纪30年代上海已进入了汽车时代，这五幢房子中有四幢配建了车库，可见建筑师在设计弄内交通布线时又花了一番心思。

最后想额外地谈些我的感受。实话说在考察527弄小区时我曾怀疑这五幢房子是不是真的出自赉安洋行的建筑师之手，因为这几幢房子同我们熟悉的赉安洋行的设计不一样。赉安洋行是由几位年轻的法国建筑师组成的，他们设计了不少现代感很强的多层公寓和花园住宅，引领了20世纪30年代上海建筑的新风尚。而永嘉路527弄内的房子以多样性的设计迎合了多样化的社会需求，内部空间设置和房间大小变化多端，满足了多层次的居住体验，建筑外观有如欧洲古老的小镇。这一切都固然出色，但其外观形式在20世纪30年代的确已经落后，显得有点老气横秋。如果记录没错，倒是反映了赉安这家建筑师事务所的不凡实力，他们倾心于现代，不遗余力地在上海实践着关于现代建筑的理念，但也能设计出很好的谨守传统的建筑。不得不为法国的布扎体系点赞，巴黎美院培养出来的学生，都有很强的古典美术素养，每一位学生的学习生涯都是从画古典柱式开始的，待到他们毕业后能熟稔一切古典的构图法则，就像学习美术一样必须从素描开始。

赉安和邬达克都是20世纪30年代上海著名的建筑师。在我的印象中赉安不像邬达克那样会做到满足甲方的一切要求，他们总是要拿出自己心仪的设计方案，然后竭力说服甲方接受，可能永嘉路527弄1—5号是一个例外。

李珩："我为什么不回去呢？新中国需要我"

宋浩杰

2013 年初夏，区委宣传部吕晓慧部长告诉我，永嘉路 555 号主人李珩，著名天文学家，是新中国诞生后上海天文台第一任台长；夫人罗玉君，著名法国文学翻译家。他们虽已去世多年，但家中留有许多私人藏书、个人著作及不少手稿。女儿李晓玉，一位早已过了退休年龄的老人，但仍在太原路中国科学院上海药物研究所工作，是《中国药理学报（英文版）》常务副主编。该学报是中国科技论文统计源期刊，也是中国自然科学核心期刊之一。吕部长要我近日去拜访老人，如果李老师愿意捐献个人书籍，可考虑一下如何处置比较合适。吕部长明确表示希望我参与并协助推进这项工作。

几天以后，我约了徐汇区区委宣传部、区文管办，还有区图书馆的几位工作人员一起来到太原路上海药物研究所。

进入研究所大院，李晓玉老师办公室是在院内北面一幢两层楼建筑的二楼，八十多岁高龄的她热情接待了我们。她满面红光，精神矍铄。在交谈中，她告诉我们，年纪大了，所里照顾她，现在是半天上班，主要工作是负责《中国药理学报（英文版）》的编辑工作。陪同李老师接待我们的是大唐电信旗下联芯科技有限公司任慧女士，就是任女士向吕部长介绍了李老师和她父母亲的情况。

坐下后，我把我们一行人向李老师作了介绍，李老师似乎对我很熟悉，她猜想我应该是她母亲的学生，因为她曾在《新民晚报》上看到我写她父母亲的文章。李老师说："不是学生，不会了解得这么详细。"当我否认时，她"哦"了一声，显得有点失望。我说："前几年全区进行文物普查工作，我们是从居委会和街道办事处了解到您父母情况，也查阅到了许多相关的刊物和资料，对您父母有了点滴了解。您父母人格高尚、学识渊博和奉献社会的精神以及他们各自在自己领域中做出的重大贡献，这一切都使我们深受感动。"交谈中，李老师也非常自豪地介绍她的父母。

李老师思维清晰，反应敏捷，尤其是记忆力超强。她回忆说，母亲罗玉君（1907—1987）是四川岳池人，法国文学翻译家，法国名著《红与黑》的翻译者。1927年，母亲在上海私立大厦大学毕业后考入法国巴黎大学文学系。在法国留学期间，母亲如饥似渴阅读了雨果、巴尔扎克等法国文豪的文学名著。在巴黎，母亲邂逅了她在重庆念书时期就非常敬仰的老师李珩，也就是自己的

罗玉君

父亲。异国他乡，既是师生又是同乡，碰巧相遇倍感亲切。当时父亲也在法国巴黎学习数学、天文，并取得了天文学博士学位。自此以后，两人你来我往，交往十分密切。从相识到相爱，几年后，有情人终成眷属，父亲与母亲结为伉俪。随后，她也在巴黎出生。

交谈中，我也引用了她母亲去世后有一篇纪念文章中的一个小故事，其中讲到她父母住在永嘉路上时，有次老朋友来访，大家谈到年轻时代的生活，李珩告诉朋友说："罗玉君年轻时长得可苗条呢，我们谈恋爱时，她是出名的美人哪！"罗玉君也调侃李珩说："那时在法国，逢周日我去看望他。同住的几个留学生知道我来了，总是手忙脚乱地把房门先关起来，要等好一会才开门迎客。原来是他们几个人把到处堆放的脏衣服、臭袜子塞到床底下去。"夫妇俩的幽默、善意和心灵的交融，常常使屋内充满着欢声笑语。

随后，话题一转，李老师回忆起了她的父亲，她说，父

李珩

亲李珩（1898—1989）字晓舫，也出生在四川，是成都人，天文学家。父亲从小聪明好学，成绩在学校一直名列前茅。祖父是商人，本想让父亲继承衣钵，专攻商业，但父亲却选择了自己感兴趣的数学和物理。祖父无奈只能改变自己的想法，让他到城里念书。当时，天文学是个冷门学科，国内所有大

学都还没有天文学专业，而数学和物理是天文学的基础，父亲只得采取过渡的办法，先考数理系。1918年，父亲进入华西大学数学系，后获得了学士学位。1925年，父亲依靠自己的努力，获得留学资格，赴法国巴黎求学。在巴黎，拿到硕士学位后，父亲即在巴黎大学天文台及里昂天文台任实习研究员。1933年，他拿到理科博士学位后开始在里昂天文台正式工作。

这一年，母亲也获得法国国家文学博士学位，成为中国历史上第一批女博士中的一员。还是在这一年，父母亲放弃了法国优越的生活和良好的工作环境，带着幼小的我毅然返回自己的国家，立志要用所学的知识为自己的祖国服务。回国后，父母亲都在山东大学教书，母亲在中文系教学，成为该系最年轻的女教授。之后母亲又在四川华西协合大学中国文学系、省艺术专科学校担任教授，主讲外国文学。父亲则在山东大学教书，同时还兼任山东青岛观象台的研究员。

李老师继续回忆说，1948年，父亲受国民党政府委派以访问学者身份去美国普林斯顿大学进修天文学。当时正值全国解放前夕，战场上解放军势如破竹，蒋家王朝土崩瓦解。国民党政府在逃离大陆之前，精心策划、动员知名学者和教授迁居台湾，父亲当时也在被胁迫名单之内。与此同时，美国的大学也重金聘请父亲继续留美任教。此时，我们全家迁居美国的手续也正在申请办理之中。但当父亲从报纸上得知北京、南京和上海解放及中华人民共和国成立的消息时再也按捺不住自己激动的心情，父亲对劝他留在美国的朋友说："我为什么不回去呢？新中国需要我，我的知识可以在祖国建设中发挥作用。而在美国，我的工作只是为别人锦上添花。"当时，父亲返回祖国的信念十分坚定。

之后的李珩、罗玉君夫妇情况，我在收集资料撰写他们的文章时，也了解不少。中华人民共和国成立后，人民政府接管了上海徐家汇观象台和佘山观象台，并归属于中国科学院。时任中国科学院院长郭沫若亲自向李珩发出邀请，1951年初，李珩接受聘请，携全家迁到上海，担任南京紫金山天文台研究员，并先后担任上海徐家汇观象台和佘山观象台负责人。当年交通不便，佘山虽为上海郊区，离上海路程也仅有四十多里，却必须从上海坐车到松江，再坐上小船，船夫摇上小半天才能到佘山，然后徒步上山，用在路上的时间就需要大半天。为了节省时间，李珩周一离家，周六沿原路返回，周复一周，这一坚持就是十年。1962年，上海天文台成立，李珩被中国科学院任命为第一任台长，兼任中国天文学会副理事长和上海分会理事长。

　　我们在相关资料中还了解到，在历任台长中，李珩是出版论文和著作最多的一位。他曾主编《宇宙》《天文学报》等刊物，发表过《造文变星统计研究》等论文，著有《天文简说》，翻译有《宇宙体系论》《理论力学纲要》等著作；尤其是翻译，更倾注了他大量的心血。他翻译的《大众天文学》，洋洋百万字，是世界天文科普巨著，先后被十多个国家翻译并出版，中译本分三册出版，是我国最近数十年来内容最全、篇幅最大、插图最多的经典性科普图书。此外，李珩还发表了数以百计的科普文章，这些文章深深影响着中国几代莘莘学子，激励着青少年天文爱好者步步成长。

　　1951年，罗玉君到上海后被安排到华东师范大学中文系教授外国文学。罗玉君是中国作家协会及翻译家协会会员，同时也是中国民主同盟成员。19世纪的法国文学曾经伴随着中国的几代读书人，罗玉君在翻译法国文学方面做出了重要贡献。她擅长翻译心理分析方面的作品，翻译的法国名著二十多部，其中不少译本多次被选入大学教材，诸如都德的《婀丽女郎》、聂芳的《母爱与妻爱》、司汤达的《红与黑》、雨果的《海上劳工》、大仲马的《红屋骑士》、莫泊桑的《我们的心》以及浪漫主义女作家乔治·桑的《魔沼》《安吉堡的磨工》等世界名著。当时，社会上曾掀起一股看名著的热浪，人们手捧名著、交谈体会、引经据典，真是欲罢而不能。

罗玉君翻译的法国文学名著笔调从容流畅，遣词精确优美，读者在喜爱之余，也牢牢记住了翻译者的名字。翻译界在评论司汤达《红与黑》译本时说罗玉君："她的译文不仅保留了原作人物的语言个性，而且较好地保留了原作的鲜明

司汤达著、罗玉君译《红与黑》（上海译文出版社 1979年版）

节奏。此书的翻译奠定了她在法国文学翻译上的地位。"（赵瑞蕻语）

李老师还说，母亲不仅在翻译界享有盛誉，她自己还撰写有《论海涅》《论雨果》和《论司汤达的〈红与黑〉》等多本论著。母亲在大学讲授现代小说、现代戏剧和西洋文学等课程。她授课内容丰富、语言生动、声调悦耳、外语流利，深受学生欢迎。只要是母亲授课，教室中座无虚席，就是窗台外面也常常围满人驻足旁听，时而是掌声和笑声从室内到室外连成一片。

20世纪60年代初，李珩、罗玉君全家居住在永嘉路555号，住宅是砖木结构假三层，红瓦坡顶，立面外墙采用鹅卵石贴面，墙面有长形木窗，窗外层是木质推开式摇动百

永嘉路 555 号俯视图

叶窗。南立面顶层设有圆弧形小阳台，主入口设有红瓦三坡顶的木架门廊，门厅铺设彩色马赛克地面。关于这幢建筑的建筑风格和特征，我们专门请教了同济大学的钱宗灏教授。钱教授告诉我们，该建筑建于 1932 年，是典型的法式花园住宅的风格。没有想到此建筑风格和李珩全家的法国经历竟然如此吻合！

李老师说，当时她们全家住在二楼，父母书房中有两张写字台对面相接，他们也相对而坐。父母亲工作时经常彼此请教、互相探讨。父亲时常说："我是玉君的得力助手。"母亲也一再告诉朋友："我的翻译著作中，离不开李珩的帮助。"他们合作的方法是母亲按照法文原著翻译，父亲另外找一本英文译本帮她逐字逐句校对。校对中经常讨论，有时为语法，有时为语句翻译的准确。此时此刻，李老师满眼噙着泪水，沉浸在对往事的回忆之中，她说："父母亲相敬相爱数十年如一日，那种相敬如宾的场面温馨而又真切，至今

永嘉路 555 号

永嘉路555号二楼临街立面

回想起还令人羡慕不已！"

最后我们和李老师商量了书籍捐赠的一些想法和前期应该做的准备工作。

离开李老师后，李珩、罗玉君夫妇的故事犹如数码影片，一幕幕在我眼前浮现：四川的童年、法国巴黎街头、山东的学校、上海永嘉路、法国文学、天文研究……突然之间，我恍然大悟，吕部长请我和李老师接触，是有她的深刻含义的，实际上是要告诉我：文化遗产的保护不仅是对历史文化遗产的保护，也要保护当代文化资源，只有这样长久累积，当代的文化资源才会源源不断成为历史文化遗产的组成部分。至此，我才深刻意识到自己目光的短浅、思路的狭窄，也感到从未有过的羞愧。当代文化资源的保护，也应该是文物保护工作者义不容辞的责任，但是我们往往却忽略了。

居住在徐汇区的当代文化名人、领域尖子、知名学者、功臣模范等非常之多，他们是社会的宝贵财富和资源，我们要认真收集他们的著作、书稿和工作成果，甚至是他们使用的相关物品，建成徐汇名人名家展示厅，全力推进社会文明建设，营造良好向上的社会环境。

赉安的新创作

钱宗灏

我们很难将永嘉路 569 号花园住宅简单归入已知的××式或者××风格，因为它是在赉安洋行融汇了欧洲多种历史风格和地域风貌的民居形式后，原创设计推出的一款新的、符合上海气候条件和中高端消费群体的住宅形式。赉安洋行并将其作为一款定型产品向建房者或开发商推广。结果这款当年名为 New Type Residence 的住宅推向市场后，因为大小适中，造价不是很高，受到了上海中外籍富裕人士的欢迎。它比著名的义品村（由比利时义品放款银行地产部的法国建筑师设计，即今思南公馆）建造的数量更多，但是它没有像义品村那样集中建造在某一处，而是散布在当时的法租界新区里面，如今我们在衡复风貌区内还能见到它有多处留存。

那么这款新住宅融汇了哪些西方建筑的特色，哪些又是赉安洋行新的创作呢？让我们来细细地考察一番。

首先，一目了然的是它在屋面的南侧局部作了跌檐处理。在欧洲旅行过的朋友可能还记得，这种屋顶形式在西欧很常见，在北德和丹麦的民居中尤为流行。因为双坡屋顶经过了跌檐处理后能减小阳光投下的阴影面积，从而提高光照质量。在高纬度地区，人们珍惜阳光，久而久之便形成了一种当地的民居特色。但赉安洋行的建筑师借来用在上海，其目的不是为了改善光照，而是为了体现异域风情；墙面上外露的木构架也是同样，原先在西欧民居中木构架只起到加固墙体的作用，后来慢慢成为一种建筑的文化特色，具有了美学价值。在这里，赉安洋行的设计师们也借用了这个文化符号，但他们知道已经没有加固墙体的必要了，于是他们作了变通，将木构架的形状改成用水泥形塑的线脚，这样一来原材料的获取和施工也方便多了。

跌檐下面的大圆拱门洞，里面是个内阳台，内阳台外还有凸出的弧形小阳台，下面带有一个盔形底托，看上去具有很强的设计感，但它还是有来源的，是借鉴了德国青年风格派建筑的特征；还有在位于建筑一侧的主入口设计上也能找到德国青年风格派的影子，如圆拱形的门洞上部由红砖发券加锁心石装饰和门框上的螺旋形线脚等。门外侧左右以红砖砌筑的壁柱，以及用粗大的水泥支托架起的人字坡红瓦雨厦是赉安洋行别出心裁的设计，想必是为了喻示家的牢靠与安全。右侧二楼南向还另有一个很大的内阳台，四角用以支撑屋顶重量的粗柱子虽然显得夸张，但原型倒是来自罗马的塔司干柱式；窗台以排列整齐的横立砖砌出倾斜面的做法多见于英国民居，英国多雨，倾斜的窗台有利于雨水快速流走；三联窗的意匠是来自西班牙式建筑，不过设计师在此也作了变通，窗洞改为矩形而不是原来的券形，窗间柱也改为便于施工的柱砖而不采用拉丁式的绞绳柱；还有我们看到外墙上贯通至屋面的壁炉烟囱，那是西式住宅的标配，历史悠久，有多少孩子在童年的梦境里看到了圣诞老爷爷从里面爬出来送上礼物，当然不能省略。至于外立面的水泥拉毛墙面（他处同款建筑也有做干黏石的），则是上海本地师傅的拿手绝

永嘉路 569 号俯视图

活，这项手艺还曾以"Shanghai Plaster"的名称传播到了槟城、马六甲、新加坡等处的南洋城市。

再从整体上看，赉安洋行的建筑师在设计类似于今永嘉路 569 号这款新型住宅时，已经冲破了自文艺复兴运动以来逐步成形的古典构图法则对他们的约束，而与 20 世纪 20 年代方兴未艾的现代建筑运动渐行渐近。其中最突出的一点便是我们今天在这款住宅上看到的不对称的平面和不对称的立面构图，这两项已经占据了勒·柯布西耶提出的新建筑五大要素中的两项了，当然我们还不能据此称它为现代派建筑，但相比同一时期建造的义品村，虽然也是由法国建筑师操刀设计，可是立面构图就显得中规中矩，没能突破古典法则的羁绊。我这么说不是在评判两款建筑的孰好孰坏，只是指出两者设计思想的不同。从居住的舒适性来讲，两者还是大致相当的，但从体验感上讲肯定是有所不同的，义品村可能更适合老年人的品味。如果从类别上讲，则两者都是欧洲近代独立式花园住宅中的一种，一款新潮一点，一款保守一些。

读到这里，相信大多数朋友都能够品出"建筑是可以阅读的"这句话的含义了吧？对的，我把上面这些细节一一指出就是为了想告诉朋友们建筑除了"住"和"炒"以外，还是可以阅读的，也是可以对话的，当然需要了解一点点背景知识，但并不深奥。身在上海这座拥有近现代建筑最多的城市，如果我们学会了去鉴赏它们，就会在无意中发现身边许多隽永的美，譬如多年前女作家陈丹燕在武康路发现的那个罗密欧的阳台，曾经多少人熟视无睹地经过，可它就似沉香般那样生在山里，一经发掘，它的审美价值便立刻被唤醒。我想，这也许是近年来衡复风貌区内多条原来并不起眼的马路为什么忽然就成了网红打卡地的原因了吧。

我注意到永嘉路 569 号门外的墙上有铭牌，上面写了这幢房子建于 1932 年。但是我查到 1928 年《字林报行名簿》的街道指南上就已经记载了这幢房子里居住着雅诺（R. Jarno）夫妇及其弟弟 Pierre Jarno。雅诺是一位经纪人，名下有家商号叫 Thesmar & Jarno。这家商号还有个中文名称叫天司麦写字间，地址在九江路 5 号，经营的业务为证券交易和黄金兑换。

1928 年出版的《字林报行名簿》，通常其信息收集的截止日期应是在 1927 年底，这就表明雅诺夫妇一家在 1927 年底前就已经住到这幢房子里了。所以永嘉路 569 号花园住宅的建造年份应该要早于 1932 年。

到了 1936 年，永嘉路 569 号的住户已换成了海尔斯顿（M. S. Hairston），海尔斯顿先生是颐中烟草公司（Yee

Tsoong Tob. Co.）浦东烟草机械厂的副厂长。这家工厂在当年很著名，厂址在浦东烂泥渡，即今陆家嘴。但海尔斯顿很快就搬走了，1937 年这里的住户是特纳夫妇（Mr & Mrs A.W. Turner）和特纳小姐（Miss Anna Turner），另据 2009 年徐汇区第三次文物普查的工作人员记录，该建筑原为慎昌洋行高级职员的住宅。

看来历史上今永嘉路 569 号的住户变动比较频繁，但从 1947 年到 2001 年，这里成为吴光汉（1911—2001）居所的记载是确实的。吴光汉是中国染料化工的创始人之一，这里作为他的旧居有作家董鸣亭根据吴光汉的女儿吴兆玉女士的回忆写成的《永嘉路上那幅洋房的传奇》一文可证。

寻找隐藏着的故事

钱宗灏

永嘉路 571 号住宅位于 569 号住宅的南面，两者形式风格相同，体量上前者更大一些。由于并不临街，所以在街上只能隐约看到里面房子的一角。

据 2009 年第三次全国文物普查时上海徐汇区普查小组的文字简介：

> 永嘉路 571 号住宅建于 1931 年，赉安洋行设计，中法营造厂承建，占地面积 700 平方米。建筑为三层砖混结构，南立面中间凸出，檐口前倾，开半圆券窗，二层阳台饰塔司干式柱，折线形屋面。西首有门廊，以石柱支承。四坡屋顶，有砖砌烟囱，细卵石墙面嵌红砖带饰。主楼东北角连接辅楼。现为民居。1999 年 9 月 23日，上海市人民政府公布为上海市优秀历史建筑。

然而我查找到早在 1928 年的上海《字林报行名簿》上就已经有了关于这幢房子的记载：西爱咸斯路 571 号的主人是 C. A. Weber（韦伯）夫妇。Weber 是一个源于德国的姓氏。这位韦伯先生在上海经营着一家名叫 Weber & Co.的公

永嘉路 571 号

半圆券窗

砖砌烟囱

司，从名称上看得出公司并无合伙人，那应该是独资经营。公司还有个中文名称叫"新时昌"，地址在公馆马路（Rue du Consulat，今金陵东路）8—10号，当时的经营业务有生丝、废丝、薄纱、府绸、布匹之类的出口业务。这家新时昌公司还代理着一家设在苏黎世的瑞士保险公司的在华业务。这么看来，韦伯夫妇很可能是瑞士人。以后，每年出版一册的《字林报行名簿》上韦伯夫妇的住址总是在西爱咸斯路571号，没有变化，一直到1941年太平洋战争爆发，《字林报行名簿》停止出版为止。

上述信息至少告诉了我们两项重要事实：1. 现行关于永嘉路571号花园住宅的建造年份被记录错了，这幢房子至少在1928年前就已经建造好了。2. 自永嘉路571号住宅建造完成以后，韦伯夫妇就一直居住在这里，直到太平洋战争爆发、记录中断为止，故这对夫妇极有可能是在竣工时就买下了这处房产。

从现状看，571号花园住宅早期就曾进行过大规模的改扩建，在东北侧加建了辅楼，南侧建了一个露天平台，北侧扩建时留下的痕迹也很明显，整个楼体被往外推出了数米，室内的楼梯则被从中部移建到了北侧，留出的空间相应增加了许多居室的面积，这些都是在建筑师的专业设计下进行的，所以并没有因此而损害建筑的完整性。相反，立面显得更为自由、舒展。从某种意义上讲，当年的改扩建绝对不是乱搭建，而是对原建筑功能的提升。

正当我为没能找到更多的韦伯夫妇资料而遗憾时，有朋友告诉我，光明日报社出版的《上海百年名宅·名楼》中有关于"西爱咸斯花园"的记叙，其中提到了"西爱咸斯花园571号的户主是新时昌洋行经理会勃"（会勃Weber，现通译韦伯）。于是我赶紧找来阅读，果然，书中的叙述要详细得多，下面特摘录数段：

> 新时昌洋行是一家瑞士贸易行，由纳布霍尔茨（Herm Nabholz）与奥森布吕根（Osenbruggen）合伙创办，本部设在苏黎世，在法国里昂、英国伦敦等地设有分号。大约在 1891 年之前就在上海南京路开设分号——新时昌洋行，主要经营中国与欧洲贸易，并代理一些保险、佣金等业务。〔按，此说可靠，我查到 1898 年《字林报行名簿》，Nabholz & Osenbruggen（新时昌）地址在南京路 12 号，不过职员名录中尚无 Weber。〕……而到了 20 世纪中后期，瑞士本部出了问题，上海分号也受到严重影响，几乎被迫停业，于是，一位叫会勃（C.A. Weber）的瑞士籍职工就把上海分公司买了下来，外文行名改称 Weber & Co., C.A.，中文行名照旧。会勃接盘后改变了原来新时昌洋行的经营策略，他尽可能地把一些有能力的中国雇员放到比较重要的位置上，还与其他洋行建立合作伙伴关系……旧中国瑞士的商行不算多，新时昌洋行是比较出名的一家。

> 会勃成了新时昌洋行大班，经济状况有了明显的改观，当西爱咸斯花园建成后，他即买进了 571 号的住宅。

> ……

> 瑞士是永远中立国。当 1941 年太平洋战争爆发后，英、美等国的侨民被送入集中营，然后被强迫遣送出境，会勃就以中立国公民的身份，帮助解决欧美侨民的困难，处置他们的财产，在侨民中获得很高的声誉。

1949 年后，会勃离开上海回国。

　　读了上述引文后，朋友们会不会联想到永嘉路 571 号房屋也许就是那些年里韦伯夫妇在帮助上海欧美侨民时改扩建的呢？按常理，韦伯一家人住原先大小的房子就够了。当战争来临时，他把自己家改造成了一处避难所，尽可能地包容遭受不测的人们，他的行为显示了人性的光芒。这也许又是一个诺亚方舟的故事，也是我们今天探究老房子背后感人故事的一扇门，真希望有人会去扭动这个门把手。还有一个疑问，韦伯夫妇离开上海时，他们是如何处理永嘉路 571 号的房产的？从上述引文中可以看到韦伯先生对中国员工的信任，他会不会将自己的房产也委托他们处置？这又是一个可以探究之处。如果将所有散落在时光里的故事都挖掘出来，那么链条就完整了。

　　附带讲一下，看到这篇文章将永嘉路 511 号至 571 号的二十余幢建筑称作是"西爱咸斯花园"，不免心生疑惑。因为在上海，只有将同一个发展商开发建造的、形式风格一致且有边界的多幢住宅群体才称之为××花园，如虹口的昆山花园、静安的王家库花园等。永嘉路 511 号至 571 号二十余幢建筑的形式和风格相差甚远，为什么也称作"花园"？为此我特意查阅历史档案，结果发现"西爱咸斯花园"这个名称并未见诸正式的档案记录，看来只是当地居民口中流传的一个名称而已。但传说多少也该有所依据的，于是我找来了法国公董局地政处编制的地籍图，发现今永嘉路 511 号至 571 号的土地都属于法商万国储蓄会。万国储蓄会的这块地产很大，甚至还包括了今岳阳路 170 弄内南北两侧以及岳阳路 168 号和 172 号的房子，这些在 1948 年出版的《上海市行号路图录》上也能够看得很清楚。

　　前已述及，今永嘉路569号、571号房屋都建成于1928年前。另有说法，永嘉路571号始建于1925年。527弄内五幢房子的建造年份要晚一些，第三次文物普查资料上显示是在20世纪30年代。这么看来，我们大致可以这样推断："西爱咸斯花园"的名称应该是在永嘉路527弄内的房子建成以后开始在附近居民口中流传的，原先指的就是弄内的五幢房子。因这些房子风格上大体一致，且又有明确的边界，称其为"西爱咸斯花园"符合常理。但是公董局路政处是将这五幢房子按照西爱咸斯路527—535号编制的，故在历史档案的记录上就不存在一个花园了。到后来，因为永嘉路511号到571号都是万国储蓄会开发的房地产，所以"西爱咸斯花园"的范围就这么被扩大了。

多年邻居成家人：记交通银行宿舍永嘉新村

何成钢

居民郑先生的父亲郑定华，原是交通银行账表组组长，住在永嘉路 580 弄 99 号。郑先生开口自我介绍："我生在这里，是原住民。"好一个"原住民"，口气中带着强烈的自豪感。他继续说："能够进交通银行的都是有点文化的。"今年 93 岁的曹校长夸他父亲能够将《滕王阁序》倒背如流，说着说着，他自己就口若悬河地吟诵起来。杨凌紫说她外公杨修范酷爱读书看报，家里两三个大书橱塞满了天文地理、历史科幻各种图书。永嘉新村一般家庭都注重教育，毕业于清华、北大等名校的永嘉子弟大有人在。另一位"原住民"李先生说："我们永嘉新村的人，在单位里是同事，在学校是同学，在家里是邻居。"永嘉新村的兴建背景、相关设施及早期的居民构成，从根本上塑造了永嘉新村的整体氛围与社区文化。"同学""同事""邻居"这样特殊的关系支撑起了永嘉新村居民之间紧密而深厚的家园情感。

在后来的岁月里，经过 20 世纪 50 年代的行业调整、援疆支边和交通银行总行迁址北京，改革开放以后的住房制度改革和商品化浪潮，永嘉新村居民的变动较为频繁，不少老居民也已经搬离。郑先生说："'文革'结束时交行家属占一半，现在还有三分之一。"新居民不断入住，但是永嘉新村的传统保留了下来，他们亲如一家人。

公寓式花园里弄的代表

永嘉路580弄的永嘉新村位于衡复历史文化风貌区，这个地区是上海优秀历史建筑较为集中的区域，梧桐簇拥的西班牙式、法式、英式风格的建筑鳞次栉比。

建于1946年（另有说法认为建于1947年）的永嘉新村曾是交通银行的职工宿舍，"永嘉新村"四个字是陈从周题写的。"当年，抗战胜利后，一批抗战时撤退至重庆的交通银行职员回到上海。他们好多是'无房户'，银行就给这些职员盖了房子。"第一批入住永嘉新村的居民曹校长如是说。

永嘉新村共有23幢房屋，分为"A字房""B字房"

陈从周题写的"永嘉新村"

永嘉新村小区示意图

永嘉新村俯视图

"甲"型楼层平面

"甲"型底层平面

总平面图

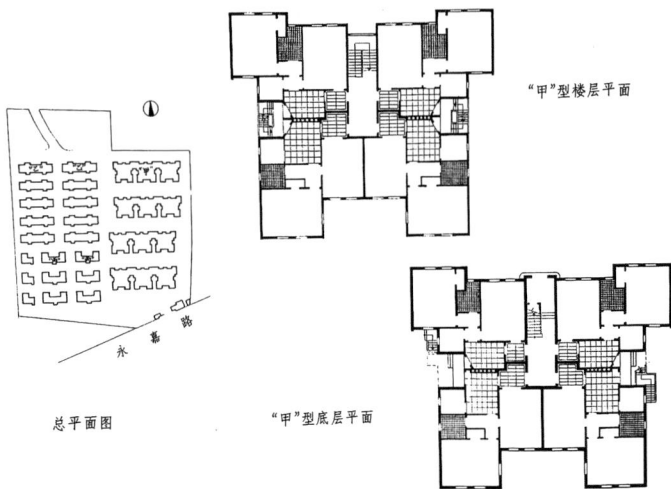

永嘉新村总平面图及"甲"型楼层平面图、"甲"型底层平面图

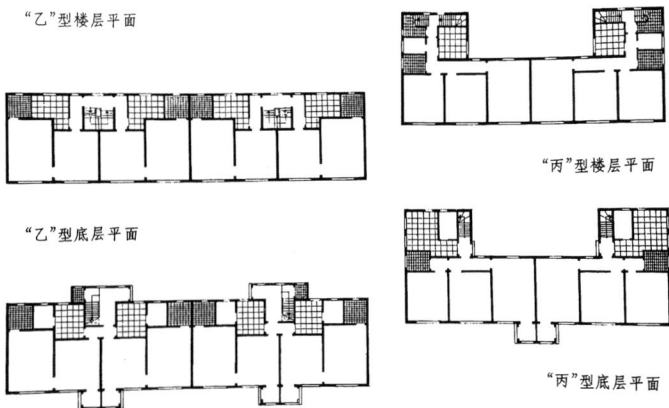

"乙"型楼层平面

"丙"型楼层平面

"乙"型底层平面

"丙"型底层平面

永嘉新村"乙"型、"丙"型楼层及底层平面图

以上选自上海市民用建筑设计院 1985 年编印的《上海公寓建筑图集》

"C字房"，总建筑面积为19 402平方米，为第二批上海市优秀历史建筑，是上海市公寓式花园里弄的代表。

据上海市民用建筑设计院1985年编印的《上海公寓建筑图集》记载，永嘉新村"总平面布置为里弄式，单体设计分'甲''乙''丙'三种类型。除'甲'型为三层外，其余均为二层建筑。'甲'型为蝴蝶式拼接单元，共四排，每层有四个二室户。'乙'型为四开间拼接单元，共十排，每层有四个二室户。'丙'型为六开间拼接单元，共六排，每层有二个三室户。此外，另有三个拐角单元的组合体。'乙'型和'丙'型的居室全部朝南，室内穿堂风良好。居室大小在16.00—18.00平方米之间，用料标准中等，比较经济适用。坊内绿化和道路，均较完整。"

《上海公寓建筑图集》中所记载的"甲""乙""丙"型公寓，在永嘉新村老居民的口述中则分别是"A字房""B字房""C字房"。只不过，顺序正好倒了过来，"甲"型公寓对应的是"C字房"，"丙"型公寓则对应的是"A字房"。老居民口中A、B、C所依据的是房屋建造落成的顺序。居民曹校长说："1947年我们入住永嘉新村的时候，'A字''B字'已经造好了，'C字房'还在造。"居民邬先生补充道："有人说永嘉新村1947年才开始入住，其实1946年就建成一部分，我哥哥说他就是1946年生在永嘉新村的。"

《上海公寓建筑图集》以"C字房"为始，将其标为"甲型"是因为"C字房"建成后，整个弄堂从"C字房"开始重新编号排序。居民梁建华工程师补充道，"C字房"由交通银行沪行兴建，而"A字房""B字房"则由交通银行总行兴建。当时总行、沪行之间颇有些分别，因此，就连房屋的朝向都不一样。其实，按照商业银行规制，交通银行总行在沪期间不设沪行而改设营业部，离沪期间则设立沪行建制。

"A 字房""B 字房"朝南，正门开在永嘉路上；而"C 字房"的正门开向衡山路。

住在 10 号三楼的曹校长，其父亲曹起嘉是总务处副处长，参加过战后返沪对伪交通银行的接收工作，为人正直，写一手简洁流畅的好文章，深得领导赏识。由于让出两间房给一位离休干部居住，正门由新户进出，他家则改由安装在东墙上的户外铁梯进出。据他介绍"C 字房"最后一排 10—12 号都是处级干部住的，正处长住二楼是四室，副处长住一楼、三楼，也是四室。不少老居民都回忆，当时"A 字房"三间，"B 字房"两间，"C 字房"可以有四间，是由两套两室户组成的。房子的分配比照银行的职务级别，即"A 字房"配给普通员工，"B 字房"配给科长、襄理，"C 字房"配给处长、经理。当然，这样的分配并不代表永嘉新村现在的居民构成。在 20 世纪 50、60 年代较为特殊的时代背景下，不少居民将房子让出，或以大换小，"降级"居住，这在目下觉得不可思议，但在当时的永嘉人看来习以为常。

近十几年来，房子的外租或出售亦不少见。现在的永嘉新村不仅住着不同职业背景的居民，甚至还有几十户外籍居民。

从建筑风格上看，"C 字房"为水泥拉毛墙面，四坡红瓦屋面，"A 字房""B 字房"为双坡青瓦屋面，山墙花、入口雨棚略具西班牙风情。据老居民们的回忆，以前窗子外面还有漂亮的铁艺装饰，后来，在全国"大炼钢铁"的时候被"就地取材"了。

"C字房"中箱子间、壁橱、保姆房一应俱全，厨房间还有烧热水的大锅炉，用的是抽水马桶和煤气。"A字房"和"B字房"底楼有小花园，主人套房外建有保姆房，保姆房也有专门的厕所。公寓构造及装饰体现了当时上海以银行职员为代表的中等家庭较为优渥的生活。

如今永嘉新村的规模较之前缩小了一些。"以前永嘉新村是直通衡山路那一边的。大门口那幢令人瞩目的清水红墙洋楼里，住着'老革命'、华纺校长温仰春。"居民邬先生回忆道。现在的年平公寓一带曾经是永嘉新村的一大片空地，有足球场、篮球场，后来还有少体校。居民们回忆，当年的永嘉新村靠近教会房子9弄处，还蜿蜒着一条小河浜，里面有"拿摩温"（蝌蚪），可是小孩子白相的好去处，周围的孩子们尽数跑到永嘉新村里玩耍。

现天平街道社区事务受理中心的地方，早年为永嘉新村的汽车间，20世纪60年代汽车间分给了居民居住。其二楼则是永嘉新村的小学——永新小学。

除了小学，永嘉新村还有自己的幼儿园。居民梁建华工程师说，自己母亲还在自家开办过免费的托儿所，服务小区家庭。他回忆道："当年，也就是我现在的客厅，是用来当托儿所的。永嘉新村的好多小孩子白天就在我们家。"

永新小学和幼儿园的教师多数为居住在永嘉新村的家庭妇女。当年，上海市民为了应对公办小学严重不足的问题，创办了不少民办小学，沪剧《鸡毛飞上天》的原型建襄小学便是写照。1966年出生的77号居民鲍主任是永嘉新村居民的第三代，爷爷鲍忠佑是交通银行襄理，退休前在外滩23号工商银行任信贷部主任。他回忆道："我小学一、二年级都还在永新小学读书的，后来小学就拆了，我们到了永二小学。"永二小学于 1999 年并入建襄小学。

2018 年 4 月，永嘉新村开启了修缮工程，并于当年年底完成房屋修缮。在传承人文气息的同时，有效改善了居民的生活条件，被精心打造成为衡复历史文化风貌区的样板小区。修缮后的永嘉新村矗立在城市一隅，继续传承着城市的记忆和历史的文脉，人文气和烟火气在这里和谐交织。

群英荟萃的新村

居民梁杰生住在永嘉新村 2 号 102 室，原来是在重庆交通银行电台主任，后调到上海交通银行建立电台，电台设在静安寺，地址为南京西路 2708 号（近华山路口），是在交通银行网点的楼上。早在 1937 年 7 月上海分行成为一等分行时，总管理处就将静安寺支行等五家支行划归上海分行管辖。1949 年 5 月末，上海分行辖有南京路、民国路、静安寺、林森路、虹口等五家支行，静安曹家渡、虹口提篮桥两家办事处及上海仓库一所。南京西路 2708 号就是静安寺支行所在地。梁杰生担任上海交通银行（沪行）电台主任，相当于科长级别。1946 年永嘉新村部分房屋刚刚落成，由于交通银行（沪行）没有自己的房屋，所以先安排在"B字房"55 号，"C 字房"落成后就搬到"C 字房"现在的地方。梁建华是随父亲梁杰生住进永嘉新村的，直到近期才搬去一家养老院居住，掐指一算在此住了足有七十八年之久。

民国期间为应对繁忙业务，方便各方联系，上海分行设立专业无线电台（简称"沪台"）。该台属交通银行电台分台，设主任 1 人，另有办事员和工友若干。电台人事归总管理处统一领导，负责与总管理处、各相关分行之间的业务收发报联系，同时负责代转代收一些普通电报。

因上海地位的特殊性，以及上海分行业务发展迅猛，电报往来十分频繁，仅 1947 年上期至 1948 年 3 月，梁杰生领导的沪台就收发电报 8 万多封次，平均每天收发电报 177 封次。截至 1948 年 4 月，沪台有办事人员 7 人，工友 4 人。

1949 年上海解放后，交通银行在沪机构，包括沪台在内的财产被中国人民解放军上海市军事管制委员会军代表接管清理。7 月 8 日，梁杰生接到交行总处转华东财政经济接管委员会通知，称该会各处在沪接收的电台逐步恢复通信，为使其能更好地完成工作任务，规定已恢复通信的电台，在建置上一律划归华东财政经济接管委员会通信联络科直接领导（包括业务、人事、器材等），但电台仍为该单位专用电台。各处仅供给电台人员之薪金、办公用具、房屋和宿舍，并保障其安全。交行接收原有电台，是代替华东财政经济接管委员会通信联络科做的接收工作。接收完毕后，应将电台人员、器材全部移交通信联络科统一分配使用。各处行送往电台拍发之电报，各单位应由主要负责人亲自签字或指定专人负责签字，否则电台可拒发之。

1949 年 7 月 16 日，上海分行将位于南京西路 999 号（抗战后，外滩 14 号新的交通银行大楼尚未建成竣工时，总管理处临时办公地点）及南京西路 2708 号两处电台、现用公物及办公用具登记造册，送至华东财政经济接管会秘书处通信联络科，梁杰生就此完成了他的使命。

交通银行还是一家盛产法学家的银行。中国第一个注册律师曹汝霖曾经担任过交通银行的总经理。参与永嘉新村建设的卢绳祖，也是一位法学家。1912 年，卢绳祖出生在扬州一个显赫的大家族里，他一生中大部分时间都住在上海的永嘉新村3号204室。

1934年，卢绳祖毕业于著名的东吴大学法学院，曾任交通银行法律顾问，不久便晋升为交通银行最年轻的首席顾问。1945年抗战胜利后，住在重庆化龙桥红岩村交通银行宿舍的员工要随银行一起回迁上海，由于需要安置大量银行管理人员，因此交通银行在永嘉路购置土地建房。据了解，当时先从西面开始建造二层楼的住宅，约一年后开始兴建东面的三层楼建筑，所以两边建筑风格相异，卢绳祖参与了新村的筹建和住房分配工作。

中华人民共和国成立后，卢绳祖从交通银行来到中国人民银行上海分行，担任房产科科长。1978年，卢绳祖进入上海市社科院法律研究所担任特约研究员、博士生导师，从事立法研究工作。他参与组建了中国国际贸易仲裁促进委员会，后又参与了《香港基本法》起草委员会工作。晚年的卢绳祖参与译介了多部法律著作，其中有《牛津法律大辞典》《瑞典的仲裁》《元照英美法词典》等。

哈佛大学法学院院长庞德有一句治学格言："对法律的初学者，我头一条建议向来都是请他们买一部好的词典，并且经常请教它。"但是中国的学生长期以来找不到一本真正权威的英美法词典。这本由卢绳祖参与、凝聚了两代中国法律人心血的沉甸甸的《元照英美法词典》，收入的词条数超过5万，为日本版的3倍。上海的14位审稿人平均年龄是84岁，主编薛波说："当年参加东京审判的5个中国人中，有3个参与了我们的工作。"这些早年毕业于东吴大学法学院的老人，长期以来被社会所遗忘，但是他们对于法学研究事业和国家利益的忠诚却始终未曾改变。法律出版社的孔志国表示："这部词典的编撰，实际上也是在抢救宝贵的学术资源，更是在接续中国法学研究的百年传统。"词典的总审订人、中国政法大学比较法研究所首任所长潘汉典说："这部词典的出版，必将震动大地！"

作为永嘉新村为数不多的百岁老人，性格开朗的卢绳祖曾把自己的养生之道归结为：想睡就睡、想吃就吃，喜荤厌素爱吃甜，不吃补品不吃药，勤读书报多工作，与花儿"谈谈情"，和鱼儿"说说话"。当年友人去拜访卢绳祖，时常看到老人静坐窗边著书译书。他的晚年生活可谓多姿多彩，夕阳无限好。

2014年9月1日，龟鹤遐龄的卢绳祖在永嘉新村的家里安然辞世，享年103岁。无独有偶，永嘉新村6号103室的谢志堃，2023年9月去世，享年也是103岁。据曹校长介绍，谢志堃起初在交通银行的设计部工作，当年重新组建后的交通银行领导从《交通银行同人录》里找到了擅长业务设计的谢志堃，还把他聘去研究部门工作了五六年，可谓交行文脉传承的见证人。

曾经在交通银行工作的吴良铸，是著名建筑学家、两院院士吴良镛的胞兄，后来成了一名外交家。1912年吴良铸出生于南京。1949年，他从青岛交通银行调至上海交通银行，居住在永嘉新村1号202室。1959年，他被派往中国驻印尼大使馆商务参赞处，后担任大使馆党支部书记和文化馆长，是当时在大使馆连续工作时间最长的外交官。1967年，吴良铸从印尼返回祖国，在机场受到周恩来总理和陈毅副总理的亲自欢迎，并得到毛泽东等党和国家领导人接见，被称为"红色外交战士"。回国后他一直居住在永嘉新村，直到2005年辞世。

党的"月老"杨修范

居民邬先生早在前些年"永嘉新村是我家"展览举办时就提出，展品中没有红色文化内容是个遗憾。可喜的是，我在这次采访中意外发现了永嘉新村59号曾经居住着一个大人物杨修范。说他是大人物，不仅因为他是国家十一级干部，老地下党员，更因为他是沙千里和张承宗的入党介绍人，称他为党的"月老"名副其实。

1910年10月27日，杨修范出生于江苏省太仓县一个贫寒的小学教员家庭。1935年参加革命，1936年10月加入中国共产党。1931年入职交通银行发行部。1949

杨修范

年5月上海解放前，货币发行是交通银行经营的一项重要业务。自清宣统元年（1909）起，交通银行开始发行钞券。民国之后，交通银行所发钞种类和数量进一步增加，长期居于中国各银行的发钞量前列。上海分行等发行的地名券在交通银行占有举足轻重的地位。1937年11月12日，上海沦陷，开始进入"孤岛"时期。与中央银行、中国银行约妥，运护之法币暂先由中央、中国、交通三家银行按四四二分派，共同维持市面对于法币的需求，稳定金融。1941年12月太平洋战争爆发后，上海分行被日军勒令关闭，遂停止发行法币。1942年6月，因通货膨胀加剧，国民政府决定把纸币发行权集中于中央银行，并宣布实行"法币统一办法"。10月，交通银行将已印但未及完成印刷之各项钞券移交中央银行。

据时任《新华日报》记者蔡北华所撰《南方局在国统区经济界开展工作的情况》一文介绍，抗战时，在交通银行总行撤退到重庆期间，利用杨修范在交通银行发行部工作的有利条件，中共南方局要求杨修范发挥"党的侦察兵"作用，做好以下经济情报工作。

一是获取发行钞票和准备金的数据。当时国民党政府的财政支出主要依靠四大银行发行的钞票，钞票先由英美印钞公司在国外印刷，再到香港加盖印章，通过飞机送往重庆，然后分散运至全国各地，用途是以军需为主。哪些地方需要钞票，便可以看出那里军事的演变情况。如1940年西北地区纷纷来电报需运钞券，即是国民党调动军需，准备进攻陕甘宁边区的信号。杨修范获悉后，立即将这一情况向中共南方局经济组组长许涤新报告。从四行发行钞票的数据中，还可以了解到一部分充抵准备金的外汇、黄金、银元的数据。杨修范虽不能直接参加国民党当局的最高会议，但每次看到印发记录，他就将其中的重要部分摘录下来，按期送给经济组，中共南方局便可以及时洞察国民党当局财政金融机关的动向。

二是了解增发钞票的秘密。1940—1941年，国民党政府主要依靠增发钞票来应付财政支出。通货膨胀日益加深，

"民国四大家族"的银行在国外印刷钞票，运输跟不上财政需要。当时国民党政府财政部部长俞鸿钧、副部长徐堪，在财政部召开了一次紧急会议，要求四行增加印发大额钞票以解燃眉之急，杨修范参加了这次会议。到1942年7月，国民党又将发行权集中于中央银行，杨修范也及时掌握了这一情况并汇报给中共南方局。据杨修范的外孙女杨凌紫说，外婆曾经说起，有时外公忙不过来，她就帮着给中共南方局周副主席那边送情报。

杨修范是交通银行职工中入党最早的中共党员。他在1936年参加上海职业界救国会活动时，由王明扬介绍入党。抗日战争时期，他较早到达重庆，曾任中共地下党重庆市青委组织委员。以后又在中共南方局的领导下，通过自己在交通银行总处工作之便，收集国民党政府货币发行情况和大后方工矿企业动态资料，提供给中共党组织。1945年抗战胜利后，参加筹建中国经济事业协进会，并任该会理事。为了安全起见，杨修范将中国经济事业协进会会员名册、图章等转移存放在交通银行库房内，在国民党特务的搜查中避免了危险，保护了同志。杨修范在白色恐怖下宣传党的政策，组织工商界聚餐会，开展统战工作，联系和团结工商界上层民主人士，并在他们有危险的情况下将他们转送至解放区，积极准备迎接解放。

在杨凌紫的印象中，外公杨修范在交通银行工作时，一直在帮南方局和重庆地方党组织做事情，《红岩》小说里的"疯子"原型是外公介绍入的党。杨修范的组织关系确实一直不在交行，在沪参加救国会活动时直接受上海地下党职委的领导，到了重庆后则直接受中共南方局经济组的领导，但他的就职单位早就是交通银行了。这种情况也并非绝无仅有，中国银行的地下党员、诗人袁水拍也是这种情况，组织关系并不在他的就职单位。

多位永嘉新村居民听他们父辈说，军管会接管交通银行时，突然发现平时和颜悦色的老邻居杨修范在警卫的保护下出现在公众视野里，颇为诧异。上海解放后，杨修范即由军管会指派，任接收上海交通银行总处及上海分行军事代表。面对复杂的人员情况，他顺利完成了接收整编工作，后又出任该行副总经理，直到1950年底。

居民曹校长说，自己当年是从湖北、湖南、贵州等水路，辗转两个多月才来到重庆的，备尝艰辛，在张伯苓办的南开中学上的初中，受到了良好的教育。在重庆时，住在交通银行化龙桥红岩嘴山上宿舍的员工和家属，每个星期六可以乘坐行方安排的交通车去市中心购物游玩，上下车的地点就在市中心交通银行大楼前。1941年底香港沦陷后，在香港的交通银行总处人员辗转到达重庆打铜街14号交通银行重庆分行办公。这是一幢修建于1936年，具有浓郁巴洛克风格的建筑。在台阶的两侧安放着圆形的花坛，石砌的挡墙上装有精致的铁花栅栏，梯道两旁还装有一对铁铸的花饰灯亭，整个大门显得既气派又不失优雅。短短几百米的打铜街，曾是连接重庆上下半城的要道，早年有多家银行入驻，盛极一时，素有抗战时期"中国的华尔街"之称。

杨修范是最早一批到重庆的行员。杨修范原先住在渝北涪江与嘉陵江交汇处的张家花园附近，离化龙桥红岩嘴南方局和交行宿舍较远。为方便工作，他搬到了红岩嘴住。在交通银行总管理处，他广泛联系思想进步的同事，并经常利用晚间和假日在家里组织"读书会"，有时也在谢光弼、吴志时、华春三人合住的单身宿舍房间活动。参加活动的有总管理处事务处科长陆玉贻，稽核处襄理吴隆治、吴志时、谢光弼和职员张宗祜、王正安，人事处襄理吴志本，以及杨修范的爱人王纯等。"读书会"除了座谈时事形势、交流相关情况外，还开展理论学习，曾学习过艾思奇的《大众哲学》、毛泽东的《新民主主义论》等。有时也会请学者、名流如沈钧儒、黄炎培、邓初民、王若飞、章汉夫、乔冠华等来演讲。

杨修范还曾带领"读书会"的骨干访问过八路军办事处和郭沫若。当时，交通银行新招收了一批青年职工，在杨修范等人的影响下，扩大了党的统一战线，加深了交通银行职工对中国共产党及其政策的认识和了解，逐步消除了人们对共产党的误解和偏见，从而一步一步向党靠拢。唐梅林、潘志昌、黄西雄等人都被发展成为新的进步力量，唐梅林后来成为党的外围骨干分子，在中国经济事业协进会中发挥了重要的作用。

杨修范是沙千里的入党介绍人。沙千里是中共党员，这在很长一段时间不被人所知晓。作为救国会领导的沙千里，下属杨修范是他的入党介绍人，更是鲜有人知。

1936年7月31日，"七君子"被释放出狱，不久爆发了"八一三"淞沪抗战。面对国民政府勒令解散进步社团蚁社，沙千里亲自起草了抗议书，措辞激烈，据理力争，要求政府恢复蚁社，并要杨修范立即将抗议书送至《大公报》馆登载，但遭该馆广告科拒登。此事大大激怒了为人正直的沙千里。从此，沙千里的思想逐步由民主主义转向共产主义，由同情中国共产党转为要求加入中国共产党。

杨修范曾与沙千里在宁波帮开办的大丰洋布号共事，该号是当年上海进口洋布最大的华人商号。他俩不仅住过一间宿舍，还在抗日救亡工作中并肩作战，因此彼此不仅感情融洽，认识也比较一致。从平时谈吐中，沙千里已猜想杨修范可能是中共党员，所以就诚恳地向杨修范表达了要求入党的心愿。1937年7月底，沙千里写了入党申请报告，由杨修范经湖北省委书记何伟、王翰转给长江局领导董必武，即经批准。1937年底，杨修范随交通银行总行撤至汉口。

沙千里入党后，为了便于在民主党派中工作，他的党员身份暂不公开，也不参加组织生活。虽然他和女儿谈过，但一直严守秘密，直至1980年党中央公开了沙千里中共党员的身份。沙千里逝世后，他的夫人黄国林向中央组织部去了解时，才知道杨修范是沙千里的入党介绍人。

杨修范《上海职业救国会情况纪要》（收入《爱国主义的丰碑——中国人民救国会纪念文集》）一文的结尾处，有这样两句话："我随职业单位内迁，由武汉转重庆工作。我在9月初临走前为在职业界救国会中发展党员，做了一些工作。"句中所说的"职业单位"，显然是指他当时供职的交通银行。"9月"指的是"九一八"事变后国统区各银行纷纷西迁的"1937年9月"。关键是后面一句，"为在职业界救国会中发展党员，做了一些工作"，人们不禁好奇，杨修范究竟发展了哪些党员？

在喜欢写作的张承宗所发表的文字中，鲜有提及其入党经过，后人只是在他1988年填写的履历表中看到短短一句话：1937年8月，加入中国共产党；由杨修范介绍入党，雍文涛宣布，顾准监督。

我带着这些问题，查考了杨修范少有的几篇文章，通过对他工作经历的梳理，大致理出了一些头绪。

杨修范在1936年10月前已经是职业界救国会的临时党

小组的成员，10月党团成立时已经成为党团成员，又是分管银行的负责人，银行大队负责人张承宗正是他的下属，由他介绍入党完全讲得通。

张承宗是继20世纪20年代闸北部委所属银行支部后，金融业党组织进一步发展的领导人。据陆志仁说，1937年8月上级党委发展张承宗入党，认为这是对金融工作的一个重大的突破。因为张承宗当时有辛泰银行职工身份的掩护，通过银钱业业余联谊会团结了一批骨干，发展了张承宗，就可以发展一批人入党。事实确实如此。由于银钱业业余联谊会群众运动迅速开展，党的发展工作也得到了比较顺利地开展。在短短两年多时间内，张承宗领导的党组织先后建立银联党团和支部，在一些重要的金融企业中，如中国、交通、通商、北四行、新华、浙江实业、浙江兴业、汇丰、绸业、市银行建立了支部或发展了个别党员。在钱庄、钱兑业、保险业也分别建立了联合支部。1939年后，金融业党员有百人左右，这是一个很大的成绩。

据学者张云分析，低调处理入党与杨修范长期地下斗争实践所养成的思想方法和工作方式有关，也反映了他一生谨慎、处事低调的性格特征。事实上他也从不炫耀，这一点是有口皆碑的。

杨凌紫告诉我，外公杨修范是一个非常关爱下一代的长者，在她提供的国防大学副校长乐时鸣写的《春风又绿江南岸》一书中，乐时鸣对入党介绍人杨修范的评价是："他是交通银行的职员，比我大八九岁，是一位文雅和蔼的'白面书生'。"上海南市区委对杨修范的为人也给予高度评价："杨修范同志关心同志，平易近人，深入群众，凡是与他一起工作、学习、生活过的同志都把他作为挚友、同志或宽厚的长者。包括为他开过车的驾驶员，都觉得他平易近人，和蔼可亲，充分体现了一个共产党员与人民群众血肉联系的本色。"

据1936年《交通银行同人录》记载，邬先生的父亲邬德永与杨修范是交通银行发行部同事，家就住在杨家后一排的47号。据邬先生说，杨家伯伯很客气的，家里都是书，小时候自己还经常与杨家伯伯打羽毛球。

杨凌紫说，外公杨修范兴趣非常广泛，经常带她去逛常熟路新华书店，家里有好几个大书橱，塞满了文史哲等各类书籍，他连科幻书也感兴趣，特别关心时事政治。他在晚年，仍十分关心党和国家的政治经济形势，虽然视力不好，阅读报纸比较困难，但他坚持天天收听广播、电视新闻，在健康状况允许的情况下，坚持参加重要的会议，参加市、区老干部活动室的活动，撰写南方局重庆市党史、"七君子""四行二局"职工运动史等有关革命史料。

杨修范在上海市南市区区长任上，经常自己乘公交43路上班，即使配车也是跟同事拼车，很少单独用车。曾经有多次市里和区里分配吴兴大楼等好地段住房的机会，他都一一婉拒了，别人问他为什么不要好房子，他则笑答："这里有我熟悉的老同事、老邻居，习惯了。"

1990年，杨修范就是在这并不宽裕的一室一厅房间里告别人世。这位"将自己的一生献给了伟大的共产主义事业"的传奇人物，自从1947年住进永嘉新村，四十余年间，不管是在交通银行任副军代表、副总经理、咨询委员，还是在市财政经济委员会、市财贸办公室任处长，抑或在蓬莱区、南市区任副区长、区长，直至离休，一直居住在永嘉新村59号。

可部分"原住民"还记得，在永嘉新村东北角原来有一扇小铁门，铁门外的小院子里有一个警卫室兼理发室，理发师傅居然还是抗战后随交行员工一起从重庆返沪的老李，居民邬先生小时候还经常在此理发，理发不用付钱，记在自己父亲的账上就可以了。在理发室边上还有一扇门，门内大花园里，居然是当年赫赫有名的交通银行总经理赵棣华的寓所。从这座洋房穿过长长的绿化带，它的大门开在了东面岳阳路76号。可惜此屋后来被公安部第三研究所征用，现已拆除，所在地块上建起了一幢大楼。想当年，赵总经理就是通过这小门到永嘉新村职工家里串门的吧。据说当年的银行家特别重视利用各种机会与员工接触交流的，想别这小门也寄寓着银行家们的良苦用心。

当下很多人喜欢上海的老房子，越来越多的人渴望拥有一种集体记忆的共同体情感，渴望在一个碎片化的世界中获得一种连续性。永嘉新村建筑的背后有着数不清的故事，正如一位人类学博士所言："透过人的视角研究建筑，其实研究的正是人类发展的历史。"

赉安洋行设计师的旧居

惜　珍

　　永嘉路 590 号是一幢具有法国田园别墅风格的住宅。这幢建筑原是老上海著名的赉安洋行设计师保罗·维塞尔的私人别墅，后来成了纺织大王吴昆生的寓所。

　　这幢临永嘉路的豪宅有着超大的两个花园，还有停车位。花园里树木葱茏，有翠竹红枫环绕，墙边还有一口古井，井上方有一个辘轳，井边有长长的绳子，想必是用这绳子从井里打水上来浇灌树木花草的。建筑总占地面积 1 280 平方米，由主楼、辅楼和花园组成，主楼建筑面积 463 平方米，辅楼建筑面积约 180 平方米，花园面积约 900 平方米。主楼为砖混结构三层，平屋顶，遮阳板突出，女儿墙边饰水平线条。水泥拉毛墙面，局部墙面装饰连续几何形图案，墙面转角处采用灵动的圆角。整个建筑形体自由，线条流畅简洁，组合穿插丰富。建筑底层为大面积落地窗，其余为矩形黑框推拉窗，窗户简洁的造型体现出现代建筑特色，局部墙面上的连续几何图形又带有装饰艺术派风格。在建筑内部充分显示出法国人追求浪漫的天性，底层客厅通透明亮，硕大的空间没有任何分隔，想来是当年主人举行派对之地。二楼细长的木制高窗、气窗以及门框上方都镶嵌着手工烧制的彩

永嘉路 590 号

色玻璃，像是一幅幅五彩斑斓的画，那是欧洲宫廷建筑和教堂惯用的手法，这些彩窗至今保存完好，棕色柚木楼梯简洁优雅的扶手也带有明显的装饰艺术派风格。主楼的二楼及三楼均有东南朝向的露台，二楼还有个弧形阳台。一长排面向花园的窗户使室内显得十分通透明亮，窗户和门框间都点缀着细长的罗马柱，欧式风情扑面而来。三楼露台的曲线型围墙使建筑显得跌宕多姿。主楼东南角为副楼，砖木结构的二层上下有四间，西北角还有上下两间的辅楼，如此精心布局可见设计师对自己住宅的珍爱。

保罗·维塞尔和亚历山大·赉安

这幢建筑最初的主人保罗·维塞尔是一位法国建筑师。他于 1896 年 10 月 5 日出生于法国中部卢瓦尔省的努瓦雷塔布勒，8岁那年，维塞尔父母分开了，父亲移民至马达加斯加岛，母亲带着维塞尔和他的姐姐搬到了法国南部居住。1909年，维塞尔的父母经常通信，他们之间的关系似乎好了许多，当一家人准备前往马达加斯加岛时，却传来了父亲突然去世的消息。没想到这个令全家人肝肠寸断的日子竟然是维塞尔父亲的生日，这给当时年仅12岁的维塞尔留下了深深的伤痛。1912年到1914年，从小喜欢画画的维塞尔进入巴黎高等美术学院，师从建筑大师希达纳。第一次世界大战爆发，1915年4月，19岁的维塞尔上了战场，走进一战的烽火硝烟，他在战场上两次负伤又两次重返战场，并多次获得勋章。四年后，23岁的维塞尔退伍。两年后他受聘到中国天津一家建筑公司工作。1921年秋季，维塞尔加入了来自法国的建筑工程师勒德勒和来自瑞士的建筑工程师梅玉田共同开设的工程师行。几乎在同一时期，在位于复兴中路1195号的中法国立通惠工商学校当老师的法国建筑师亚历山大·赉安也被推荐到这家工程师行担任建筑设计师。就这样，维塞尔和赉安双双成为勒德勒和梅玉田手下的助理建筑设计师，聪明活泼的维塞尔和冷峻而又才华横溢的赉安性格互补，两人很快成为无话不谈的好朋友，彼此结下了深厚的友谊。

　　赉安和维塞尔决定创办自己的建筑事务所是源于一次设计比赛。1922年3月，法国霞飞将军来到上海宣传和推广"法国才能"项目，其中有一项计划是将今茂名南路58号的原德国乡村俱乐部改建为一座法国球场总会，并为此开展了设计竞图比赛。当赉安和维塞尔得知自己所在的工程师行已经决定参加法国总会的设计竞争图比赛时，决定抓住这一千载难逢的机会。于是，两人天天聚在一起废寝忘食地构思、画设计草图，将自己独特的创意用充满立体感和色彩鲜明的效果图呈现出来。他们的设计草图几乎将欧洲传统古典宫殿的建筑形式作了全盘推翻，设计中呈现出的全新的现代主义光芒惊艳了来自法国的评委们，两个年轻人一举摘取了这项大赛的桂冠。赉安和维塞尔的获奖作品经过与公董局的多次讨论后又做了些修改，不久公董局便通知赉安和维塞尔设计施工图和计算材料的成本。当赉安和维塞尔将计算好的成本预算交给公董局后，梅玉田气势汹汹地跑到公董局提出抗议，他认为这个获奖作品是自己的雇员为勒德勒—梅玉田工程师行所创作的作品，这个作品不属于赉安、维塞尔个人，同时提出这个即将施工的项目必须属于勒德勒—梅玉田工程师行，并诉至法院。赉安和维塞尔一边在法庭上据理力争，坚持作品是他们自己创作的，一边在上海注册了赉安洋行。赉安洋行的注册地址为维塞尔的私人地址，今自忠路180号。在永嘉路590号别墅建成之前，维塞尔一直住在那里。1923年春天，法院判决两个年轻人获得了胜利，赉安洋行获得了法国总会这个大项目进场施工的权利。8月，赉安和维塞尔离开了勒德勒—梅玉田工程师行，全身心地投入两人合伙创办的赉安洋行业务。

1925年，建业地产在西爱咸斯路（今永嘉路）投资的西爱咸斯花园项目竣工。西爱咸斯花园位于今永嘉路511号至571号，是一片高档西式别墅住宅群，其中，赉安洋行负责设计的是由五幢别墅组成的里弄，即今永嘉路527弄1—5号和今永嘉路555号、557号、571号三幢独立花园别墅。设计过程中，梧桐夹道的永嘉路幽雅的环境吸引了这两位来自法国的建筑师，两人决定把自己的寓所也建造在这条路上。他们选中了正在修建中的西爱咸斯花园对面的永嘉路

588 号和 590 号地块：

> 在西爱咸斯花园施工的现场，赉安和维塞尔抽出时间为自己设计了两座完全不相同的现代主义风格的别墅，它们位于西爱咸斯路上（今永嘉路 588 号和 590 号），与西爱咸斯花园仅隔着一条西爱咸斯。两座别墅隔着一堵墙，它们沿街而立，小小的花园和三层的建筑小巧玲珑又透着简洁与细节的完美，二楼的大玻璃窗和东首的弧形阳台几乎没有阻碍地将光线引入室内，小巧旋转的木制楼梯充满了装饰派艺术的格调，敞开的二楼空间分成东西各一间。一楼的客厅铺着地毯，长桌安置在中间，三面都有大玻璃窗和充足的光线。赉安在西爱咸斯路的自宅并不是完全的现代主义风格的别墅，还留有装饰派艺术风格的某些特征，两种风格是糅杂在一起的，标志着从装饰派艺术风格到现代主义风格的过渡。如果说，建筑设计师常常受制于业主或投资商的愿望而不能尽其所能，那么，设计师的自宅是最能体现一个优秀设计师的品位和建筑美学价值的。（吴飞鹏：《来自法国的上海人：建筑大师赉安传奇》）

永嘉路上这两幢相邻并立的建筑体现了两位来自法国的建筑师不俗的品味和建筑美学理念。两座别墅沿街而立，中间仅隔着一堵墙，两个好朋友兼合伙人毗邻而居，有事只需隔墙召唤一声就能见面商谈，极为方便。1927 年，维塞尔带着新婚的妻子爱丽丝·里约夫从法国回到上海，永嘉路 590 号建成后，爱丽丝成为这幢别墅的女主人。她是一位颇具艺术气质的年轻女画家，来到上海后很快成为赉安洋行的

Une équipe de réalisateurs français.

赛安三杰（左为亚历山大·赛安，中为保罗·维塞尔，右为亚瑟·克鲁兹）

核心成员，曾经设计过不少建筑内部精美的装饰图案，还利用业余时间创作了不少油画作品，其中就有杜月笙和他女儿的肖像以及当年上海人生活的肖像。她在永嘉路590号住到1930年末，与维塞尔离婚后返回巴黎。

赉安和维塞尔在永嘉路上住了多年，既是邻居，又是合伙人。经过十年的奋斗，两人终于成功立足于上海的建筑设计师领域，成为上海近代建筑风格的引领者和先驱者。1935年，另一位法国建筑师亚瑟·克鲁兹加入了他们的团队。这三位建筑师史称"赉安三杰"，他们名字的首字母 LVK 永远刻在了许多老上海建筑上。中国科学院院士、同济大学建筑与城市规划学院教授郑时龄说过这样一段话："赉安洋行设计的住宅作品，每件都很有个性，堪称精品。一以贯之的现代风格，逐步改变了人们的生活方式。这对我们现在的住宅设计很有借鉴意义。"可以说，在邬达克建筑设计事务所之外，赉安洋行是另一个对上海城市建筑有着卓越贡献的设计机构。

1937 年后维塞尔与克鲁兹离开上海，前往越南西贡，到那里组建赉安洋行印度支那分行。后来，上海滩纺织大王吴昆生买下了永嘉路 590 号这幢带花园的房子，作为自己的公馆。

成为纺织大亨吴昆生寓所

吴昆生是江苏无锡人，他长期从事纺织业，熟悉棉花，因为振新纱厂办花而崭露头角。吴昆生的发迹得益于第一次世界大战爆发后中国民族工业的崛起，当时，海外大幅度减少了对中国商品的输入，而极大地增加了对中国面粉和面纱的需求，客观上促进了中国市场的发展。上海滩当时赫赫有名的吴昆生和他的好朋友、号称"三姓六兄弟"的荣宗敬、荣德生兄弟，王尧臣、王禹卿兄弟，浦文渭、浦文汀兄弟见棉纱利润很大，而且社会需求量日见增长，便合伙创办了上海申新纱厂，由吴昆生任总经理。1915年后，纱厂越发蓬勃发展，数年里接连创办了九家。他们甚至把长期无人问津的老牌纱厂三新纱厂也给"吃"掉了。吴昆生做事向来以胆大心细著称，1946年荣德生绑架案轰动上海滩，吴昆生连续多日与绑匪周旋，最终以五十万美金代价化险为夷，故深得荣家器重。吴昆生追随荣氏兄弟开创申新纱厂后，逐渐独当一面，为厂里生产的"人钟纱"成为国家标准纱立下汗马功劳。之后，他又受命执掌申新九厂，申新九厂前身为1878年李鸿章委派郑观应在杨树浦建造的上海机器织布局，后迁至苏州河边的澳门路上，1913年更名为三新纱厂，1931年被荣氏家族收购。吴昆生执掌三新纱厂后，与厂内工程师吴士槐协调，把一个老旧陈腐的"棉厂始祖"办得生机勃勃，在抗战期间逐步发展成为全国规模最大、新机比重最高的纱厂。吴昆生发迹后就将永嘉路590号的房子买了下来，成为自己的寓所。

吴昆生有一儿一女，儿子吴中一也是一位工商好手，他1920年赴英国波尔顿纺织学院学习，回国后进入上海申新九厂，先后担任工程师、襄理、协理等职务，1942年后兼任该厂创办的中国纺织染专科学校主席、校董、教授，后来还担任过中国纺织工学院副院长。上海解放前夕，吴中一随其父携全家迁往香港，在伟纶纱厂任常务董事，吴昆生任董事长。1949年8月，吴中一抱着一颗赤诚的爱国之心，由香港返回上海，参加国家建设，并继承了父亲永嘉路590号的豪宅。他把在港资金陆续汇回上海，投入上海的企业。1950年，上海申新总管理处成立，吴中一被聘任为申新总管理处副总经理。1955年9月，申新九厂实行公私合营，吴中一任申新九厂厂长，不久又被委任为上海棉纺织工业公司副总经理。1961 年起，吴中一担任民建上海市委副主任委员，1964 年被选为第三届全国人大代表，永嘉路 590 号的别墅便成为他接待外宾的地方。

1972 年 12 月，吴中一去香港探亲，后因父亲吴昆生在港病重，他留居香港，任伟纶纱厂有限公司董事长。永嘉路 590 号的住宅就留给了吴昆生的女儿吴盈钿。从 1945 年起，吴家在此住了将近八十个春秋。如今，偌大庭院里那株和房子差不多年龄的广玉兰树遮天蔽日，枝叶苍翠，默默守护着这幢老宅。过道边的门灯还是当年旧物。

2015 年 8 月 17 日，上海市人民政府将永嘉路 590 号公布为市优秀历史建筑。

哥东弟西的大宅门

钱宗灏

　　寻找永嘉路 598 号和 600 号并不困难，它们就在岳阳路和乌鲁木齐南路之间，永嘉路的路幅北侧，但要窥见院墙里的房子却很有些难度了，高高的院墙和茂盛的树冠挡住了路人的视线，两扇常闭的黑漆铁门更是让人望而却步。我敲了敲门，无人应答。想起在芝加哥橡树园参观现代建筑大师赖特的故居时，导游曾一再叮嘱的话："这里的住宅都没有围墙，但我们千万不能踏入其他房子的草坪并且东看西看，否则会很麻烦！因为那些都是私人领地。"于是便作罢了。

　　好在网上能找到 598 号和 600 号房屋的一些照片，那是两幢外观形式相同、材料相同、建造时间也相同的花园住宅。两幢房子左右并列，一看就能猜出是品味也相同的兄弟俩合造的私宅，哥东弟西，合用着前面的一个大花园，可见建造房屋时的两兄弟关系融洽且都收入颇丰。其实上海像这种过去留下来的大住宅并不少见，譬如南京西路紧邻铜仁路东边的市外办，原先就是永安公司老板郭氏兄弟的别墅。永嘉路的这两幢房子虽然比不上郭氏兄弟的豪宅，可体量放在那儿，气派也是蛮大的。内行的人看得出来建筑是三层的砖混结构，外墙是素面水刷石抹层，然后上嵌横向的细槽的工艺，做出仿石的视觉效果。据记载，房屋建于1936年（亦有说建于1942年），那时候现代风格的住宅已经渐次开始在上海流行了，但传统上的砖墙红瓦依然是大多数人认可的建筑形式，尤其是部分上了年岁的成功人士，他们一方面觉得需要顺应潮流，不要显得老气横秋；另一方面也觉得日常居住需要力求安稳，要符合自己的趣味和生活习惯，毕竟置办一处家宅也是笔不小的支出，于是乎便有了这种混合式的建筑形式，它称不上是一种风格，却也不乏其例，我们姑且可以将其归入"海派建筑"一列。

一眼看去，这两幢房子的主立面似乎都具有现代建筑的特征：如不讲究构图的对称，主入口位于房屋的一侧，呈时兴的扇形；顶部有平整的女儿墙，还刻意砌筑了一道压檐，给人以平顶的现代建筑的感觉；正面有弧形前出的楼体，正好形成一楼和二楼的室内厢房空间，三楼则退为阳台，使卧室里的人可以开门出来享受清晨的阳光和空气。然而这种布

永嘉路598号（右）、600号（左）主立面

永嘉路 598 号（左）、600 号（右）背面

局等于是将国人传统的居住空间巧妙地包裹上了一件时髦的外衣，离真正意义上的现代建筑还有不小的差距。关于真正的现代建筑，其理论的主要代表人物勒·柯布西耶在 1926 年出版的《走向新建筑》一书中，就旗帜鲜明地提出了需要具备五项要素：1. 底层的独立支柱（即底楼透空，人或汽车可直接进入建筑内部的各功能区间，如车库、楼梯、电梯、厨房等）；2. 屋顶花园（可以跟自然界亲密接触）；3. 自由的平面（不必拘泥于整幢房屋的朝向，按照每个房间的使用功能来布置）；4. 自由的立面（是自由平面的必然结果，也是打破古典对称法则的表征）；5. 横向长窗（可以最大限度地将阳光和新鲜空气引入室内）。

对照之下，永嘉路 598 号、600 号住宅只是勉强具备了上述第 3 项和第 4 项要素，即便同西面不远处的高安路 18 弄 20 号原荣德生旧居相比，也有距离。可不，当我们看了建筑的侧面照片，被前面墙体遮掩的红瓦屋面便一目了然，孟莎式的坡屋顶还十分陡峭，两侧屋面开了棚式老虎窗，那是为了三楼顶层的房间内部空间不至于显得局促和满足通风采光的需要。

二层有长条形挑出的阳台，水泥模筑的铜钱纹饰迎合了主人世俗的一面。建筑主入口精致的弧面大木门较为罕见，入内为一圆形门厅，室内全部实木装修，局部墙面和地面铺装彩色嵌花水磨石，楼内布局简明，房间宽大，铺地与楼梯基本完好，部分厨卫设备至今仍有留用，房屋总体保存较好，局部略有改建。

可惜我没能查找到建筑的设计师。不过大概率是位华人建筑师，他为甲方考虑得非常周全，真可谓面子和夹里全有了，很符合上海人既讲面子又讲实惠的特点。根据2007年第三次全国文物普查人员收集的资料，该处住宅原系旅居菲律宾的华侨郑氏兄弟所有，"文革"期间曾为部队征用，后归还，现两宅皆由郑氏后人居住。又据网上资料显示，永嘉路600号曾是现代女画家唐蕴玉的旧居。唐蕴玉1942年至1980年居住于此（有说是1942—1972年），整整有三十八年，后移居美国。这么长时间居住在这里按常理来说就是女主人了。网上有文章称她的丈夫郑揆一（1905—1994）原籍福建永春，巴黎大学博士，曾任国民参政会参政员。他们住的是600号，即西面的一幢，据此推测郑揆一、唐蕴玉夫妇应该有一位哥哥住在东面的一幢房子里。可以肯定的是，两幢房子里都发生过许多悲欢离合的故事，只是时过境迁，如今都已湮没在岁月的灰烬中了。

另经查法租界公董局地政处档案获知，当年西爱咸斯路598号、600号业主买下建房基地F.C.13214号地块后，由于四止均不临街，申请不到门牌号码，无奈只好再出高价买下其南面的F.C.13219-I、F.C.13219-O、F.C.13219-L三小块地，使之南出西爱咸斯路，这才向路政处申请到了 598 号和 600 号门牌。而出售方的 F.C.13219 号地块，从拥有者的姓氏看，应是当地的"原住民"。原来他家是有很大的一块地产，公董局 1918 年辟筑巨福路（今乌鲁木齐南路）时征用了其西侧的一部分土地；1920 年辟筑西爱咸斯路时又征用了一部分，一分为二后，造成 F.C.13219 地产横跨于道路两侧的局面。土地所有者虽然损失了不少面积，但因临街地产可用作商业开发，单价高，于是土地主人将地块分割成 14 小块重新登记，从 F.C.13219-A 到 F.C.13219-O（中间有跳过的字母），慢慢出手，收入用以维持整个家族的经商、教育开支和贴补日常生活。从 1948 年福利公司编辑出版的《上海市行号路图录》中可以看出他家还有剩余的空地没有出手，而永嘉路 612 弄何合坊、乌鲁木齐南路 111 号到 143 号一带均为两层楼的沿街铺面房子。

油画女杰唐蕴玉旧居

宋浩杰

永嘉路 600 号建于 1936 年，为独立式花园住宅，坐北朝南。走进大门，是一个占地面积不小且又相当精致的花园。花园中绿木葱郁，花园北面是一幢三层砖混结构建筑，建筑占地面积 480 平方米。

600 号建筑独具匠心，建筑主立面带有明显的现代派特征，顶部板墙遮盖住后部的红瓦屋面，后部坡顶极为陡峭，两面开有棚式老虎窗。南立面局部前凸，建有半圆柱结构一直贯通三层，柱面上设置多个三联式大钢窗，顶部为半圆形小阳台。二层西侧另有长方形阳台，水泥浇筑的铜钱纹饰栏杆。外墙全部采用水刷石，横向开有细槽。建筑主入口建有圆柱形门厅，精致的圆弧面大木门较为罕见，局部墙面和地面装饰以彩色镶嵌花色水磨石，楼内布局简洁明了，房间宽敞，铺地与楼梯基本完好，部分厨卫设备至今还在使用。

1942—1980 年，著名现代油画家唐蕴玉在此居住。1980 年后，唐蕴玉夫妇移居美国。

唐蕴玉（1906—1992），江苏吴江人。20 世纪 30 年代前后，被誉为上海"油画四女杰"之一。唐蕴玉早年毕业于上海神州女子学校美术科西画专业，师从陈抱一、王济远、

永嘉路600号南立面

关良等知名画家学习西洋艺术。1926年1月底，唐蕴玉等人东渡日本考察艺术教育。1927年，唐蕴玉应王济远之邀随同柳亚子夫妇再次赴日本。在日本期间，唐蕴玉师从石井柏亭、满谷国四郎等日本油画家继续深造，作品曾入选东京美展。日本画家桥本关雪誉其为"中国江南一才女"。1928年，唐蕴玉加入上海西洋美术团体艺苑绘画研究所。该所由朱屺瞻、潘玉良、王济远、李秋君等发起组织。成员有王亚尘、张聿光、徐悲鸿、张大千、颜文樑等知名画家。同年底，唐蕴玉在沪举办"唐蕴玉洋画展"。1929年，唐蕴玉在其文章《寸感》中说：

> 我对于洋画不敢说有什么深刻的研究，但是自己的兴趣，却可以说是很浓厚的。……后来渐经陶冶，觉着绘画的兴趣比什么都纯洁，能够把一切的烦恼消除，……画的成功，当然以取材、色调、结构为根本，

唐蕴玉与石井柏亭妹妹

我尤感觉到绘画的色调，可以表示各人的个性。像歇妄纳（Chavannes）喜用静雅的色调，时时露着悲感；蒙耐（Menet）的风景色调，喜画鲜明的苍空，时常表现强烈的日光。这两画家用的色调不同，但是各有各的特长，各有可以使人佩服的地方。我对于这两画家的色调都喜欢，不过在无形常喜用冷色的，我不敢说用了Chavannes的色调，就可以说好，这也是表示我个性的趋向罢了。至于其他画家，都有各人的生命存在里面。

《寸感》刊登在 1929 年《妇女杂志》第十五卷第七号（教育部全国美术展览会特辑号）。1930 年，唐蕴玉辗转万里赴法国入国立巴黎美术学院学习，在莱勃和沙巴特画室专攻油画，后在画家鲁特工作室进修。假期中，唐蕴玉游历荷、比、英、意、德、瑞士诸国，考察和研究欧洲美术。在法国留学期间，其作品相继入选巴黎国家春季沙龙、秋季沙龙及杜而利沙龙。

1938 年，唐蕴玉与家人一同从法国途经香港返回上海，先后在上海新华艺术专科学校、上海美术专科学校教授油画，同时还致力于美术作品的创作和研究。1946 年 5 月，假上海大新公司画厅举办第二次个人西画展，作品达百余幅，蔚为盛事，展出后深受参观者好评。

中华人民共和国成立后，唐蕴玉继续在学校承担美术教育工作。先后在上海向明中学、上海建春女子中学、上海长乐中学任教。

1980 年，唐蕴玉和丈夫郑揆一离开上海，移居美国洛杉矶。在洛杉矶期间，唐蕴玉参加美国南加州美术协会并参展，参加大洛杉矶华人文化艺术活动中心举办的"洛城名家书画联展"，参加南加州华裔百人书画大展，还入选美国洛杉矶艺术家雅集。

1992 年，唐蕴玉在美国去世。翌年，南加州华人美术学会、美国加州中华艺术研究会、美国中国书画学会联合举办的"唐蕴玉油画遗作展"在美国洛杉矶中国文化中心揭幕，参观者络绎不绝，媒体报道也十分踊跃。唐蕴玉的油画被公认为具有"融合东西艺术精华，创造个性独特绘画"的风格。

她曾工作过的上海市长乐中学得知她去世的消息后，写信给她的家属：

亲爱的唐蕴玉老师家属：

你们好！得知唐蕴玉老师去世的消息，我们全校师生都非常悲痛，谨向你们致慰，并请节哀顺变。唐老师是我校的美术老师，她在职期间，教学认真、工作踏实、具有很高的教学水平，她热爱学生、待人热情、深受我校师生爱戴和尊敬！我们和唐老师虽远隔重洋，但她的音容笑貌犹在我们眼前，她对学生的谆谆教诲，对同事团结友爱，她热爱祖国、热爱学生、为人师表的高风亮节的好品德永远留在我们的记忆中。现在唐老师去世了，我们失去了一位好长者、好老师，我们在唐老师曾经工作过的地方——上海市长乐中学表示我们的哀痛和悼念。

上海市长乐中学

1992 年 12 月 21 日

关于唐蕴玉的画风，1996 年出版的《吴江近现代人物录》中《唐蕴玉传记》篇有一段文字是这样表述的：

> 她崇尚印象派画家西赞、凡·高。她的作品苍劲有力，无女性的柔软之风，色彩鲜明、纯朴、无夸张奇异。她的静物和风景画最能表达大自然的优美。她常利用旅游休假，描绘祖国各地的风光。……

在中国现代美术史上，具有在日本与欧洲的双重留学背景的画家是不多见的，而唐蕴玉即是其中的佼佼者。唐蕴玉的艺术生涯是中国现代美术历程的重要缩影，唐蕴玉的美术作品也是上海城市文化艺术的重要遗产。

今天我们走过永嘉路 600 号门口时，可以看见固定在墙面上的"唐蕴玉旧居"的牌子，牌子上有一段唐蕴玉中英

唐蕴玉《黄浦江上》（水彩纸本）

文的简单介绍，挂牌时间是 2011 年。唐蕴玉旧居是徐汇区
文物保护点。

郑氏大宅

钱宗灏

　　永嘉路617号和621号是一幢面阔五间的花园住宅，沿中轴对称分布，整体平面呈"山"字形，建筑北面沿永嘉路的围墙上开有两个门洞，东面的是617号，西面的是621号，原来在建筑的南面有一个颇为宽敞的花园，可惜如今花园已拆分消失，617号和621号之间也做了硬隔离。现在617号的三层主楼和位于其东侧的二层辅楼已经按原貌修复，并以"禽蛋大王故居"的名义对外出租。

　　看见网上有文章说这幢房子建于1906年，入口处上方墙上也赫然镶嵌着"1906"的铜牌子，我不禁愕然，那一定是搞错了，1906年这里连路都还没有，如何建得了这样规模的房子？网上还有多篇文章说这里曾是民国蛋业大王阮雯衷（一作阮文衷）的故居，甚至还有关于房屋主人详细生平的记叙，连百度地图上也有这样的标记。但政府主管部门至今没有表态，更没有挂牌。

　　我因为是宁波人家的女婿，早前曾听得岳母讲起过"蛋大王郑大班"的故事，知道在近代上海的确有被称为"民国蛋业大王"的人，但不是阮雯衷，而是另一位宁波人郑源兴。其实细读网上的文章，就能发现阮雯衷的商业活动主要发生在清末，并且主要从事的是粮食业而不是禽蛋业，他的"大本营"也不是在上海而是在汉口。

网上的文章还叙述了这样一个细节：阮雯衷在各地的工厂频繁被抢掠勒索，专用铁路车皮也被军阀强行征用，以致运输中断，各厂相继停工。一战结束后，阮雯衷最终因为外商找各种借口对产品退货、索赔、拒收而倒闭破产。

一战结束的时间是 1918 年。那么，会不会是阮雯衷破产后这幢房子被郑源兴买下来的呢？我向上海社科院甬商研究中心的朋友打听，朋友建议我读一读上海社科院出版社出版的《郑源兴：中国人的企业家 1891—1955》一书，并说：这书是郑源兴的女儿郑爱青忆述、外孙女戴丽荣整理的，真实可信。

我于是找书来看，发现书中居然用了整整一章的篇幅记叙在这幢大宅子里面发生的许多故事……

> 永嘉路 617 号大宅在一块还没有开发、四周都是棉花田的土地上建造。房子和花园共占了永嘉路 617、619、621 三块屋地的面积。法国人把这一带纳入租界区不久，源兴便把这块土地买下。永嘉路颇长，当时叫西爱咸斯路……

这则史料告诉我们：房子从一开始便是郑源兴自己造的，这就否定了是从阮雯衷手里买下来的可能性；我们知道这一带被纳入法租界的时间是 1914 年，那么郑源兴买下这块土地的时间约是 1915 年，这也就间接否定了房子建于 1906 年的说法。

源兴有个梦想，他要建造一幢可以跟英国宏伟大宅媲美的房子，这横跨 617—621 三块屋地的大宅把他的梦境变成真实。爱青还记得那英式建筑设计，代表着均衡协调、光明正大的理念。建材大部分从英德两国输入，质量耐用，因此房子至今仍然屹立如昔。

爱青是郑源兴的女儿，少不了从小就听她父亲讲过许多故事。确实，从网上披露的多幅照片来看，房子的室内设计全部是英式的，特别是顶层架起屋面的木构架，一望便是典型的英国豪式屋架，但从整幢建筑的外观上看，则不能一言以概之了。

我们试着来辨析一下这幢建筑的设计特点，发现它还是融汇了多种历史因素的。先从它立面中轴对称的构图来看，整体是偏古典风貌的，屋顶上的栅式老虎窗倒是英国式的，但孟莎屋顶却是法国式的，而南面通往花园的弧形多级台阶和二层中部的弧形落地窗洞则明显是受到了巴洛克艺术的影响。因此，如果我们简单地定义它是英式的或者法式的，那就有点片面了。

这大宅最漂亮的时候，正门入口是位处中央的 619 号的大门。汽车从 621 号的栅门驶进，乘客在 619 的门前上下车后，再驶出 617 的栅门离去。

好有仪式感啊！这句话告诉我们为什么现在没有永嘉路 619 号了，因为大宅最漂亮的时候已经过去了。

接下来的问题是这幢大宅子究竟建于哪一年？我们知道永嘉路是 1920 年辟筑的，在没有道路的情况下建造这样的房子，甚至还造了有车库和司机宿舍的辅楼显然是不大可能的；而 2009 年第三次文物普查时的记录是"建造于 1935年"。但他们没有给出史料来源，故也不足信。

我个人的判断是建于 20 世纪 20 年代中期。这主要是从建筑的风格上作出的推测：折线形的屋顶，偏古典的造型，较为封闭的室内空间，还有巨大的体量，这些都符合那个时期人们对豪宅的理解。如果是 20 世纪 30 年代，建筑的平面和立面设计都会趋向于活泼和自由，体量则会相对缩小，窗户一般设计得更为宽敞，用以提升阳光和空气对室内环境的正面影响。当然这一切还有待历史资料的证实。

果然，找到书中的记录了：

> 蕉影母亲和婶母们在 1928 年没有跟随源兴搬去 617号。她们各自返回杭州或慈林……

蕉影是郑源兴的妻子，郑爱青的忆述中当然称她为母亲。可这句话对今天的我们来说最重要的是知晓了这幢大宅子的竣工年份。

接下来书中还讲述了发生在这幢大宅子里许许多多快乐的和悲伤的故事。感兴趣的读者们可以找来读一读，我就不赘述了。

据网上文章透露，2010 年永嘉路 617 号（约占整幢房屋的 2/5）住宅被神秘资本以 5 800 万元的价格收入囊中，精心修缮后，又以"蛋业大王故居"的名义推出招租（不料大王的名字却弄错了）。我觉得这些都应视作是商业营销的手段而不是严肃的历史。当然这些也都无可厚非，资本天生就是逐利，不必过分在意。我对他们精心修复历史建筑的行为持赞赏态度，并希望他们一直维护好它。

在捋清了事情的缘由之后，我忽然又生出了惦记郑源兴后人们（书中说他们多数居住在海外）的想法，他们知道永嘉路617号故居的主人成了阮氏后会不会很生气？

> 1937年左右，妙香和一个高大英俊的阮姓青年结婚……学俊和爱青远在英国，源兴和蕉影只有靠妙香为伴。妙香是他们终身亲密的外甥女，直至2011年仍居上海。

这里提到的学俊是郑源兴的儿子，妙香是郑源兴一位早逝姐姐的女儿，从小由郑源兴和蕉影夫妇抚养；这位阮姓外甥女婿会不会正是现在永嘉路617号被当成是阮氏故居的关键性人物？暂时我还没找到答案。

都说孤证不足为凭。我期待除了郑爱青的回忆之外，还能发现其他证据来证明永嘉路上这幢大宅子确实是郑源兴的故居。抱着这样的想法，我尝试查找其他历史资料。结果617号没能查到，另一半的621号却收获满满。从1932年至1939年，在《字林报行名簿》上记载的621号房屋主人，都是Mr. & Mrs. R. Picozzi，男主人的身份写的是伦敦Oveseas Egg & Produce Co.的经理，这家公司的中文名称叫海昌公司，地址在黄浦路44号。再继续往深处找，发现海昌公司原来还是茂昌股份有限公司（China Egg Produce Co., Ltd）在伦敦负责销售的分公司。到1936年后，Picozzi甚至还担任了茂昌股份有限公司的副总经理。当然总经理是郑源兴（Y.S. Cheng），他还是茂昌公司的董事长，真正的民国蛋业大王。

我将找到的史料跟郑爱青的回忆相互印证，找到了这么一段话：

> 源兴搬进 617 号时，以为房子里将会满是亲戚朋友，但不久便发觉许多房间都长时期空置着，刚好潘国祺要找新居，于是他决定把大宅两翼中的一翼 621 号租给潘国祺。为了让潘国祺有一个绝对私人的空间，源兴在 619 号通往 621 号的走廊上竖起了一堵分隔墙。

这里提到的潘国祺正是 Picozzi 的中国名字！郑源兴在 1932 年前就把 621 号租给了他的好友兼助手了。到此，主证、旁证都齐备了。

潘国祺也是个有故事的人。他在英国有妻儿家庭，到了中国后又娶了一房太太，还生了个混血女儿叫阿琼，只比爱青小一岁，说得一口宁波腔的上海话。加上妙香，三个女孩子成天玩在一起，好不快乐。不过潘国祺的中国太太常常因为丈夫给英国妻儿寄钱而发脾气、摔盘子，弄得三个女孩子很害怕。后来潘国祺因酗酒死在了自己汽车里，郑源兴一手操办了他的丧事。不料他的英国太太通过律师要去了全部遗产，中国太太一文未得。郑源兴又给了她们母女一大笔钱。

我还从书中读到了当时郑氏大宅里上上下下都称郑源兴为"郑大班"。这称号肯定也传到社会上，无怪乎我的岳母也跟着这么叫。

郑源兴的茂昌股份有限公司地址在虹口黄浦路 229 号，是一家专门生产蛋制品的公司。因为新鲜鸡蛋不易保存，工厂就把收购来的鸡蛋打碎，将蛋液搅拌均匀后灌入纸盒，冰冻成 40 磅和 1 磅重的方块固体蛋，前者出售给食品加工厂，后者投放市场供日常销售，或采用机械喷粉工艺将蛋加工成干蛋粉产品出口，这种冰蛋以前在上海市场上也有销售，但不甚受欢迎，主妇们买来后往往要打入几个鲜蛋才好做菜。

关于茂昌股份有限公司，《上海副食品商业志》中有较为详细的记载，以下也摘录数段：

> 民国 12 年，蛋厂能勉强支持的仅三五家。同年，华商承余公司与葡商茂昌洋行合资，以承余顺记蛋业公司为基础，集资 20 万银元，建厂于黄浦路，制造冰蛋、干蛋、湿蛋等蛋品，并自营出口业务。为取得"厘金税"豁免权，经理郑源兴花钱加入葡萄牙国籍，以葡商名义向上海葡国领事馆申请注册，公司改名茂昌蛋业股份有限公司。

这则史料告诉我们：茂昌股份有限公司的名称源于葡萄牙商人开设的茂昌洋行，但基础是郑源兴的余顺记蛋业公司。

> 民国 14 年，国际蛋品市场形势好转，各蛋厂纷纷复业。茂昌于是年扩建冷库，经营冰蛋出口业务。民国 16 年，茂昌在英国伦敦开设海昌公司销售蛋品，由于质优价廉而驰骋伦敦市场。是年，因"厘金税"废止，茂昌遂摘去葡商牌子，恢复中国国籍。

这则史料告诉我们：1927 年，茂昌股份有限公司正式以华商身份迈入国际市场。

> 茂昌蛋厂却以其精明的经营手法，在同外商蛋厂的

竞争中不断发展。茂昌筹建初期，适逢美商大美制冰厂歇业招盘，茂昌乘机购进其冷藏、制蛋设备，留用其生产技术人员，高薪聘用该厂技术权威美籍工程师卡尔登负责厂务管理和生产技术工作；又聘用英国人分别担任业务、交际主任和海昌公司经理，以打开外销销路。

这则史料告诉我们：郑源兴办厂格局很大，有熟悉业务的外国专家帮衬，颇具国际眼光。

民国22年，上海成立中国冰蛋业公会，8家蛋厂协议对英国出口冰蛋的份额和冷藏舱位的吨位时，茂昌蛋厂占33%；还独享英国13家蛋品进口公司的专利权，使上海蛋品出口额一跃成为全国首位。

我又查了1935年版的《上海市年鉴》中的"名人录"，里面记载的郑源兴身份是：浙江奉化人，年45岁，上海市蛋业同业公会暨冷气机冰业同业公会主席、委员，茂昌公司董事长兼总经理。

以上两则史料告诉我们：除了郑源兴，还有谁能够得上"民国蛋业大王"的称号？

百度百科"郑源兴"条下有这么一小段记载："1938年遭侵华日军拘禁，为躲避日商三井洋行迫其'合作'，更名迁至法租界独立经营。"

永嘉路617号、621号属于当时的法租界，茂昌更名迁至法租界独立经营的那家实体是否就在这里？2009年文物普查小组的记录上有"一度用作办公"这句话，应该是来自当地居民口述，正好用来印证百度百科中的话。

接下来百度又加上短短一句话交代了郑源兴晚年的经历："抗日战争胜利后，恢复公司原名。1948年冬去香港筹建分厂，1950年返上海，被外贸部聘为中国蛋业公司顾问。1954年，茂昌蛋业公司实行公私合营，任董事长兼副经理。逝于上海。"

在郑爱青的回忆中，其父亲晚年似乎已是千金散尽，父母一度靠出租西边房子的月收入80元生活。郑源兴1954年中风，1955年5月去世。一代蛋业大王的故事就此落幕。

烟波万里五湖心：顾毓琇故居小记

周立民

一

永嘉路不宽，各种车辆混行，拥挤，喧嚣，不清静，烟尘滚滚，不太适合散步。然而，在阳光暖照的季节，我还是喜欢骑一辆共享单车，默默汇入车流，在疾驰中感受都市流动的韵律。有时候我也忍不住停在路边，掏出手机拍一拍对面比我岁数大得多的小洋楼，遥想当年里面发生的各种故事。很快，思绪又回到眼前，上海不是世外桃源，人间闹市本也是它真实又重要的一面。上海跃动的脉搏带着烟火气，正如黄浦怒潮，泥沙俱下，也汹涌澎湃。上海不是电视剧里那般流光溢彩、雍容华贵，而是一幅铅笔画，不着一色，却世俗有味。

记不清哪一年走过永嘉路，经过 555 号，墙上有牌子写的是"翻译家罗玉君故居"，头脑中浮现的是她翻译的《红与黑》的封面。再往前走，623 号，一幢高高耸立的小洋楼，是顾毓琇故居，牌子上写着：教育家、科学家……我首先想到的是，他在抗战胜利后当过上海市教育局局长，李健吾等人创办上海市立实验戏剧学校，顾毓琇在其中起了很大作用。这是上海戏剧学院的前身，现在校园里还有他的雕像和毓琇楼。我去无锡，见过顾毓琇纪念馆的牌子，原来他出身江南无锡世家，到顾毓琇这一辈，兄妹七人，曾有一门五博士的传奇：顾家长子毓琦为德国汉堡大学的医学博士，次子毓琇为美国麻省理工学院科学博士，三子毓瑔为美国康奈尔大学哲学博士，四子毓珍为美国麻省理工学院科学博士，五子毓瑞为台湾文化大学博士。这样的阵容，大概只有梁启超家的子女可以匹敌吧。

对于"教育家"顾毓琇，我最初的了解仅限于他在上海交通大学讲过微积分，据说上台讲课不带书，不用讲义，全部都记在脑子里。后来通过资料发现，顾毓琇对中国现代教育史的贡献不应低估。1929 年留学回国后，他担任浙江大学电机工程系教授兼主任，中央大学工学院院长，清华大学电机工程系教授兼主任、工学院院长。他还担任过国民政府教育部次长、中央大学校长、国立政治大学校长，兼任国立音乐学院院长、中央大学教授、交通大学教授……这样的履历，桃李遍天下也是自然而然的事情。顾毓琇任清华大学工学院院长时，钱伟长是清华的学生；他创立中国第一个航空研究所，钱学森是这个所招收的航空专习生，后来也是由清华送往美国深造的。朱棣文获得诺贝尔奖后，他的母亲感谢顾毓琇："这次小儿棣文得了诺贝尔奖全靠了您的指教。"不仅在学界，即在其他各界，顾毓琇门下也是人才辈出。他在美国居所的客厅挂着两岸高层的题词，两位都算是他的学生，他也曾戏言："两岸早已在我家客厅完成统一。"

教育，是春风化雨；科学，是实验室里的呕心沥血。这些都不是街头摇曳多姿的花草，绚烂易见。更何况，隔行如隔山，对于"科学家"的顾毓琇，我的了解多来自现成的说法：留学期间，顾毓琇发明了四次方程通解法，这是基础数学领域的突破性成果。至今，用计算机求解方程的算法沿袭的仍是"通解"的思路。他还发明了"顾氏变数"，为国际科学界瞩目。留学归国后，他创立《电工》杂志，发起成立中国电机工程师学会，被推举为会长，还被选为中国工程师学会副会长。20 世纪 50 年代，他开创了非线性控制理论的先河。

顾毓琇一生游走于政学两界。从学界精英到政界领袖，他都有来往，头上也不乏院长、校长、次长等头衔，难得的是，他并未因此失去书生本色，孜孜以求的仍是学术研究。1938 年 1 月，顾毓琇出任国民政府教育部政务次长，担此重任，他的初衷是："既然处在战争时期，若政府有令，本人当在所不辞。"（《一个家庭，两个世界》）国有难，书生全力报国。而 1945 年日本投降的消息传来，8 月 16 日，他便辞去中央大学校长的职务，"以我个人之见，我宁愿回到教书、研究的生活中去……"他并不贪恋权位，书生本色，科学家本质。不料，随即他又被任命为上海市教育局局长。从世俗上讲，这是弃高就低，由一个中央的职务，变成地方的官员，他没有推辞，他的考虑是："然而，上海新政府又面临着为四百万人民提供初等教育、中等教育乃至高等教

抗战时期的顾毓琇（摄于中央大学）

育的艰巨任务。前清华校长周贻春（后任农林部部长、卫生部部长）曾在私下里对我接手此职深以为许。如此多的旧校需要维修重建，如此多的新小学校将在城区和乡村建起，在上海市民的热情支持下，这一切均得以实施。据《国民教育法》，各地均应设立小学，所有适龄儿童都应接受免费教育。这里我还要提到，除了初中和师范学校之外，我还创立了纺织技术学院和上海戏剧专科学校。"（《一个家庭，两个世界》）个人的名利得失在次，社会的需要是首位的，那一代知识分子的胸怀、情怀、承担，常常让我感动。

每一次，走过永嘉路 623 号时，我总不免向它投去尊敬的目光。

二

科学家，教育家，很长一段时间，我忽略了顾毓琇与文学的联系。"顾毓琇"这个通行的名字迷惑了我，竟忘了他就是"顾一樵"啊，这才是学习现代文学的人更熟悉的名字。小说《芝兰与茉莉》及《荆轲》《项羽》《苏武》《西施》《琵琶记》《国手》《国殇》《天鹅》《古城烽火》《岳飞》等戏剧，都是出自他之手。还有七八千首诗词歌赋，据说他是仅次于陆游的多产诗人。

20 世纪初，古老的中国在转型、在新生，文学就是青春中国的玫瑰梦，哪怕像顾毓琇这样一位科学家，也有"顾一樵"的文学情怀。多年后，他们回忆青春岁月的时候，年轻时代的歌吟仍然是纸上跃动的音符。最令我难忘的是，他们留学时在轮船上办墙报和在美国演《琵琶记》这两件事，冰心、梁实秋、顾毓琇（顾一樵）都曾提起过。

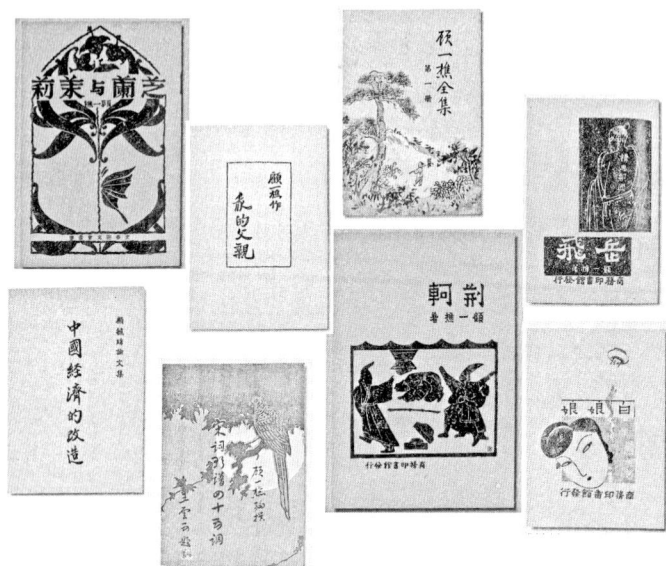

顾毓琇部分著作书影

这要从 1923 年自上海驶往西雅图的美国游船约克逊号说起。这一船，坐满了赴美的中国留学生，燕京大学的有冰心、许地山，还有后来成为顾毓琇顶头上司的教育部长陈立夫，而清华大学的留美学生有一百多名，这些人大概少有泛泛之辈，据顾毓琇后来回忆，其中有：政治学家翟桓、张忠绂，天文学家张钰哲，将军张治中、孙立人，建筑学家陈植、梁思成，学者全增嘏、方重、谢文炳，植物学家李先闻，文学家梁实秋，农业专家孙清波，电影导演孙瑜，社会学家吴景超、吴文藻⋯⋯（《一个家庭，两个世界》）

这群精力充沛的年轻人岂能让两周海上的时光虚度，文艺分子摩拳擦掌办起了墙报。

冰心回忆："这次船上的清华同学中，还有梁实秋、顾一樵等对文艺有兴趣的人，他们办了一张《海啸》的墙报，我也在上面写过稿，也参加过他们的座谈会。"〔《我的老伴吴文藻（之一）》〕"梁实秋是吴文藻在清华学校的同班同学，我们是在一九二三年同船到美国去的，我认识他比认识文藻还早几天，因为清华的梁实秋、顾一樵等人，在海上办了一种文艺刊物，叫作《海啸》，约我和许地山等为它写稿。"（《悼念梁实秋先生》）

梁实秋则用"兴致勃勃"来形容："在海船上摇晃了十几天，许地山、顾一樵、冰心和我都不晕船，我们兴致勃勃地办了一份文学性质的壁报，张贴在客舱入口处。后来我们选了十四篇送给《小说月报》，发表在第十一期（十二年十一月十日），作为一个专辑，就用原来壁报的名称《海啸》。其中有冰心的诗三首：《乡愁》《惆怅》《纸船》。"（《忆冰心》）

顾毓琇也提到他们的成果刊在《小说月报》上："上船以后，与冰心女士初次见面。舟次编海上壁报，有文艺栏《海啸》，先在《小说月报》第十四卷第十一号发表，后由商务印入《小说月报丛刊》，内容有冰心、实秋、地山的诗，地山短篇三篇及我的短篇《别泪》，实秋译诗及我译哈姆生《什么是爱》。"（《百龄自述》）

《小说月报》很看重，刊出前一期对此还做了预告："落华生与冰心女士诸位，已于今年八月间到美国去。他们在碧海青天、波涛灏莽的境地里，出产了不少的文学作品；在他们到了美国时，立刻便把他们的这些产品寄给本报。这些稿子共有十四篇，有的是诗，有的是小说，总名为《海啸》；……全稿在十一号本报上发表。想读者一定要很愿意赶快的看见他们。"（《最后一页》）翻开当期《小说月报》，这组《海啸》，刊头上端是"海啸"两个大字，下面是大海、轮船、海鸥图画，中间还有小字："约克逊舟中，太平洋上，几个旅客的小品"……留学生活的开端，海上漂泊的浪漫，青年时代的纯真友谊，青春时代的多愁善感，这都是终生难忘的记忆。何况，冰心正是在这船上结识了她的终身伴侣吴文藻。

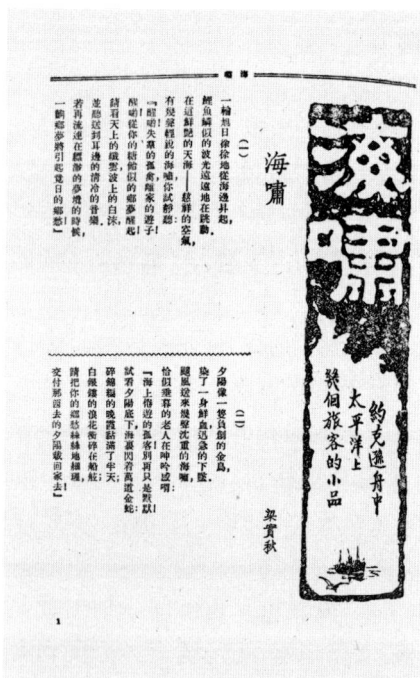

《小说月报》载《海啸》专辑书影

　　到了美国，一船人各奔东西，却没有中断联系，一部分人还组成一个小社团"湖社"，"那可以算是一个学术组织，因为大家专业不同，我们约定每月一次，在慰冰湖上泛舟野餐，每次有一位同学主讲他的专业，其他的人可以提问，并参加讨论。我记得那时参加的男同学有哈佛大学的陈岱孙、沈宗濂、时昭涵、浦薛凤、梁实秋，和燕大的瞿世英。麻省理工大学的有曾昭抡、顾毓琇、徐宗涑等。有时从外地来波士顿的中国学生，也可以临时参加，我记得文藻还来过一次"（《在美留学的三年·补记》）。

1925年3月28日，不知谁突发奇想，要用英语演中国传统戏给美国人看。冰心回忆："选定了演《西厢记》，他们说女角必须到威校去请，但是我们谁都不愿意演崔莺莺。就提议演《琵琶记》，由谢文秋演赵五娘，由谢文秋的挚友、波士顿音乐学院的邱女士（我忘记了她的中国名字）演宰相的女儿，我只管服装，不参加演出，不料临时邱女士得了猩红热，只好由我来充数，好在台词不多，勉强凑合完场！"（《在美留学的三年·补记》）冰心演宰相女儿，梁实秋演蔡中郎，谢文秋演赵五娘，顾毓琇（顾一樵）演宰相。虽是业余，但不算草台班子吧，看他们的外援："为演此剧，诗人闻一多、赵太侔（回国后任山东青岛大学校长）特意从纽约前来相助，一多绘制布景、设计服饰，太侔负责灯光。另两位在纽约的朋友余上沅、熊佛西皆对国剧颇有兴趣，日后两人分别出任南京与上海的中国戏剧专科学校校长。"（《一个家庭，两个世界》）这是大师级的阵容。

梁实秋说，演出是在波士顿美术剧院，观众"黑压压一片，座无虚席，估计在千人左右……最后幕落，掌声雷动，几乎把屋顶震塌下来"（《〈琵琶记〉的演出》）。当然，也可以说这是美国人好奇，或例行捧场。不管怎样，这场演出在中国留学生圈里影响很大，余波阵阵。"后来顾一樵给我看了

顾毓琇夫妇探望冰心（1989 年）

一封许地山从英国写给他的信说'实秋真有福，先在舞台上做了娇婿'。"（《悼念梁实秋先生》）"一代风流薄幸哉！钟情何处不优俳？"（《实秋饰蔡中郎演〈琵琶记〉戏作柬之》）这是闻一多事后写给梁实秋的一首打油诗中的一句。冰心也有诗："朱门一入深似海，从此秋郎是路人。"这也是有典的："我饰蔡中郎，冰心饰宰相之女，谢文秋女士饰赵五娘。逢场作戏，不免谴浪。后谢文秋与同学朱世明先生订婚，冰心就调侃我说：'朱门一入深似海，从此秋郎是路人。''秋郎'二字来历在此。"（《忆冰心》）不曾得到佳人，梁实秋从此得一"秋郎"笔名，也该心满意足吧。

这场演出的主事者是顾毓琇和梁实秋。顾毓琇说："由我任中文编导，梁实秋译成英文……"（《一个家庭，两个世界》）梁实秋特别赞赏了顾毓琇的"多才多艺"："一樵真是多才多艺，他学的是电机工程，念念不忘文学。诗词、小说、戏剧无一不插上一手。他负起编剧责任，选定了《琵琶记》。蔡伯喈的故事，流传已久，各地地方剧常常把它搬上舞台，把蔡伯喈形容成一个典型的不孝不义的人物。南宋诗人刘后村的'斜阳古道柳家庄，负鼓盲翁正作场。死后是非谁管得，满村听唱蔡中郎'，是大家都熟知的一首诗。明初高则诚写《琵琶记》，就是根据这个古老的民间故事编的，不过在高则诚的笔下，蔡中郎好像是一个比较可以令人同情的读书人了。全剧共二十四出，词藻丰赡。一樵只是撷取其故事骨干，就中郎一生，由高堂称庆到南浦嘱别，由奉旨招婿到再报佳期，由强就鸾凤到书馆悲逢，这三大段落正好编成三幕，用语体写出。编成之后由我译成英文。"（《〈琵琶记〉的演出》）一个翻译莎士比亚的人如此表扬这位剧作家，应该说是不低的评价。

如今，追述这些细节，我感受到的是这群人精神的丰富，哪怕是"玩"，也玩得高雅，有趣味。

三

岁月无情，转眼间抗战的烽火就熏白了这一代人的黑发，他们风华正茂的岁月都贡献给多难的河山。抗战胜利的消息传来，顾毓琇想起老杜的"青春作伴好还乡"，不禁赋诗：

> 昊天不负我炎黄，日寇投降喜若狂。
> 万里江乡疑梦寐，八年涕泪付汪洋。
> 沙坪爆竹同欢庆，沪上萱闱岂可忘。
> 雪尽马关奇耻辱，千秋百世永留芳。

〔《和杜甫"闻官军收河南河北"》（咏日寇投降）〕

萱闱，是顾毓琇母亲的居处。顾毓琇在重庆沙坪坝与全城的人同庆抗战胜利，他的一颗心却惦念着远在上海的老母亲。1945 年 8 月 16 日，他辞去中央大学校长的职务，欲返沪团聚。无奈，还有公务在身，要到南京协助陆军总司令何应钦处理日军投降事宜。8 月 27 日，顾毓琇到达南京。思母心切，"九月二日，我乘火车以私返沪，当晚面谒老母，令老人家惊喜万分。后见大哥、大嫂、小妹、六弟等，经此多年均一切安好"（《一个家庭，两个世界》）。匆匆三日，他又返回南京，"直到本年十月，我的家人才得以乘船回到上海。我们在上海永嘉路六二三号租屋〔原法租界的西爱咸斯（Sieyes）路〕"（《一个家庭，两个世界》）。这就是今天永嘉路上的这幢房子。

顾毓琇的儿子曾描述过屋内的格局：

顾毓琇、王婉靖结婚照（1929 年 4 月 1 日）

当年的永嘉路 623 号，从弄堂进去，一楼是较大的客厅，客厅西边是餐厅，有小门通向厨房，厨房外面有一个小院，靠永嘉路有小门；一楼朝北的一小间是我父亲的书房，书房外沿马路有个车库，有门通向永嘉路。一楼房间南边是花园，有一块草坪，三面靠围墙有几棵树，阳台下有一排冬青。二楼朝南有两间各带

顾毓琇、王婉靖（1946 年摄于南京）

卫生间的卧室，东边一间是我父母的卧室，西边一间由
年幼的三弟慰华、四弟慰中居住（有需要时也可以作为
客房），这两间房南面有相通的阳台。二楼北边的房间，
由我和哥哥慰连居住。三楼是所谓的"假三层"，一间
大房间由保姆阿兰带我大妹慰文和最小的妹妹慰民居
住，这间房边上有两间贮藏室。（《永嘉路 623 号往事》）

从 1945 年 10 月到 1949 年 5 月，他们在这里住了不到四
年。然而，从顾毓琇的回忆和年表中推断，这四年中，南京
的事情仍然牵系着他，他没有停止奔波，他本人住在永嘉路
的时间有限。1946 年 3 月 25 日，为向日本索取原子能研究
设备和航空风洞，他赴日一个半月。同年 7 月底，为中国谋

取原子能研究设备等，他又赴美，后又访问欧洲，至 11 月初才归国。转过年 9 月，他就任国立政治大学校长，并在中央大学授课。直到 1949 年 3 月 10 日，国民党统治已在风雨飘摇中，他也积劳成疾："支气管严重发炎，体温极高，病情可能转为肺炎。在校医建议下，我于当晚乘夜车从南京赶到上海。大哥自己便是医生，他立刻意识到我身体状况的严重，随即为我注射大剂量盘尼西林，热始退。"（《一个家庭，两个世界》）家人在上海，工作在南京，他在两地间奔走。

这座宅子还出现在另外一个历史人物的日记中，那是清华大学校长梅贻琦。这不是偶然，他是顾毓琇的老师，1932 年 8 月，梅贻琦又邀请顾回校协助创办工学院，对顾也有知遇之恩，关系不比一般。1946 年，梅贻琦到沪办事，来顾家吃饭，也曾借住永嘉路 623 号。5 月 22 日，"七点至西爱咸斯路 623 号顾一樵处便饭，携彤同往。一樵今早始由京归，适一泉由平飞返，得晤谈。十点余归"（《梅贻琦西南联大日记》）。十天后，梅贻琦再来上海，顾毓琇"以车来接"："3:50 车开，10:50 始到北站，一樵以车来接，至顾家又进稀饭及 W.酒二三杯，一点始睡。"（《梅贻琦西南联大日记》）这一次，他住在顾家，连日来多一起活动，与顾家兄弟也多有来往。6 月 3 日，"十点余一樵自市府纪念周归，同至毛家稍坐，接彬彬、文德、三妹、安民回顾家午饭，饭后送四人各归家。小睡一时许。四点余偕一樵夫妇出门至杨树浦工专晤杨（原缺）校长；复至制麻厂朱仙舫家晤其新夫人孙静禄女士，客人中有前汪一彪夫人，现嫁郑某者。归途便至司克搭路四达里 22 号晤赵清阁、凤子，稍坐。晚七点半至八仙桥青年会联大同学会，到者亦二百余人。一樵同去，尚有郑桐荪、李宝堂在座。余与一樵讲话后已九点半，遂先辞出。一樵约至顾毓方家，系其令伯寿日，席已散，菜肴留者甚多，酒亦颇好。十一点余归顾家"。4日，"赵清阁来与顾家大小同庆端阳。……至成都路顾毓琦大夫处稍坐，偕一樵夫妇至沪西医院看蒋太太病，已起床矣"。5日，"一樵约郝更生夫妇、封季壬（凤子）、郭有守太太小酌"。当晚梅去南京，结束在沪旅程。（《梅贻琦西南联大日记》）

时代的巨浪扑面而来，击碎很多梦和现实，个人生活中的这些琐事常常在这样的翻转中化为一团水汽，瞬间就消失得无影无踪。幸好，有这笔记载，哪怕简单，还是留下了个人的一点悲欢和匆匆的身影。相对于大历史，这并非毫无意义，因为只有具体的人、面孔清晰的历史，才有真实感。

四

顾毓琇从重庆急着赶回上海，盼着见到母亲的那一刻，一定没有想到，没有几年，一家人又面临着骨肉分离的抉择。多年后，他的回忆十分平静，也许经历了太多的大风大浪，再大的剧痛都被淹没了：

> 四月二十三日，共产党军队占领南京。五月九日，我和婉靖及儿女登"中兴轮"从上海到达台湾基隆。因我身体依然虚弱，又只有极少时间安排旅程，我们所携物品不多。长女慰文不愿和我们同行，这令我和婉靖非常伤心。慰连、慰庆和我们同到基隆后即转至台北。……然而，阳明山的美景和温泉并未能阻住孩子们的离去。他们劝我们在台北—上海空中航线尚未切断之前，同意他们返回上海。家母对我离开上海极为焦虑，

她和我的三兄弟、妹妹一起留在那里，直到她的最后岁月。

五月二十五日，共产党进驻上海，慰连、慰庆和慰文一起回到那里。于是，我们处在一种独特的状态中：一个家庭，两个世界。（《一个家庭，两个世界》）

"这令我和婉靖非常伤心"，顾毓琇的表述中回避了太多的内容，多年后，他的儿子道出家里的实情，用"撕心裂肺"来形容并不过分。本来顾毓琇打算留在上海，可是5月初，蒋介石便派人"勒令"他去台湾，否则将给予"制裁"：

无奈之下，他临时决定匆匆乘船去台。临走时没有对我们子女透露一点风声，动身那天上午大妹先回到家，知道父母要走，逃了出去（解放后我才知道大妹也已入党）。我和哥哥中午才回家，得知后立即对父母表示我们不走，但因为大妹出走，我母亲正在哭喊，送行的亲戚们劝说我们送父母到台湾后再回来。在无法摆脱的情况下，我和哥哥只能同父母和弟弟妹妹一起上了船。父亲说他到台湾是为了辞职，以后打算去美国教书，如果我们不愿意在台湾多留，可以先送我们到美国留学。我们坚决表示要马上回上海，吵闹不止。经过彻夜"谈判"，父母只能同意我们离台。那时台湾和上海同属国统区，来去自由，父亲亲自送我们到机场，买了机票送我们上飞机。回上海后我又立即照常上学和积极工作。（《永嘉路623号往事》）

"哭喊""吵闹不止""彻夜'谈判'"，何以如此激烈？顾毓琇夫妇不知道，他的两个儿子和一个女儿早已参加进步学生运动、加入了共产党，跟他们分属两个阵营。在这三个孩子的道路选择中，永嘉路 623 号这座洋房起到特殊作用。家里订阅的报刊使孩子们了解时势，他们也看了不少进步小说，出于爱国心和正义感，他们开始参加学生运动。"1946 年初父亲给我们兄弟买了一台性能比较好的收音机，我们起初只是收听新闻、音乐，后来哥哥不知从哪里知道了解放区延安电台的短波频率，每天晚上收听延安可供记录的广播。我们最初只是笔录，以后哥哥又从外面拿回蜡纸、钢板、手推油印机等工具，我们开始油印广播内容和传单，由他带出去。哥哥说做这种事有被杀头的危险，要绝对保密，所以我对最要好的同学也没透露。我们的慈母觉得我们兄弟的表现多少有些异常，但她相信自己的儿子不会做坏事，给

抗战胜利后，顾毓琇全家合影

我们自由，从不干涉。"（《永嘉路 623 号往事》）

弟弟顾慰庆后来住到二楼亭子间，房间面积不大，有朝北的窗户可以看见永嘉路，有门与二楼其他房间隔开，且有小楼梯直通一楼。这种私密性大大方便了地下工作，顾慰庆和他的同志们在这里开会、宣誓入党，顾家的亭子间成了革命的亭子间，这些年轻人在这里迎来了他们的胜利。

五

1950 年 8 月 3 日，顾毓琇夫妇带着三个孩子抵达旧金山，从此开始了定居美国的生活。

大洋彼岸，他的儿子顾慰庆后来到华东局工作，平常都住在单位，只有星期天才回到永嘉路寓所，留在这里的只有保姆阿兰和他的大妹。两个儿子曾想请政府把这所房子作为"敌产"没收，政府认为顾毓琇不是战犯，未允。后来，顾毓琇的表弟王峥嵘一家在此住了两年。大约 1953 年以后，这里才被收为公房，顾家在这里的短短居住史画上句号。

顾毓琇在回忆录里写道："一九七三年，我们得以和三个孩子重逢，那时时光已经流逝了漫漫二十四年，分别两地，互无音信。"（《一个家庭，两个世界》）二十四年的分离，不知道彼此心上有多大的伤痕，然而，历史无言，并不接受责怪。

一切都归于平静，今天走过永嘉路 623 号的人们，或行色匆匆，或抬头打量一下，没有几个人会去体会悲欢离合的滋味。在历史的长河中，一个家庭的离散太普通，已经赚不来人们的泪水。只有这座房子，默默地承受着岁月风霜，默默地守护着一家人的内心秘密。

2024 年 3 月的一天，在徐汇文旅局凡老师的帮助下，我走进了永嘉路 623 号。现在住在这里的已是七八户人家，这座楼和这个院落未免显得有些拥挤、杂乱。然而，从入口处券梁的层层叠叠又不机械的红砖，从窗上铁栅栏的图案，我仍能感受到老房子的风韵。住在一楼的查先生接待了我们，他们家现在住的是顾家一楼的餐厅的位置，隔壁是客厅，原本相通，现在分属两户人家便被隔开了。据他介绍，这幢房子后来隶属中国科学院上海分院，在他们住进来之前，院领导曾在这里住过。他们搬进来已经超过半个世纪了，顾家的事情也只是存在于近年来的各种"传说"之中。

顾毓琇故居入口处

所幸，这座房子的基本样貌没有变，查先生带我们上二楼，望三楼。近年没有好好维护，混乱的电线，墙壁上的残痕，楼梯的磨损，仿佛都在提示着这座楼的苍老。二楼，应当是顾先生的卧室，亭子间里当年也有革命的火种，这些我一下子感受不到，只有时空交错之感。下楼来，有一个花园，花园中有一个小水池，周边放了很多盆花，主人甚至还搭了一个小暖棚。这是查先生母亲经营的小天地。在墙角，我看到一株还开着花的蜡梅。阳光下虽然闻不到香气，却一枝独秀，让人遐思无限。

　　靠近永嘉路这面，本来是汽车间，现在临路，是一家房产中介。原来的空阔处，后来又造出一幢不大不小的建筑，兀自挤在那里，横头横脑，也是时代写照吧。吸引我的是在两幢房子的间隙，有一棵顶天立地的银杏树，已有合抱之围。这个季节，虽然新叶未着，但是可以想象它枝繁叶茂的气势。这棵大树，在永嘉路上也一眼就能望见，仿佛是这座房子的庇护者。树下有 1986 年认定的古树名木保护铭牌，于今它的树龄有一百余年了。那么，它也见证了顾家的风风雨雨。这一面，正是顾毓琇书房所对，也是第二代年轻人居所的一侧，想起这些，我不禁对着这树站了好久。

　　走出来，空气中虽然存着一点寒意，但是三月的阳光已热情尽显。浅黄色的外墙，高高的竹篱笆，挺拔的银杏树，还有开在原来汽车库的房屋中介的宣传语："老洋房，学区房。"这与顾毓琇时代也是两个世界吧。岁月变迁，很多东西变得陌生，有些东西仍然很熟悉。望着高大的银杏树，我想起顾先生的话：

　　　　人们可以把"一个家庭"阐释为"一个神下的两

永嘉路 623 号顾毓琇旧居

个家庭"或者是"一个天国下的两个家庭",但确实存在着两个甚至三个世界——还得包括第三世界。在这太空时代,人类已经成功登上月球之后,人们希望能在宇宙中观察到若干世界的存在,但别忘了,无论人类对行星外的知识发展到何种程度,人类大家庭只有一个。所以,让我们永远记住,人类只有一个家庭。不管有谁如何想割裂这个世界或是使之合而为一,人类家庭只有一个。在现实中,我们这个家族已经从不同的世界相遇。因此我们再一次重申,就让世界成为一个家庭吧,尽管现实或许存在着两个世界。(《一个家庭,两个世界》)

顾先生经历过波澜壮阔的大时代,足迹横跨太平洋两岸,学养中西兼备且艺术与科学共修,"让我们永远记住,人类只有一个家庭",说起这话来,到底是大气魄、大胸怀。

永嘉路
628 号

寻找都铎式建筑

钱宗灏

　　永嘉路 628 号门外的墙上镶嵌有上海市人民政府立的"优秀历史建筑"铭牌，文字内容提及该建筑为邬达克1929 年设计。我认同这一说法是因为从建筑的风格上判断符合那个年代，而不是单凭铭牌上的记录，因为事实上它并没有给出依据。我一直找不到关于这幢房子早些年的文字史料。我猜测大致上会有这样两种情况：一是业主为中国人，国人通常都不愿意公开自己的居住地址和财产信息，怕惹来麻烦；二是外国人给自己建造的更好的住房，建好后却因故迟迟没有搬进去。一直到房子建好后的第八个年头，1937 年和1938 年的《字林报行名簿》上才出现过两次记录。记录的住户均是桑德夫妇（Mr & Mrs W. Sandt）。再找，发现男主人桑德是一家德国商号鲁麟洋行（Reuter, Brockelmann & Co.）的雇员。鲁麟洋行是一家进入中国很早的德国进出口代理公司，由 William Pustau 创立，原先的行址在上海外滩。1878 年 Pustau 在德国的公司破产了，此后他的两个儿子虽然又重组了鲁麟洋行，不过再也没有回到过外滩。第一次世界大战爆发后鲁麟洋行曾一度歇业，20 世纪 20 年代才又重新开张，公司也搬到了江西路

452号内。桑德在这家公司里担任的职务是新闻纸进口的部门经理。当时上海新闻出版事业发达，报刊众多，新闻纸的进口量很大，而德国生产的纸张质量好、产量稳定，所以桑德负责的部门经营业绩良好，他和太太一起租下这整幢房子用作住所，经济上肯定能够负担得起。他还有一位堂兄弟叫P. Sandt，也是鲁麟洋行的职员，担任金属和五金制品部门的经理，不过不住这里。

但是到了1939年后，永嘉路628号的住户信息又空缺了，桑德夫妇也不知去了哪里。这也许是第二次世界大战爆发，鲁麟洋行再次关闭的缘故。第二次世界大战结束后，这里成了国民党社会部京沪特派员视导办事处官员沈鼎的住宅。我猜想可能是战后这幢房子作为敌产被没收后，又分配给了国民党要员居住的缘故。

这样看来，这处房产原先的主人可能是德国人，要么是抗战时期曾经和日本人合作过的中国人，这都有可能导致房产于战后被没收。不过也有可能是其他国籍的人将房产出售后回国了，沈鼎将其房屋买下。当然这些都只是猜测，沈鼎其人的资料也无从查找，总之，结论尚有待于历史资料的发现。

接下来说说该房子的建筑师邬达克。

邬达克是一位成功的商业建筑师，从某种意义

邬达克

上讲是上海成就了他的建筑事业。他当时是从沙俄帝国的战俘营里跳火车逃出来的，风雪中走了一夜，差一点冻死，到天亮敲开了一座东正教堂的门才喝上了一口热汤。流落到上海时不仅一文不名，甚至可能连护照也没有。但是他有毅力和才华，在上海这个英雄不问出处的地方，他先是被美商克利洋行录用，后来一位德侨富商看中了他的才能，不仅把女儿嫁给了他，还借给他两万块银元，让他开设了属于自己的建筑师事务所，起名"邬达克打样行"。邬达克不像他的那些英美同行，动不动就爱把自己的事务所称作××洋行，而是学中国同行的样，称自己的事务所为"打样行"。邬达克收取的设计费通常要比英美建筑师低一些，而他的活又一点不差，因为他有皇家约瑟夫理工学院（今布达佩斯理工大学）建筑系培育的扎实功底，精通欧洲流行的各种建筑风格，画出来的图纸一丝不苟，所以许多中国客户都会选择他。我们暂且不说他设计的一大批公共建筑，单就住宅这一块来说，他设计并建成的著名住宅有古典主义的何东住宅（位于今陕西北路）和刘吉生住宅（位于今巨鹿路），英国都铎式的自住宅（位于今番禺路），西班牙式的吴培初住宅（位于今张园内）和现代式的吴同文住宅（位于今铜仁路）。单"哥伦比亚圈"（位于今新华路）内的住宅就有十余种。他设计的每一幢住宅楼都风格纯正，显示出高度的专业素养，是近代上海建筑风格多元化的一个重要来源。

可是我不得不补充说一句，邬达克设计的作品可以做到模仿得惟妙惟肖，但缺乏原创性，鲜有个人风格。这一点正是我评价他是一位出色的商业建筑师的理由。

永嘉路 628 号原来也是这样一幢风格纯正的英国都铎式住宅。都铎式建筑有个明显特点就是它往往有一个前出的山面（带有山墙的一整个建筑立面），那儿是整幢楼房的视觉焦点，也是建筑师着意发挥他们设计才华的所在。628号南侧就有这样一个前出的山面，人字坡顶下原是二层卧室的内阳台，这种形式的阳台也许正是同样生活在都铎王朝时期的大文豪莎士比亚所构思的朱丽叶阳台的原型；一至二层间还有外露的檩条木装饰，下部则构成一层的敞廊，那里在在都有罗密欧冒险爬上去时可以抓手腾脚的地方。可惜后来一度被封闭起来改为房间，建筑的内部也改、扩建严重，历史风貌丧失了大半，人们再也无从想象罗密欧与朱丽叶浪漫相会的情形，为了增加区区几个平方米，实在是得不偿失。好在2020年重新修缮竣工时人们发现部分又被改了回来。

许多人往往分辨不清楚英国乡村别墅式建筑跟都铎式建筑的区别，一看到露明的木构架便认定那是英国乡村别墅式，其实不然。乡村别墅式起源于中世纪骑士阶层在他们领地上建造的乡间小屋，虽然也有陡峭的屋顶和露明的木构架，但布局自由，往往向一边伸展，中间有个半围合状的场地，形成建筑平面呈"L"形的农舍。而且室内装饰也简单朴实，所见处处有斧凿的痕迹，一处壁炉、一面火墙，剩下的就是高大粗拙的屋架了。而都铎式流行的时间要晚许多，主要在16世纪英国都铎王朝时期。这个时期大型的宗教建筑活动停止了，新贵族们开始建造舒适的府邸，在这种情况下，混合着传统的哥特式和文艺复兴风格的都铎式就应运而生了。都铎式府邸建筑体型复杂起伏，尚存有雉堞、塔楼，这些属于哥特风格；但其构图中间突出，两旁对称，已是文艺复兴风格。同一时期还出现许多露木结构的房屋，这种房屋布局较为规整，内外墙均用木构架，在构架之间填以砖或灰泥。漆成深色的木材和淡色墙面形成强烈对比，屋顶为陡

永嘉路 628 号南立面

峭的双面坡顶。这种房屋通常由一般的富裕阶层居住，室内装饰趋于精致，具有鲜明的民族特色，常为游人所瞩目。永嘉路 628 号就属于这一类型。

集仿主义建筑的拼图

钱宗灏

　　永嘉路 630 号住宅是一幢集仿主义建筑（Eclecticism Architecture），建于 1925 年，占地面积 1 200 平方米，建筑面积约 350 平方米，房屋为二层砖混结构，分主楼和辅楼。

　　所谓集仿主义就是任意模仿历史上的各种风格，或自由组合各种式样而不拘泥于某种特定的风格。集仿主义于 19 世纪上半叶在法国兴起，尔后作为一种创作思潮盛行于 19 世纪末和 20 世纪初的欧美世界。当时的建筑师们都有这样一种心态，就是不甘于被束缚在古典主义和哥特式的范围之内，他们坚持艺术高于一切的原则，所以普遍都不讲求固定的形式，只讲求比例均衡，沉醉于构思纯形式的美之中。

　　也是执着于这样的理念，建筑师在设计永嘉路上这幢房子的时候亦是尽情发挥，虽然目前还没找到这位建筑师的名字，但我相信如果他是一位西方建筑师，可以肯定他对中式民居颇有研究；而如果他是一位中国建筑师，则是对西方建筑艺术颇为熟悉。他的设计的确做到了不拘一格，为我所用。前些年永嘉路 630 号曾是一家名为 Shari 的日料店，去过那儿用餐的人不少，如果在品尝美味的同时大家稍稍观察一下，不难发现这幢住宅的平面布局在西方建筑中几乎没

永嘉路 630 号

有，在中式住宅建筑中却很常见。从正面看上去，建筑的左右是厢房，中间凹进去的部分可以理解成是堂屋，那门前的平台就是砖场，这不妥妥的中式三合院布局嘛！

不过且慢下结论，我们先来看看它的"东厢房"：一层的前部设置了一个满是玻璃门的廊房，二层是一个宽敞的内阳台。廊房和内阳台长度的三分之一还延展到了中间堂屋的一小半，这样无论你是身处一楼还是二楼，从堂屋都能方便地进出一层廊房和二层内阳台。再来看看它的"堂屋"：堂屋面阔两开间，东间的一楼可安排作起居室，二楼可用作卧室；西间因为是整幢房屋的主出入口，比较重要，建筑师别出心裁地以一整个山面示人，并在二楼设了一个漂亮的帕拉第奥组合窗作为视觉焦点；一楼入内是门厅，从那儿再通往各处房间。接下来再看"西厢房"：底层有边门可以直接进出，无须经由堂屋的主出入口，这样就成了一个会客厅了，主人在那里可以接待一般的朋友和访客，不会给家人造成不便；二层则是一间可用作卧室的大套房。多么神奇，中式住宅的平面容纳下了西式住宅的所有功能，建筑师居然模糊了中、西式住宅的界限！

最能体现设计师集仿主义思想的是建筑的细部装饰。红色的双坡屋顶是文艺复兴时期的样式风格，它与漆成白色的窗扇以及深色的干黏石外墙形成醒目的色彩对比。门洞采用了哥特式的平尖券，这在英格兰的贵族府邸中很常见；细格窗棂是19世纪晚期风靡一时的伦敦寄宿制学校风格的做法，一开始是因为细木窗棂可以使玻璃被顽皮男生砸坏之后学校的损失不至于过大，后来人们发现其实日常生活中也常有窗玻璃打碎的事情发生，小块玻璃更换起来更加方便，于是慢慢便成了习惯。建筑外立面上多处可见的短立柱和壁柱，其柱头均呈方钵状，那是一种变体的拜占庭柱子。另外，主入口上方阳台栏杆的花纹，以及东面山墙立面的装饰线脚，看似几何形体，仔细辨别则可以发现它其实源于古老的凯尔特纹饰。更令人惊讶的是屋檐下的每一根椽子居然都做了卷刹，那可是在中式建筑上才有的工艺，却也被建筑师挪用了过来。

辅楼高两层，与主楼连在一起，室内配置有服务设施，建筑师没有多花心思用于装饰，仅在其东面建有一个玻璃天顶。另外从1948年的《上海市行号路图录》上可以看到在主楼南面的草地边上建有一处玻璃花房，可见早年的房屋主人喜欢莳花弄草；在紧靠永嘉路的围墙下有一间小屋子，那应该是园丁的住房。

Eclecticism Architecture 在我国通常被译成"折中主义建筑"。但 Eclectic 一词除了折中的意思外，还有兼收并蓄的、不拘一格的含义。所以当我看到网上有文章称永嘉路630号住宅为折中主义建筑就感觉有点不很恰当了。如果一幢建筑只用了两种风格形式，譬如巴黎的先贤寺将古罗马的穹顶和古希腊的柱式山墙组合在了一幢建筑上，再加上建筑师用心的设计，使得形体更臻完美，我们可以称它为折中主义；再譬如建在巴黎蒙马特高地的圣心教堂，采用了拜占庭教堂多个穹隆顶的形式，但在穹隆的造型上却选用了南欧葡萄牙的橄榄顶形式，加上通体的白色映衬着蓝天，使教堂看上去身姿更为挺拔，这是折中主义。而像永嘉路630号住宅，它只是挪用了历史上曾经出现过的多种形式，还包括中式建筑，虽然也比较成功，但毕竟有些混乱，我认为还是称之为集仿主义比较恰当。

其实上述我讲的一些只是从建筑史的专业角度作出的解读，关于这幢房屋被历史湮没的往事实在有太多，这要让有人文历史素养的人去探究了。我查到了1928年《字林报行名簿》上记载的住户是乔丹（F.C. Jordan），他很可能是这幢奇特住宅的第一位主人。

1932年到1937年《字林报行名簿》上记载的住户一直是马什夫妇（Mr & Mrs. J.W.P. Marsh），马什先生是利喊汽车公司（Auto-palace Co.）的董事，他曾长期出任执行经理。利喊汽车公司在20世纪30年代是上海最大的乘用车销售公司，其旧址在现在的茂名路、长乐路路口，就是锦江迪生那一整幢房子。这对夫妇在这儿居住的时间超过了五年，但他们是租客。1939年这里换了位住户，他是一位中国人，但是我只找到他名字的韦氏拼音 Lu Sze，其他的职业、身份等信息均未找到。

1950年以后，永嘉路630号属于市管房屋，曾经为中国科学院原子核研究所使用。2010年后改由餐饮公司租用。

永平里：一条充满艺术和创意的弄堂

惜　珍

2023 年岁末的上海，寒气袭人，一个骤雨初歇的冬日下午，我和徐汇房管局原局长朱志荣先生相约同往永平里。朱局热爱老房子，他组织编写过上下两册的《梧桐树后的老房子——上海徐汇历史建筑集锦》，还为我的《花园洋房的下午茶——上海的保护建筑》一书写过序。朱局退休后致力于徐汇老房子的科普和推介，我向他请教有关永平里的前世今生，朱局说："这个地方我是太熟悉了。"他欣然同意陪我去看看，还为我约了永平里的总经理梁露薇女士。

走进永嘉路 692 号的永平里大门，朱局显得有些激动。他说，他曾经在这里工作过十几年，以前这个位置是一幢一层楼的花园住宅，分东、西两个单元，东单元是永嘉路 692 号，西单元是 694 号，现在 694 号已归入 692 号，门牌号统一为永嘉路 692 号，20 世纪 70、80 年代朱局就在这里办公。那时，这里是天平路房管所，他担任这个房管所的测估员。692 号和 694 号南面是花园，后面是一大块空地。20 世纪 60 年代后期，在前面的花园造了房管所的食堂和大会议室，后面的空地造了油漆间、木匠间、材料仓库、钢窗间、白铁间、水电间等。他指着 692 号前一棵高大的广玉兰树说，这棵树就是原花园里留下来的，春天会开出一朵朵碗口大的洁白花朵，很远就能闻到香气。他抬头望着那棵大树，眼神里流露出一种深情，仿佛面对的是以前的老伙伴。朱局告诉我们，2023年春天，曾在天平房管所一起工作过的程先生从国外回来约老同事见面，大家聊了许多年轻时的往事，并不约而同地想到要去永平里看看自己工作过几十年的场所。虽然永平里现在成了时尚之地，但他们眼中呈现的却是当年工作时的场景。问起永平里名字的来历，梁总说，那是因为这里以前是永平物业公司的地块，大家觉得"永平"两字名字很祥和，而且包含了永嘉路的路名，"里"字契合上海里弄的称谓，于是就把改造后的这个地块称为"永平里"了。

细菌学专家余㵑曾在此居住

我每次写老房子，除了关注建筑外，还希望能挖掘到房子里住过的人和故事，觉得这是老房子的魂，建筑因其而有了人文价值。然而，翻遍能看到的资料，却找不到永平里住过的名人，还是朱局解了我的困惑。他指着692号的房子说："之前这里是两幢平行的一层花园住宅，其中的694号一幢原来的主人是余㵑。""余㵑？这名字听着耳熟，那不是大名鼎鼎的细菌学专家吗？"朱局笑着说："是的。我曾经遇见过他。那时我在余㵑先生家旁边的空房子里画画，他有时会过来看我们画画。余教授对人很和善，我们知道他和周恩来、邓颖超关系很好，家里还有他和周恩来、邓颖超的合影。记得余㵑教授和我说过一句很经典的话：'医生治得了病，但不一定救得了命。'我感觉这句话哲理性很强，所以一直记着。"永平里居然是大名鼎鼎的细菌学专家余㵑曾经的居住地，我仿佛挖掘到了永平里的宝藏，顿时兴奋至极。诚如朱局所说，这可是永平里宝贵的人文资源啊！

朱局的介绍让我的思绪瞬间回到了20世纪50、60年代。那时垂髫之年的我和弄堂里的小伙伴一起跳橡皮筋时常常唱一首民谣："邱财康，为了钢，受了伤，进医院，养好伤，身体健康再炼钢。"当年，邱财康这个普通钢铁工人的名字在上海几乎家喻户晓。事情源于1958年5月26日深夜11点，上海第三钢铁厂炼钢车间突然发生重大生产事故，年仅31岁的青年炉长邱财康为保护炼钢炉，被1 300多摄氏度沸腾的钢水烫伤全身，烧伤面积近90%。广慈医院（今瑞金医院）进行了全力抢救，几乎没有生还可能的邱财康最终奇迹般地痊愈了。广慈医院医生和邱财康共同创造的世界医学奇迹，轰动全球。1958年后，"钢铁英雄"邱财康的故事被编入中小学课本，著名作家巴金曾到医院看望邱财康，并以他的故事为蓝本创作了报告文学《一场挽救生命的战斗》（主人公名丘财康）。1959年，上海天马电影制片厂还将这个故事拍成了电影《春满人间》。

在抢救邱财康的医学专家中，余㵑教授是举足轻重的一位。当时邱财康右大腿发生了严重的绿脓杆菌感染，在使用了各种抗生素后仍未见效，病情不断恶化，不少医生提出了立即锯腿保命的方案，参加会诊的余㵑教授则提出："每一种细菌在自然界都有自己的天敌——噬菌体，如能找到这种噬菌体，就能控制感染。"这一基于科学原理的大胆建议得到了采纳。余㵑带领医生们从病人体内分离绿脓杆菌，从环境里寻找绿脓杆菌的噬菌体，经过二十多小时的仔细寻找，终于成功分离出能清除掉绿脓杆菌的噬菌体。噬菌液使用后，仅一夜时间，邱财康右大腿的感染就得到了有效控制，为植皮创造了条件。对这一创造性理论取得的成果，医学界给予了高度评价。

余㵑在我国医学微生物学和免疫学领域还创造了许多第一。他是第一位获得哈佛大学卫生学与细菌学博士学位的中国人，研发了我国第一支抗伤寒血清，研制了我国第一个麻疹疫苗，在我国第一次用噬菌体对抗超级细菌——绿脓杆菌，创立了我国第一个免疫学研究机构——上海市免疫学研究所——建立了我国免疫学领域第一个 WHO 合作中心。

余㵑祖籍浙江绍兴，1903 年 5 月 19 日出生在北京，16 岁那年以第一名的成绩被北京医学专门学校（今北京大学医学部前身）录取。毕业后，进入北京协和医学院细菌科任助教，从此微生物成了他一生研究的对象。1927 年，余㵑到美国哈佛医学院进修，师从著名的细菌学家泰思尔教授，在学习的同时，他开始探索研究方向。白喉是当时中国的六大传染病之一，每年都有数以千计的人因感染该病而死亡。在泰思尔教授的支持下，余㵑对白喉的变异性进行了研究。1929 年，哈佛大学博士审批委员会通过了余㵑的《白喉杆菌的变异性》研究论文，授予他哈佛大学卫生学细菌专业博士学位和金质奖章。他成为我国第一位细菌学博士。后来，他的博士论文发表在《美国细菌学杂志》上，经多位国外专家证实并在临床上应用。这项研究成果为治疗白喉带菌者开辟了一条新的途径。这时，余㵑才 27 岁。

海外学成回国后，余㵑担任了北京大学医学院教授。1933 年，余㵑应邀到上海雷士德医学研究所担任细菌血清学科主任。在此期间，他主要研究当时严重危害人类的霍乱、伤寒、白喉等病菌，并发表了《上海霍乱菌的调查》

一文，用详尽的资料、大量的实验数据，驳斥了外国学者关于上海是霍乱菌发源地的错误观点，指出上海的霍乱菌是由国外传入，并指出了防止霍乱在上海蔓延的方法。之后，余㵘又将研究重点转向了伤寒病的免疫治疗。当时，抗生素和磺胺药尚未问世，伤寒的死亡率相当高。这一严酷的现实也引起了世界各国医学家们的注意。1935 年，菲利克斯等在英国、余㵘在上海成功地使用含有 "O" 与 "Vi" 抗体的抗伤寒马血清治疗伤寒，挽救了许多患者的生命。直至现在，当发生伤寒杆菌对抗生素产生抗药的感染时，伤寒血清仍然是一个有效治疗手段。

太平洋战争爆发后，雷士德医学研究所被迫关闭，余㵘的科研工作不得不中断。1942 年，余㵘利用仅存的设备在上海成立了医学化验所，只要医生证明患者家境贫困，他的医学化验所就免收化验费。抗战胜利后，余㵘结识了中国共产党驻上海代表团的周恩来夫妇，他以自己医生的身份冒着风险为周恩来保存了三个重要的皮箱，为革命做出了贡献。1949 年 11 月，余㵘应周恩来总理邀请前往北京为干部做保健检查。在此期间，他多次与周总理见面。1952 年，全国大专院校调整，余㵘担任了上海第二医学院（今上海交通大学医学院）微生物学教研组主任。

20 世纪 50 年代，我国因麻疹而并发肺炎死亡的儿童每年不下 10 万人，余㵘一方面整理国外的研究成果，一方面在上海领导麻疹研究小组工作，终于成功研制出麻疹疫苗，临床应用效果良好，每年挽救 5 万以上患病儿童的生命，也使几百万儿童免患此病，这在当时是一项超越西方的科研成果。1962 年，余㵘发表了题为《麻疹弱毒疫苗的研究》的论文，详细地总结了有关经验，此成果得到了国内外学者的一致公认。

1979 年，我国第一个免疫学研究机构——上海市免疫学研究所成立，余㵑任所长。1980 年，该所被批准为世界卫生组织免疫遗传学合作中心。同年，在国际免疫药理学会成立大会上，余㵑被各国同道共同推荐成为 33 名国际免疫药理学会创始人之一，从此，余㵑这位一生从事"微"不足道的细菌研究的科学家的名字永远留在了世界微生物学与免疫学的史册上。正如朱局所说，余㵑是永平里的骄傲，也是永平里不可复制的文脉，在我眼里这块平常的土地因为曾经住过杰出的细菌学专家余㵑而变得格外厚重起来。

钟情海派文化的船王千金

永平里还和一位世界级名人有关，那就是世界船王包玉刚。据梁总介绍，永平里的项目是包玉刚的第三位千金包陪丽一手承办的。包陪丽当年曾因徐汇老房子问题和当时担任徐汇区房管局局长的朱局有过接触。用朱局的话来说，这位包陪丽是个十分有趣的人。

梁总说，包陪丽是香港艺术中心荣誉主席，她善于把艺术和商业结合起来，纯粹的生意她觉得没有意思，这种思路自然也贯穿于永平里项目中。包陪丽毕业于华盛顿大学，曾在纽约学习过艺术创作，虽出身豪门，但这位包家三小姐不喜欢购物，不开豪车，不戴珠宝，唯独对上海老房子和海派文化情有独钟。包陪丽祖籍浙江宁波，父亲包玉刚在抗战后赴沪担任上海市银行业务部副总经理，直至 1949 年初春迁居香港。平时家里说的是宁波口音的上海话，因此包陪丽对上海也是有感情的。20 世纪 90 年代包陪丽来到上海，就喜欢上了上海的环境和上海的老洋房，尤其喜欢徐汇区那些具有 Art Deco 风格的老洋房。1994 年，包陪丽买下了吴兴路83 号和 85 号两幢老洋房。这两幢洋房建于 1938 年，是西班牙式的花园住宅，建筑具有一种热情奔放的韵律，从中透出西班牙民族特有的浪漫情怀。这是个性不羁的包陪丽所欣赏的，她喜欢这两幢房子的高敞和阳光明媚。她在院子里种了许多竹子，并为它们取名"竹苑"，这就有了中国传统文化的意蕴了。房子装修后，她在那里接待客人，开小型派对。之后，一些房产中介知道包陪丽喜欢上海老房子，就不断为她介绍老洋房，包陪丽也就以看老洋房之名频繁地往返于香港和上海之间。在看房过程中，包陪丽的目光渐渐集中于徐汇区一带的老房子，她几乎走遍了兴国路、复兴西路、汾阳路、泰安路、富民路等街区，觉得这些梧桐树下的马路特别漂亮，尤其迷恋于老洋房的原始状态，从老洋房的外形到里面的壁炉、地板、楼梯扶手、门和窗的设计、门窗把手等细节她都十分喜欢。十年间，包陪丽在上海的历史风貌区买下了近十幢花园别墅。这时，她开始感觉不满足了，因为这些老洋房的体量都太小，无法施展，她想要更大的。2004 年，包陪丽看中了武康路靠近泰安路的一个小庭院，庭院里坐落着三幢风格各异、建造年代不同的老房子。武康路 374 号是建于 20 世纪 30 年代的红砖老洋房，376 号是建于 20 世纪 70 年代的小厂房和国企办公室，378 号是 20 世纪 90 年代建造的三星级涉外宾馆。她喜欢它们宽敞的空间，便请设计师把这三幢高矮不一、肌理不同的建筑融合在一起，形成一个和谐小区，于是就有了武康庭。我想起曾在武康庭看到的那个胖女人骑自行车的雕塑，梁总告诉我，这是喜欢雕塑艺术的包陪丽个人收藏的。她觉得自行车和梧桐夹道的上海马路调性很搭，在梧桐树下骑自行车可以充分享受阳光和空气。武康庭建成后，一些老外和归国华侨、港澳人士等感觉到这个环境和欧洲很像，于是纷纷租下了武康庭开设咖啡厅、餐馆等，遂使武康庭的人气越来越旺。

武康庭的成功让徐房集团把永平里的更新任务交给了包陪丽的康世国际投资有限公司，由恩凯环境设计咨询上海有限公司担纲设计。在设计过程中，包陪丽亲力亲为，她和来自澳大利亚的华人设计师一起反复推敲，设计稿改了无数遍。包陪丽认为，老建筑是城市的宝贵财富，每个时代的建筑都能反映当时的意识形态，因此在改造时要时时悉心保护自己的根源。

永平里的改建思路是以一条曲折的弄堂用三个过街楼连接四幢老建筑和三个口袋中庭。四幢老建筑各有特色，在设计中，包陪丽要求这些建筑以及它们的门牌号码都必须整体保留，可以不动的就尽量不去改变，在她看来，尽可能地留下这些老建筑的痕迹就是为老上海留住了乡愁。同时，通过对建筑立面和内部格局的修复更新，赋予其新的形态和功能，并打通由永嘉路至衡山路的通道空间，形成兼具历史风貌和现代欧式风格的静谧悠闲的充满海派风情的内部街区。

传统和时尚结合得天衣无缝

2017 年，永平里建成了新的创意园区。与别的创意园区不同，永平里看上去更像上海的一条老弄堂。它南邻永嘉路，北接衡山路，东西两侧都为居民区，主体由四幢建于 20 世纪 70、80 年代的老旧办公楼（分别是永嘉路 692 号、永嘉路 698 号和衡山路 191 号、衡山路 199 号）以及一幢建于 20 世纪 30 年代的新里建筑（永嘉路 690 弄 4 号）组成。建成后的永平里整体呈长条状，五幢建筑错落于永平里地块中，相互由道路和庭院贯通。衡山路大门原有的实心围墙被拆除，使得永平里和人行道轻松地结合在一起，开放了空间，拓宽了人行道的视野。

从永嘉路走进永平里，首先看到的是临街的永嘉路 698号，那是一幢面朝永嘉路的五层楼房，墙上一块黑底标牌上一颗金色的大蒜头以及 GARLIC 的标记颇具辨识度，它就是 Garlic 大蒜土耳其餐厅，餐厅老板 Emre 是道道地地的土耳其人，娶了中国太太后定居沪上，夫妻俩一起经营这家土耳其风味餐厅。梁总说，这家店开业以来生意一直很好，所以，公司在接手永平里项目后保留了这家口碑不错、运营良好的土耳其餐厅。永嘉路 698 号原先是一幢建于 20 世纪 70年代的五层办公楼，简陋的造型和周围的老建筑显得很不协调。改建时采用了现代主义建筑风格，并糅合了古典主义和装饰艺术派元素，外墙一、二层采用五个狭长拱形，一、二层间隔以黑色腰线，中间入口拱的一、二层间有"永平里698"的白色大字，门前设置高高的台阶。底层为连廊，通透的黑色栏杆里摆出了类似吧台的桌椅，坐在这里可以欣赏永嘉路特有的风景。走进室内，透明落地窗打造的空间十分高敞大气，餐厅装饰以及长条的餐桌餐具，让我想起曾经去过的洋溢着地中海风情的伊斯坦布尔的餐馆。这里的二楼是德国品牌 BULTHAUP 橱柜的上海展厅，面朝永嘉路的大块半圆形落地窗户使展厅显得格外通透明亮。三楼以上则是办公空间。三种不同业态的相融在某种程度上显示了海派文化的包容性。

从永嘉路走进永平里，弄口右侧是一家门前装饰着粉紫色绣球花墙、名为松茂窑的洋房咖啡,它属于永嘉路690弄4号,建于1936年,原来的业主是一位新加坡人,包陪丽于2014年买下这幢美丽的小楼,并把这幢小楼归属到了永平里。那天我们跟随梁总走进这幢楼,发现它的楼梯很有趣,从窄窄的单边楼梯上到二楼,发现楼梯居然换到了另一边,这是我在上海老洋房里从未见过的。松茂窑以中国陶瓷巨匠、中国工艺美术大师张松茂命名,1995年诞生在景德镇。2017年,小楼的一、二楼成为松茂窑咖啡厅,三楼以上是松茂窑会所,用于展示陶瓷艺术家的瓷器作品。小楼的底层还有个栽满花草的小院子,墙上爬满了爬山虎,小院子里摆放着桌椅,形成一个很舒适的喝咖啡空间。

永平里的第一个口袋中庭,中间灌木丛中矗立着一个黑色旅行者雕塑,他头戴盔帽,背着铺盖卷和画板,肩上挎着摄影包,身体前倾,手扶帽檐注视前方。这个现代雕塑是澳大利亚国宝级艺术家的作品,是包陪丽的收藏。据梁总介绍,热衷于公共艺术的包陪丽喜欢把自己收藏的大型雕塑作品带到社区,放在空旷的地方,与市民共同分享。旅行者雕塑的一侧是永嘉路692号和694号的房子,原先的两幢平房已被改建为现代风格的五层兼具餐饮和办公的大楼,为692号。它和永嘉路698号隔着那棵老玉兰树相对而立。在692号和松茂堂之间用一个过街楼连接,过街楼的中部白色墙面上有黑字写的"永平里692"字样。过街楼下一边是松茂窑咖啡馆,透过咖啡馆落地玻璃窗可以看见温馨的喝咖啡空间,另一边是通往意大利珠宝店的大门。

从永平里的第一个过街楼出来,便到了第二个口袋中庭。这个中庭比较大,右侧是一幢二层浅灰色平屋顶砖墙建筑,里面是杜梦堂画廊。1982年,皮耶·杜梦堂在巴黎最负盛名的艺术中心——左岸古董区创建了杜梦堂。作为一个老牌的欧洲画廊，杜梦堂一直将视觉着眼于20—21世纪的具象艺术。在画廊成立35周年之际，杜梦堂画廊在永平里开幕，画廊面朝中庭的墙面是落地玻璃门窗，入口在中间，人们从第一个过街楼出来，一眼就能通过硕大的落地玻璃窗看到画廊里展示的现代雕塑和艺术作品。左侧一幢面朝中庭的二层平屋顶的房子是餐饮空间，里面是一些颇具创意的异域风情餐厅，有美式西餐厅、越南帽子火锅，还有融合了法式餐厅风格和日式炭火烧酒汤的鸟啸·洋风酒馆等。二层是维缇珐（VETIVER）珠宝店。在左右两幢建筑中间是永平里的第二个过街楼，这个过街楼一侧是杜梦堂画廊的砖墙，砖墙的一部分被做成大方格玻璃墙，上面是用黑白线条勾勒出的一幅幅现代风格的图画，画面颇具想象力，有树木、花草、动物、建筑、人像等，风格抽象、空灵，梁总说这些画都是杜梦堂画廊请画家画的，可以说是杜梦堂展品的延伸。而灰墙与红墙的相交处有一面红砖墙，上面用黑字写着杜梦堂的英文名字DUMONTEIL，右下角有一块白色的展览广告，一切看似无意，却颇具匠心。过街楼的另一侧是一个罗马柱托起的狭长拱廊，拱廊里有铺着绿色地毯的楼梯通往二楼的维缇珐珠宝店。拾级而上，店内简洁中藏着奢华，粗粗浏览，发现那些饰品与传统的首饰不一样，呈现出强烈的原创风格和个性，而价格却很亲民。旅行者雕塑、杜梦堂画廊、松茂窑咖啡馆和创意十足的维缇珐珠宝店把永平里的艺术氛围烘托得很浓。

从第二个过街楼出来，一面是杜梦堂画廊延伸出来的红砖墙，一楼的部分墙面依旧是白色大方块玻璃格子，只是没有了画，倒是衬托得它对面的一堵红砖墙更加沧桑。这是一堵用锈红颜色的旧钢窗框装饰的暗红砖墙，墙顶垂下绿色的常青藤，柔化了墙面的刚性。置身此处，朱局激动地说，这个墙面的位置就在原来的钢窗间，不知道这个设计师是有意还是无意记录下来这段历史。一旁的梁总笑了，她说："这真是太巧了，我们是看到一些路边堆放着的废旧钢窗框，觉得很有现代艺术感觉，而且还可以用来挂展品，就用来装饰这堵旧墙了，完全是误打误撞呢！"传统和时尚居然结合得如此天衣无缝，并无意中使这堵普通的旧墙成为有故事的墙，不由得令人暗暗叫好。在红砖钢窗墙的对面，和杜梦堂画廊砖墙隔着一棵绿树的是 COLCA 秘鲁餐厅的主入口，通往餐厅的曲折楼梯台阶上画着大大的五彩花朵，楼梯栏杆上则排满了花束，楼梯转折处的墙上挂着一幅秘鲁纳斯卡老鹰线条画，让人感觉浪漫又神秘。拾级而上，可直接抵达二楼餐厅，天气好的时候餐厅外的露台上总是坐满了用餐的食客，因为景观好，常常一位难求。COLCA 秘鲁餐厅楼梯下是永平里的第三个过街楼，这个过街楼连接了红砖钢窗墙和秘鲁、西班牙餐厅的一、二楼。过街楼下是一家清新典雅的花店，墙上挂着黑色的店招，上面用白色英文写着"JOYCE FLOWER"。我从低调的黑框玻璃铁门进入，满目花团锦簇，像是进入了鲜花盛开的植物园。绿野仙踪般的花店门外也摆满了绿色植物，这让原本沉闷的通道顿时变得美艳动人，引得过往行人情不自禁地驻足观赏。据说这家具有文艺气息的花店老板是一位优雅的上海女士，在香港和国外生活多年，回沪后一直开花店，曾在淮海路的鸿艺豪苑内开了十一年。她喜欢永平里的艺术氛围，就把花店开了进来，这个花店的调性和永平里的艺术气息确实很搭。难得的是这些散发着前卫时尚气息的餐饮空间、画廊、花店居然都是在衡山路 199

号的原有基础上改建而成的，确实令人赞叹其创意的不凡。

穿过这个过街楼便是永平里的最后一个口袋庭院，还真有些柳暗花明又一村的感觉，这个口袋空间比前两个大，依着花店围墙的是一棵三层楼高的枝干歪斜的老枫杨树。梁总说，它可是永平里的"原住民"。衡山路191号原本是一家名为波钵街的酒吧，相邻的199号是唐韵茶坊，这棵树就长在两幢房子间的围墙中间，枝干冲破围墙，在围墙上方的空中开枝散叶。改建时围墙被打掉，这棵老树便没有了支撑，为免它倒下，于是专门定制了仿真树枝支架为其固定支撑，使其融入永平里成为一道特殊的风景线。这真是一个绝妙的创意。这棵老枫杨树承载着对生命的尊重和对自然的敬畏，它见证了一个街区的历史变迁和文化传承，蕴藏着许多珍贵的记忆，如今又成了永平里标志性的"打卡点"，犹如一位睿智的长者，以饱经风霜的容颜迎接着来来往往的游客。枫杨树冬天落叶，春天长出新叶，四五月份开花结果，一颗颗果实连成串向下垂吊，每颗果实中间呈椭圆形，两翼微微翘起，像是挂在树上的一只只小元宝，所以又被称为"元宝树"。永平里的这棵枫杨树树冠宽广，枝叶茂密，犹如一把撑开的绿伞，夏秋季果序悬于枝间，随风而动，极具野趣。远远看去，那歪斜的树干居然拗出了一个婀娜的造型，这就又有了风情万种的味道。我想莫非树也和人一样，有了展示的舞台，会返老还童？梁总告诉我们，公司在打造园区时还特意保留了原先所有的树木，有金桂、银桂、梧桐树等，并见缝插针地栽种了许多灌木，它们在新的环境中也都生长得很好。缓缓向前，走到永平里衡山路出口处，蓦然见到灌木丛中站着一匹铜马雕塑，这匹造型俊朗的铜马出自法国雕塑家的手笔，是杜梦堂画廊的藏品，它屹立在庭院里，头部朝向衡山路出入口，仿佛在亲切地跟走进永平里的客人打招呼，现代风的雕塑增添了永平里公共空间的艺术气息。

在永平里衡山路出入口的临街坐落着一幢标记为衡山路191号的建筑。这幢建筑与永嘉路698号的外在建筑风格相似，建筑面朝衡山路的外墙也是用拱廊连接的。拱廊是包陪丽喜欢的具有老洋房味道的建筑元素，她把它用来作为永平里建筑的主题，我们在永嘉路的永平里入口已见到过，这是再次相见，一首一尾呼应，主题彰显。衡山路191号建筑一楼有三个大拱，二楼有六个稍小的拱，欧式风格的连续拱廊把这幢建筑烘托得气势雄伟。这里最早的入驻者是一家古巴餐厅，足足占据了两层，每一层都有露台和超大的调酒吧台。我在2018年来过，印象深刻。这家店的总店是坐落于古巴首都哈瓦那的La Bodeguita Del Medio，那是以小说《老人与海》名扬天下的作家海明威最爱的小酒馆。据说永平里的这家古巴餐厅的环境氛围和古巴老店一模一样，环境布置俏皮而明亮，每一处细节都渗透着地道的古巴风情。餐厅二楼有一整幅占据了一面墙的巨大手绘画，画的是夜色中的哈瓦那大教堂广场，哈瓦那老店就开在那个广场上，画面里可以清晰地看到坐在广场上喝酒的客人。而二楼楼梯边一张小圆桌的背景墙上就有海明威最爱的小酒馆的图片，那个店招居然和永平里古巴餐厅的一模一样。梁总说，这家古巴店刚开张时，吸引了很多人前来，可是后来生意一直不大好，不久前已经撤走了，看来是水土不服。花开花落寻常事，虽然遗憾，却也无奈。现在里面重新装修，底楼是MADOKA日式餐厅、SOLO意式西餐厅和PIMENT西式小酒馆，保留了室外的露天座位；二楼是经营潮汕菜的时髦餐厅神仙馆；三楼是吉木兆日式餐厅，吉木兆将日本料理方法和西式FINE

DINING 融合，是一种摩登的割烹；三楼采用的是暗黑系环境，金字塔形的灯柱，开放式吧台围绕着主厨的料理台，给人以温馨的感觉，屋顶的桁架结构保持了工业化的风格，露台上摆放的绿色巨型人造仙人掌则带来大自然的清新。看来，个性和创意是永平里餐饮空间的特色。

永平里曲折但不长，设计师注重空间营造，善用原有格局并保留了很多原有面貌，利用道路庭院、立面装饰、绿化景观等元素，三个过街楼自然地融入街区，将不同风格的建筑串联起来，使错落有致的内部通道构成一个有机整体，地面上铺设的不同花纹的地砖和木头地板悄然划分出不同的空间，营造出一个静谧、悠闲的有着上海老弄堂味道的园区。永平里的商家有艺术范儿，艺术气息在永平里无处不在。杜梦堂画廊经常更换画展，维缇珐珠宝店也经常举办会员专业知识培训和交流，吸引了一些喜欢读书、品酒、艺术、珠宝和美食的客人常来永平里，这成为他们精致生活的一部分。在双休日或节假日，永平里还会不定期开设不同主题的市集，其中一个名为"Love Is Infinite"的市集，寓意着爱是无限的，创意也是无限的。在周末集市上可以看到各种各样的摊位，这些摊位售卖着各种独特的商品，如手工艺品、特色美食、创意家居用品等，同时，这里还有各种互动体验活动，如手工艺品制作、音乐演出等，让游客可以在购物的同时也感受到无限的创意和爱。

我们的城市正在转型步入美学时代，随着国民整体素质的提升，大众对于美的需求越来越高。公共艺术可以提升一个空间的精神内涵和文化特质，营造城市温度与色彩，体现城市的魅力，并提升受众对城市的认知和印象，永平里作为上海城市更新的一个项目，在这方面做出了成功的探索。

上海版西班牙式住宅

钱宗灏

永嘉路 760 号是一栋上海版的西班牙式花园住宅，建筑为三层砖混结构。另有说法认为该住宅是建于 1935—1936 年。平缓的组合型人字坡屋顶，屋面和部分窗檐铺设红陶筒瓦。房屋东侧建有烟囱，后面为错列的楼体；檐口饰有券齿双重线脚，二层西侧有挑出的弧形阳台，铸铁花饰围栏；另一侧为内阳台，墙裙板饰有混凝土形塑的绞绳纹缠绕绶带浮雕，十分精美。底层入口有三联券廊，地面铺设红色硬陶地砖（俗称"红缸砖"）至台基阶梯及花座，前接通向南侧小花园的过道。沿永嘉路入口院门采用了与主体建筑同一风格的装饰，款式和色彩均与院内建筑相呼应。

经 2020 年修缮后，现建筑主体结构及室内保存较好，原先二层西侧挑出的弧形阳台因铁胀锈蚀脱落的水泥也得以修复。部分原始装饰及设备仍在使用，但室内楼层平面有改、扩建，尤以北侧晒台和顶层储藏室的改建较大。该房屋原为早年担任过孙中山秘书，后为国民政府司法院委员的张佐丞住宅，建筑由其同学彭高基设计，目前张氏后人仍在部分房间内居住，其他房间则由多户居民合用。

上海近代住宅建筑中西班牙式占比很大。但需要指出的是，近代上海流行的西班牙式住宅只是众多西班牙建筑风格中的一部分。这部分的特征是红陶筒瓦配上浅色明亮的外墙涂装，浅出檐，券齿线脚，三联券窗，所罗门柱（绞绳柱），圆弧形铁艺小阳台和绿釉陶瓷漏窗，室内层高较低，空间舒缓。

20世纪20年代后期至30年代中期，上海社会处在一个比较富裕稳定的发展时期，在住宅建设方面，也出现了一种针对当时生活富足的中产阶级（主要是洋行职员、医生、教授、中小工厂主、店主）追求舒适（如钢窗蜡地、暖水汀、煤气、盥洗设备）、简洁（室内没有繁复的石膏装饰）和趣味性（绞绳柱、铁艺小阳台、绿釉漏窗）的设计倾向。这些建筑主要是以中小型独栋花园住宅为主，也有联排的花园里弄、沿街的小型公寓和多层公寓。西班牙式于是被大量地

永嘉路 760 号南立面

运用到这些住宅建设中。

从实用性的角度出发，西班牙式住宅一般认为比较适合上海的气候和地理条件，它的楼层不高，南向设有带拱券的敞廊或者阳台，屋顶铺设坡度平缓的红陶筒瓦，檐下一般有道小小的券齿线脚，浅黄或浅绿色的水泥拉毛外墙或还带有外置的楼梯，券门券窗，两侧间或还饰以拉丁风情浓烈的石雕绞绳柱。室内花饰可比较简单，在构件装饰上，多应用铸铁的花饰楼梯栏杆、花栅栏铁门、花枝灯台等。

我们今天往往习惯于将那些有红筒瓦和浅色手工拉毛墙面的房屋一律称为西班牙式的建筑，其实这些建筑多是经过上海的中外籍建筑师重新设计的，撷取了一些西班牙民居建筑的特征而已。红筒瓦并不是仅见于西班牙民居，差不多所有地中海沿岸地区的建筑都有类似的特征；水泥拉毛外墙是上海的工匠为了模仿地中海沿岸民居的天然石块外墙做出来的施工工艺，用以制造毛糙的质感和阳光下斑驳的效果。

如果你曾经到过西班牙，就不难发现西班牙的建筑遗产真的不是一般的丰富！那里有古罗马巴西利卡式的菜市场建筑；有受伊斯兰文化影响的宫殿建筑，如格拉纳达的阿尔罕布拉宫；有高迪的天才作品，如圣家族大教堂和米拉公寓。各种建筑的风格与形式迥然不同。而当从比利牛斯山区到地中海沿岸一路行来，你会发现那里普通民居最大的特点，就是质朴中融入了阳光和活力这两大因素。与其他欧洲国家相比，西班牙人喜欢采用更加明快的色彩，他们的房屋色彩醒目但不耀眼，体现了阳光和蓝天下的宁静、质朴的内涵和愉快、浓烈的个性，就像多明戈的歌声或者弗拉门戈舞一样。你再仔细观察，会发现西班牙建筑一般都具有层次分明的布局，虽然高低错落，但并不繁复，十分容易亲近。还有，西班牙建筑取材朴实，具有手工打造的特征，采用的材料一般都会有斧凿的痕迹，但却非常有视觉感和生态性，像铁艺、石雕、门窗及外墙砌筑工艺；再如红陶瓦，纯用泥土烧成。

其实上海人对何谓西班牙式建筑的认识也有一个很大的转变过程。1903年西班牙人雷玛斯（A. Ramos）将电影引入上海大获成功后，西班牙建筑师拉佛恩特（A. Lafuente）也来到上海，他为雷玛斯设计建造了虹口大戏院和维多利亚影戏院（均已无存），上海人第一次见到了西班牙建筑风格。后来美国建筑师伍腾（G.O. Wooten）和俄国建筑师亚龙（I. Yaron）先后加入事务所，他们设计了一些带有明显伊斯兰风格的商业建筑和住宅，如圆明园路的斯文洋行（已无存）、南京路青海路的飞星公司、长阳路的佛兰契住宅（已无存），还有1924年建造的多伦路250号雷玛斯住宅。它们共同的特征是马蹄形的连续券廊和细小的几何形交织的图案。那时候上海人认为这些就是正宗的西班牙式建筑，其实它们只是来源于加泰罗尼亚地区受到伊斯兰艺术影响的建筑装饰。

到了20世纪30年代初，美商普益地产公司（Asia Realty Co.）开发建造的一种新住宅形式开始流行。最初他们称作圣迭戈式（San-diego type）或圣克利门蒂式（San-clemente type），这两个地方都是在南加州，那里风光旖旎，有许多华人华裔居住。这名称让上海人感觉很高大上，但并不知道这些就是西班牙式建筑。后来到欧洲学习建筑的中国留学生回国一看，这不就是西班牙式嘛！于是有人考证后发现，西班牙式住宅建筑最先在美国登陆的地点是东海岸的佛罗里达州，由于气候条件相仿，到19世纪末和20世纪初，西海岸的南加州也出现了一股西班牙风格（Spanish Style）或称地中海复兴风格（Mediterranean Revival Architecture Style）的建筑潮流。那是一场始于加州西班牙教会的建造活动而兴起的拉丁系殖民地复兴风格，逐渐在沿海城市如洛杉矶、长滩、圣迭戈等地开始流行。后来又随着美国建筑师一起远渡重洋来到上海，尽管近代上海的西班牙人为数不多，但由于越来越多的美国人来到上海，在他们的推动下，上海出现了许多美国版的西班牙式住宅，还包括一些大楼和公寓。所以说，我们现在耳熟能详的西班牙式建筑原来并不是由西班牙人，而是由美国人带来上海的。

另外中国建筑师对推动上海西班牙式建筑的发展也起了不可小觑的作用，尤其是范文照和他的朋友瑞典籍美国建筑师林朋（Carl Lindbom）。1933 年初，林朋从洛杉矶来到上海，加入了范文照的建筑师事务所，并且很快影响了这位深受布扎体系教育影响的人，使他彻底改变了对建筑的看法。两人通过一系列的演讲和著述提倡国际式和西班牙式建筑。1934 年 1 月 25 日上海《大陆报》以"上海西班牙式住宅展览计划"为题发了一则报道，说："上海著名建筑师范文照和林朋策划于 2 月 8 日举办西班牙住宅展览。展览将包含二十栋拟建于上海的住宅图纸。"接着又写道："对于这些西班牙式建筑，两位建筑师都已经做了细致的改造。一方面为了满足上海住宅的某些需求，如因这里的条件限制而取消了传统的西班牙 patio（指房屋外面的敞廊或大平台），另一方面又尽可能保持西班牙建筑的独特性。"后来他们又将这些西班牙建筑图纸整理成册，出版了《西班牙式住宅图案》，全书汇集不同的二十六栋西班牙式建筑，包括建筑的平面图和立面图。这本书出版后深受欢迎，一时洛阳纸贵，没有买到书的人纷纷致函出版社请求再版。

西班牙式公寓鳥瞰圖　　　　　　　　　　奚福泉建築師設計

西班牙式公寓計劃大要

(A)式樣　近年滬地公寓建築日見增加而其式樣測多採直線表現今特以西班牙式樣設計之實在公寓建築中放一異彩

(B)設備　本建築物高曜不過三層顧其結構與設備均有異常精美而新頴新穎每戶設有會客室餐室臥室浴室傭人室廚房儲藏室廁所等大小適宜頗供現代家庭四家之用所有冷氣煖氣冷熱水管衛生器具以及電氣等設備一應俱全實爲公寓中不可多得之建築物也

(C)地點　本建築物東齊上海白查華路中段空氣新鮮交通便利估地面積連先園在內共約五十方云

(D)設計者　本建築物由啓明建築事務所奚福泉建築師設計

(E)承造者　本建築物已於五月十五日起由金建建築公司承包興工在本年冬誕節前可觀落成云

奚福泉《西班牙式公寓计划大要》

在范文照和林朋的推动下，上海许多建筑师纷纷对西班牙式建筑予以关注，如奚福泉在 1933 年的《中国建筑》第一卷第一期《西班牙式公寓计划大要》一文中，发表了由他设计的复兴西路 147 号白赛仲别墅（今柯灵故居），其中第一条是建筑样式，他这么写道："近年沪地公寓建筑日见增加而其式样则多采直线表现（引者按，这里指的是现代派建筑），今特以西班牙式样设计之，实在公寓建筑中放一异彩。"1935 年《建筑月刊》第三卷第八期还刊登了标题为"西班牙式住宅"的四幅图片，设计师为刘家声，介绍了檐部有西班牙特色的券齿饰带、室内则采用中国传统风格装饰的某处住宅。

　　总体来说，西班牙的建筑与其多元的文化传统有着很明显的关联性，基督教文化和伊斯兰文化的碰撞更给西班牙艺术带上了奇异的光芒，充满了丰富的想象力和浪漫情怀，在建筑上就反映出诗意的、幻想的，甚至是非人类的风格，形成一种丰富奇丽的建筑风格。我们不能觉得只有红瓦绿釉才是西班牙式建筑。

永嘉路东段南边的优秀建筑

吴志伟

永嘉路，从瑞金二路到衡山路有 2 072 米长，所谓东段，只是陕西南路往东的一段，仅有四五百米。原来属于卢湾区，1911 年后并入黄浦区，不在徐汇区区段内。按照《海上遗珍》丛书的惯例，不对这些区域的建筑作介绍。考虑到读者的需求，因此对这小小一段内建筑等作个大概介绍，以便读者能对永嘉路有个基本了解，不会因为少了那么一个"小角"而有所遗憾。

东段两边的建筑都发生了变化，北边动静比较大，另外撰文介绍给读者。南边的住宅建筑胜过北边，类型也很多：新式里弄住宅、独立式花园住宅、公寓等，有些被保留了下来。

永嘉路 39 弄 1—10 号

永嘉路 39 弄 1—10 号是独立式花园住宅群，2015 年 8 月 17 日被上海市人民政府公布为市优秀历史建筑。1921 年 3 月，有一个法商土地与房地产公司准备在这一带利用十八亩的地产，建造欧式建筑，是否就是这里也不好完全确定。1924 年 6 月 25 日《申报》上有一则《洋房出售》广告：

"在法租界西爱咸斯路五十一号有新式洋房一宅，内有大小房间十余间，花园、汽车间、浴间、冲水厕所、电灯装置完备并木器家货、炉灶一应俱全。如合意者，请惠临棋盘街六十一号锦章面议可也。"这里需要说明路牌号码的变化情况，从1948年出版的《上海市行号路图录》看，现在的永嘉路39弄1—10号，当时是永嘉路（1943年7月前称西爱咸斯路）47—65号。《申报》中的"五十一号"是现在的39弄3号。优秀历史建筑铭牌说："其中10号由奚福泉建筑工程师（公利营业公司）1923年设计。"由此可知此花园建筑群，1924年时基本上已经建造完成。十幢这样的建筑，必定因住户而有着一些故事，有的无从查考，有的点点碎碎，就挑两幢建筑的租户变化来说说吧。

现在的10号，当时的65号，是一幢独立的花园式住宅，位于郑家弄（今39弄）最西面，大门朝东。1929年3月始见于报端，有一部汽车要出卖，有意者可以到该处商洽。1930年5月30日，有位叫石美玉的住户在《申报》"率侄道生讣告"：其妹在29日病逝于六十五号本宅，31日下午三时在上海制造局路伯特利医院举行基督教丧礼，五时扶柩往虹桥路万国殡仪馆墓地安葬。1932年7月，因为战争的缘故，由中西女塾改名的中西女子中学，把下设的第二小学及附设幼稚园从海宁路太原坊迁到这座住宅中。1935年初，中西女中第二小学及幼稚园的新址落成（今永嘉路520号），于是迁出。之后有什么人迁入不是很清楚，但1940年时住着的是有点名气的徐懋棠。

徐懋棠，1900年生，宁波慈溪人。其父徐庆云经营纱业兼钱业，大获成功，是当时上海滩巨富之一。徐懋棠早年就从事商业，1922年英国大英银行来沪开设分行时，"洋总

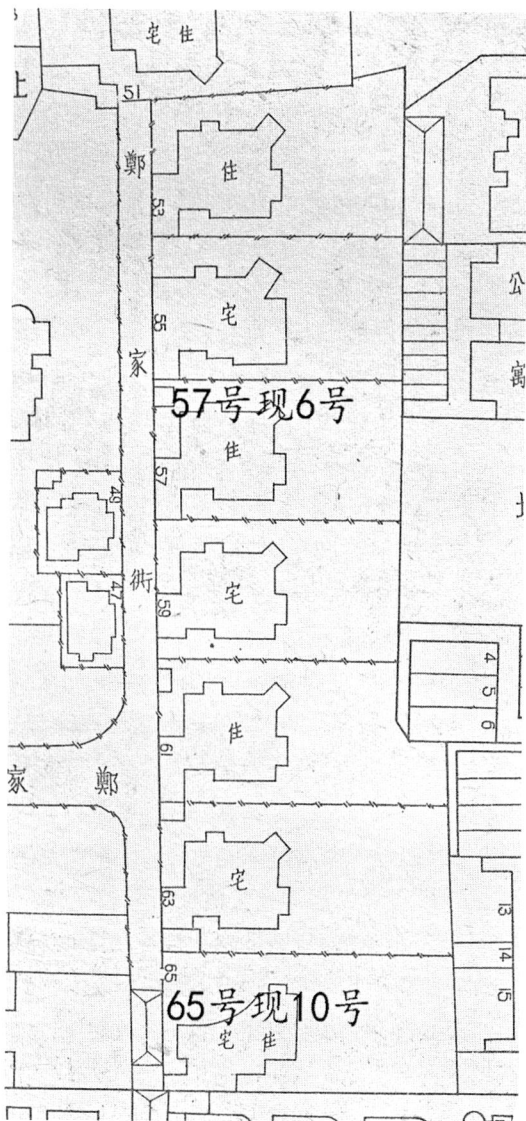

永嘉路39弄（选自1948年《上海市行号路图录》）

经理麦开，华经理徐懋棠"。28 岁时，已经是上海总商会浙籍会员。1931 年 11 月 11 日其父徐庆云过世后，还在"五七之期"中的 12 月中旬，胞妹徐梅英将徐懋棠告上了法庭，声称："父亲在世时，向我说过共有遗产一千余万，死后长兄懋棠向我言称，仅有遗产一百五十二万，女子名下应分十五万，故此不服。"1932 年 5 月中旬，其妹撤诉，"双方谅解"。徐梅英对于先父所立之赠予书绝对服从，永远不生异议；对查账报告认为总共一百五十二万余也没有异议。徐懋棠服从母命，把财产十五万余给予两女均分，其弟懋昌不生异议。兄妹双方以后都不能将这事诉至法庭。据其他一些书籍记载，此事之所以会这样解决，是徐懋棠走了杜月笙的门路。此后徐成为杜的门徒，投资参与杜月笙的中汇银行管理等。1932 年，杜月笙建立恒社时，徐懋棠是八大理事会会员之一。

有一起诉讼可以为我们更多了解徐懋棠提供帮助。1940 年 10 月 24 日《申报》登载：43 岁的保镖胡成功被解雇，于是聘请律师上诉法院，要求中汇银行经理徐懋棠履行诺言。据胡声称：1927 年经人介绍到徐公馆充当保镖，1931 年，老主人徐庆云患病加重，需要输血后再开刀治疗。对徐公馆全部佣仆查验后，除了茶房郁阿龙，还有胡成功与老主人血型相同。当时徐懋棠声称，能为他父亲输血，就是徐家恩人，此后永远受他供养。当时胡"慨然允诺"，输血给徐父。虽然没能让病人"延年益寿"，但输血过多，对身体已造成伤害。徐懋棠为"社会名流，竟出言无信，使人输血尊亲，违反约定义务，实为法律道德所不取"。要求每月以 60 元计，至 60 岁止，总共 12 240 元生活费，一次性结清。家住"西爱咸斯路郑家弄六十五号"的徐懋棠没有到庭，聘请的俞锡娄律师没有同意这一诉求。此事有一点蹊跷的是，胡被辞退发生在上一年，大的环境没有发生大变化，怎么胡突然想起打官司了？

联想到三个月前的 7 月 5 日清晨六时，日本人派出便衣人员十多人，驱车驰往法租界嵩山路巡捕房，会同警务处所派出的二十多名中西探员，乘车分批出发到各自的目的地搜查，"此举历时甚久始毕"。中汇银行在搜查的范围内，"同时该行行长徐懋棠之善钟路一一六弄六号及西爱咸斯路六十五号之私邸，均被搜抄"，徐懋棠被带到捕房听候侦查。而法捕房声称：爱多亚路中汇银行内，发生不轨行为，经派人前往调查后，该银行股东二人，现在中央捕房听候侦查等。徐懋棠是在上海替杜月笙看管中汇银行，在当时环境中不愿也不敢与日本人明着对抗；这次搜查，日本人也没有得到不利于中汇的重要证据，否则徐懋棠是脱不了干系的。但有人似乎想从中谋取利益，或者想获得一些公道？此事后来没有了下文，因此也无法明确告诉读者那"蹊跷"的原因。

中华人民共和国成立后，徐懋棠去了香港，据称带了百万港元。那时的中汇银行，据有些书称中华人民共和国成立初期定期存款是七亿，折合港币只有三千多，最多时也就八十多万港币。他与一个叫钟可成的人合营美国股票，一夕之间全军尽没。钟可成在纽约失败了，他在香港也就垮台了。大约在 1956 年病逝。

65 号在中华人民共和国成立后不久，成为公办的永嘉路小学，十几年前就已经成为民办闻裕顺新理念幼儿园。

57 号在 1937 年 1 月初始有招租广告，应该是原住户迁出了，一个占地"一亩七分"的花园住宅，十几年空着是不可能的。

1937 年淞沪抗战爆发，最终中国军队被迫撤退。位于南市区的市立务本女中在战争中受到不少损失，在中国军队西撤前，"奉令结束"。会战结束后，务本女中的旧教职员吴景蓬、陈端志、吴罗西、马素达、沈凤鸣、王儒林以及留法女教育博士王锡民七人取得法租界当局的特许，创办私立务本女子中学，王锡民担任校长。租赁 57 号为校舍，于 1938 年初开始招收学生。即有学生 250 多人，分高、初中各一、二、三为六级。聘请了不少原市立务本女中的老教职员，有毛端怡、郭练钢、徐因时、黄祖怡、恽季森、钱颂平、周迈、刘正孝等。秉承昔时市立时的精神办理该校，改进学科，整饬风纪，教管都很严格，不尚空谈。在这些学识经验都很丰富的教师教授下，"暑假时高中毕业生投考沪上各著名大学均经录取"。到第二学期开学时，学生增至 350 多人，原校舍不能满足需求，于是增租同路上的 83 弄洋房一宅，辟为第二部，遵照私校规程办理，呈请教育部备案。同时添聘教师，设置宿舍，招收住读生。此时"全日上课，以是来学者益众。该校现有图书杂志三千余册，理化仪器亦足供普通实验之用。至体育方面如篮球、排球、棒球等球类，应有尽有。宿舍方面，设备颇合卫生"。1940 年 8 月，呈奉教育部核准备案后，改名为私立新本女子中学。从《申报》记载看，一直到 1946 年 2 月还在招生，如该月 19 日《上海市私立中小学暨幼稚园联合招生广告》，其中新本女中"（班次）高二、初二、各级，（考期）二月廿二日，（校址）永嘉路郑家弄五十七号，（电话）七三八六二"。但到下半年的 7 月 6 日，"清晨，突有军人金汉鼎，率领武装兵士三十余人，驻入校内，并将军风纪第三巡察团之招牌悬于校门口"。8 月初，当时私立中小学联合会理监事代表数人组成请愿团飞往南京请愿。那个年月"强占房子"又不是孤立的一件事,新本女中只能另觅他处。1947年初"将江湾镇斗台街之大花园,充作该校校舍"。

现在这里是6号,和此处大多数独立住宅一样,有较多住户,带有英式风格的楼房假三层结构,有着一些因生活而必须的改变,比如空调、电缆的安装,总体感觉有点破旧。特别是在东南边建造了一幢规模不小的六层住宅,花园已经很小很小。

永嘉路 19 弄西爱邨

西爱邨,开始时称为西爱坊,地址在旧时的报刊上有称17弄、21号、21弄的,1934年10月底开始称"西爱邨",1948年的《上海市行号路图录》中标识为"西爱邨,19弄",为上海市第五批优秀历史建筑,新式里弄住宅,砖木结构。弄的西侧有十个单元,门牌为1至10号,由允元实业有限公司1927年设计,招租者是美商中国营业公司。

1928年7月27日,初见中国营业公司的招租,声称:西爱咸斯路第廿一号弄内有三层楼洋房住宅数幢,最合居家之用。所有一切装修冷热水管,卫生厕所、浴间、汽车间、花园应有尽有。实际上,单幢住宅是没有汽车间的。这里的十幢建筑由北至南分布,先是两幢分开的小型建筑,随后是从平面上看大小相当的两排各四幢住宅。那小型建筑应该是汽车间,供住在花园住宅里的人使用。因为在初期的广告中说"汽车间(不另取费)",如果与住宅在一起,肯定是不用另外解释的。

1935年5月17日招租:"西爱邨(即廿一弄)有四号、

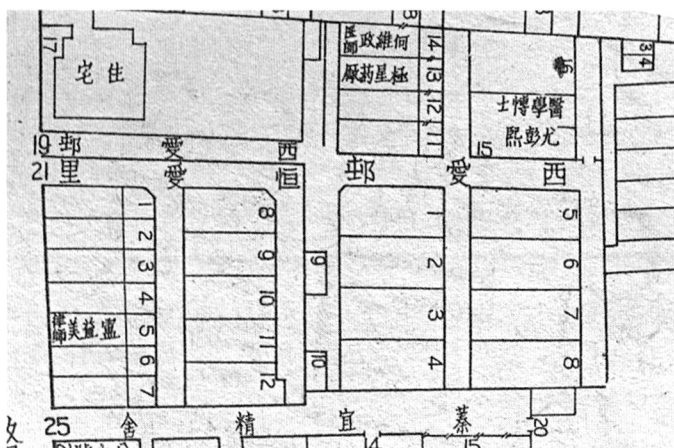
西爱邨与恒爱里

六号三层洋房两宅"，"月租一百元，要汽车间者加十二元"。此处房屋的租客基本上是富裕人士，比如 2 号，1928年底居住者是后来有些名声的邝翠娥女医师。邝医师 1897年出生，广东番禺人。1916 年获得清华"庚款奖学金"的资格，于 9 月 8 日与 55 名男生及另外 9 名女生乘船从上海出发，去美国康奈尔大学医学院留学。获得该校医学博士学位后，又在武斯特纪念医院实习一年，担任纽约比罗威医院驻院医师一年，游历欧洲后回国。任职于上海西门妇孺医院驻院医师一年后即任该医院医学堂的教员，此时是 1928 年年末。有书称她 1926 年毕业于康奈尔医学院。那实习的一年至少是要算在留学学医的时间内的。

1928 年 1 月，她获得上海免试医师执照，12 月自行在"南京路三百六十九号利济药房"开诊所，专治产妇、幼儿内外各科暨肺痨症。这肺科恐怕是她最擅长的。1930 年 12

月 9 日早上 8 点，中国航空公司上海第二号飞机飞往南京。起飞后十多分钟，飞机的左翼与停泊在附近的沙船大桅杆相撞，结果飞机掉落浦江边，飞行员等四人去世，国民党淞沪警备司令熊式辉等三人重伤。伤者送到骨科医院后，擅长骨科的牛惠生、牛惠霖医师亲自医治，因"小便较寻常少，故特请生殖泌尿科专家曹晨涛医师治理申部，曹医师前在北京协和医院；又请肺部专家邝翠娥医师查验肺部，邝医生系妇孺医院肺科主任"。

1941 年 12 月太平洋战争爆发后，原来担任西门妇孺医院院长的易诺（Eno）和其他美籍医护人员被日军关押，次年初全部离沪回国。1942 年 2 月，医院由中国人主持，邝翠娥担任院长兼内科主任。1951 年 12 月，医院划归上海医学院领导，邝翠娥不再担任院长。1953 年邝翠娥任上海第二医学院附属广慈医院（今瑞金医院）内科副主任、内科学教授。她在 20 世纪 40 年代时已经另租他处，1944 年 7 月 29 日《申报》广告："兹为便利病家起见，商借尚贤妇孺医院分诊所应诊。特此奉闻。"其时门诊地址在南通路 12 号，住宅在五原路 228 弄 2 号。

住在 5 号的钱昌淦是个不寻常之人。1904 年 11 月 7 日钱昌淦出生于崇明城桥镇，1916 年 8 月成"苏省本届考送清华学生"正选 16 人之一。他聪明内秀，埋头攻读，心无旁骛，得到了赴美国留学的机会，在纽约州特洛伊市伦斯勒理工学院深造，学的是民用工程学桥梁工程专业，1925 年获得学院最高荣誉——桥梁工程专业土木工程师。1927 年12 月，他曾在上海特别市工务局办理建筑师工程师登记。1928 年 12 月 1 日，他接手东亚建筑工程公司，但随即发布启事："因事赴美，特托周明衡、宛开甲两君代理。"此去

永嘉路 19 弄
西爱邨 5 号

美国，是为了与留学时认识的爱丽丝·莱德（Alice Ryder）结婚。1929 年 3 月，他携妻回沪，8 月 9 日《申报》载："总工程师钱昌淦，崇明人，家住西爱咸斯路西爱坊五号，置有七一五六号（市六四二七）之轿式汽车一辆，每日往返以代步。" 8 日中午同往常一样，钱昌淦从办事处回家吃午饭，这天司机有事请假，他自己驾车。当车行驶到离弄口只有二三丈的时候，后面一辆车子突然加速并逼向钱的轿车，钱向左避让，后车仍旧紧逼，致使钱车擦损路边小树。钱愤怒中即下车去问罪，此举正中对方下怀。对方四五人手执凶器，站在车边，把钱拖进车子，向西而去。这次绑票，对方无非是要些钱财，钱昌淦家属只能花钱消这无妄之灾。

1934 年 8 月，钱昌淦的东亚工程公司经过两轮竞争，从十七家中外公司中胜出（总共有四家公司中标，其中两家外国公司，两家中国公司），承包钱塘江大桥北岸引桥及全部桥面工程。在工程末期，淞沪抗战爆发，为安全起见，他劝说妻子带着三个儿子回了美国娘家。他本人在工程完工后被调往南京，出任交通部技术厅桥梁设计处处长。不久即转往重庆，从事修建滇缅公路上的桥梁，花了很多精力负责建造新功果桥（后被命名为昌淦桥）。1940 年 10 月 29 日，钱昌淦乘重庆号飞机去昆明公干，途中遭到日军战斗机袭击。飞机迫降后仍遭日机机枪扫射，钱昌淦身亡。次日国民政府"明令褒扬"，同时让有关部门给予一系列优厚待遇，彰显功勋，激励来者。

东侧 11—17 号由奚福泉（公利营业公司）1938 年设计，大约在 1939—1940 年间建成。其中最北处占了一半地皮的 17 号，属于街面编号，并且是独立式花园住宅。往南一排四个居住单元，分别是 11—14 号，再往南是三个居住单元，分别是 15—17 号。这两排住宅总体面积相当，后者因居住单元少而面积比较大。风格上与西侧全然不同，有着拉毛的水泥墙面、铁质的窗框和较大的花园。

曾住在该处 15 号的尢彭熙医学博士，被称为"我国国际象棋项目的先驱者"。他生于 1900 年，据称是江苏无锡人。1923 年 2 月 3 日，作为医科生毕业于上海同济大学，是该校改为大学后的第一届毕业生，该届毕业生总共只有 13人。11 月中旬，《德医尢彭熙启事》：受到德国哈佛郎得（Havelland）号聘请，担任随船医生，前往德国考察医术。宝隆医院事务已经辞去，中德医院暂时请徐衡如帮忙。一旦归国，仍会在中德医院应诊。1924 年 11 月下旬，尢彭熙从

永嘉路 19 弄
西爱邨 15—17 号

德国回沪，称"皮肤、花柳科博士"，在静安寺路（今南京西路）中德医院坐诊。此后曾担任中德产科女医学院教务长，又与李中庸、金问洪等医生在西藏路平乐里的中央施诊所义诊。1925 年 10 月 31 日《申报》上刊登《德国海台山大学奥京国家医院医学博士尤彭熙启事》："自十一月一日起，与中德医院以及附设中德产科医学院等完全脱离关系，自设诊所于白克路九号洋房，每日门诊。" 1926 年 3 月，同德医学院改组后，聘请他坐诊小儿科。1928 年 6 月下旬，同德产科学校招生时，他担任医学大纲教授。11 月，上海医师公会举行会议，80 多人中，他被选为 15 个执行委员之一。1942 年，尤彭熙"内科、皮肤科医师自七月一日起，添设法租界诊所",地址是西爱咸斯路西爱邨十五号,门诊时间为上午十时至十二时;在白克路北河路十八号的诊所,门诊时间为下午三时至六时。这新的诊所在1948年的《上海市行号路图录》中有标明,何时租入不甚明了。以后尤彭熙一直居住在这里。据称他中华人民共和国成立后曾任职于瑞金医院。据《柏九堂诗存》,1982年有《送尤彭熙博士赴美讲学四首》,尤医师与其妻子欧阳敏到美国。1983年7月21日尤彭熙在美国逝世。

恒爱里与其他建筑

提到孙梅堂,或许很多人都会有印象——旧时的"钟表大王"。他早年就读于上海圣约翰大学,1902年辍学接手其父在上海创办的美华利钟表行,1905年开办美华利制钟厂,1917年接手德商上海亨达利钟表行,业务逐渐拓展至全国各大城市。1927年,他开设了恒裕丰地产公司,从事房屋建造及出租业务。公司地址就设在美华利钟表行,即当时的河南路稍北的南京路上。

作为优秀历史建筑的恒爱里,1930年5月5日的《申报》招租广告称:"坐落法租界金神父路口西爱咸斯路恒爱里内有洋房数宅,屋位高大,工程坚固,设备完全。如浴间:白磁浴缸、白磁面盆、抽水马桶,电灯,汽车间一应俱全。每宅房,大小房间有十余间之多。租价低廉,小租不收。如欲租者请向南京路抛球场转角一四〇及一四二号本公司接洽可也。恒裕丰地产公司启。"翌年的招租广告中称:"三层洋房,分大小二种。"我们现在看到的恒爱里基本面貌没有大的变化,这些砖木结构的洋房一共分为两排:第一排,沿街1—

7号（不知何时编号中间多了个23号）；第二排，8—12号。

1931年6月18日，南京政府代表与法方代表就法租界会审公廨事项达成初步意见，经我国外长王正廷、法使韦礼德审核后没有异议，7月28日正式换文签订。7月30日公布内容："第一条 自本协定发生效力之日起，现在上海法租界内设置的机关，即所谓会审公廨，以及关系之一切章程及惯例概行废止。"第二条中表示要在法租界内"设置地方法院及高等法院分院各一所"。8月1日，江苏高等法院第三分院即宣布成立，除了把原来的法租界会审公廨改作法庭外，另外租用恒爱里6、7、9、10、11、12等号房屋，作为办公地点。其中10号，以后通常称为"高三分院"。从当年8月6日开始受理事务。也有把沿街的6号、7号称为"高

永嘉路恒爱里街面房

三分院"。如 1933 年 10 月 22 日，"现任江苏高等第三分院首席检察官赵□北之表侄"夏韶平，下午 3 时乘自由车在"西爱咸斯路恒爱里高三分院门前来往游戏，作户外运动时"，有福昌烟公司张经理所乘自备汽车，由车夫徐小妹驾驶疾驰而来，先将路边树木两株撞到，后把十二岁的学生夏韶平撞得头破血流，自由车也被撞坏。如果夏在 10 号的话，户外运动也就在两排房子的中间，没有树木，也不可能有疾驰而来的小轿车。

1936 年 8 月，高三分院新院长杨鹏接任，觉得长期租用民房，"租金甚巨，五年以来，为数可观"。打算建造新屋，与第二特区地方法院合并一处，划分办公。因为旧会审公廨东边有空地，因此打算在那里建造。

1937 年抗战全面爆发后，开始租界还算稳定，后来汪伪政权逐渐嚣张起来，多次提出收回特区法院。1940 年 11 月 9 日《申报》载："昨日上午十时二十分，法租界西爱咸斯路二十三弄高三分院弄口，突驶来租界防军照会第二五一号及第三八二号汽车二辆，司机均穿日宪兵制服，以及其他黑牌照会汽车三辆，当即跳下日方便衣人员十二名及其他华人二十名，原高三分院首席检察官乔万选与特二法院首席检察官孙绍亦在其内，拥入高三分院。至法租界公董局法律顾问处主任顾问社根，则于事前先行到院守候。"汪伪政权的目终于在其主子的强力支持下，在法租界当局的协同下得逞了。

1943 年 8 月，在法租界的所谓"收回"下，汪伪政府把高三分院和高二分院合并为上海高等法院分院，"高等检察署则设于西爱咸斯路高三分院原址"。那些国民政府的办公人员早在两年多前的事件后，大多离开了。以后这里的人员变化也不小。现在住宅北面前有一排小矮房，有的独立，有的与原住房相通。那些原住房的居民里，有一些据称是旧时法院里职员的后代。

永嘉路上还有一些值得一说的建筑：37号是独立式花园洋房，二层楼面，部分三层。红色双面瓦坡，淡黄色墙面，转角处镶嵌白色隅石，带有混合式建筑风格，被列为优秀历史建筑。17号为独立式花园住宅，据称建于1936年，现在的面貌已经与我当时所见全然不同。20世纪70、80年代，房屋中间为主建筑，屋顶陡峭，使用铅质材料。据年长的邻居说，建成时是铅质屋顶，白日里亮光闪闪。后来为了防止日本人轰炸，涂上了柏油。东侧为平房，做汽车库。房屋沿面和其他房屋平行，不是现在收缩进去的样子；西侧也没有现在那么高，为整个建筑的一部分，与主楼自然融合。后面是大花园，种了不少树，印象较深的是有一棵很茂盛的柿子树，因为有同龄伙伴摘了想吃（摘下来时是青色的），后来没有吃成。现在花园的地方建造了一幢小高楼，"面目全非了"。1934年2月中，原来在霞飞路（今淮海中路）的经济委员会驻沪办事处，因为租房开支较大，为节省经费，"特将该办事处迁移至西爱咸斯路廿九号之财政部驻沪办事处内"。可见，当时的29号是国民政府在沪的两个办事处。时任全国经济会常务委员的宋子文多次在这里接见报社记者，发表重要讲话。当时的33号花园洋房一度为汪伪政权首要人物陈公博据有，抗战胜利后，"由宋院长家人保管"。这两幢建筑现在因建造高楼大厦而不复存在。

永嘉路从20世纪初期的乡野，到道路铺就、两边楼宇兴起，可算是一个初步的发展；随着进一步的发展，不少建筑被摒弃，原处建立了不少更适合人们生活需要的场所。有

永嘉路 37 号

些优秀和不怎么优秀的建筑被保留了下来，前者被命名为上海优秀历史建筑，后者也有过加固等修缮。相信，这里有些建筑还会发生变化，期望能变得更好。

曾经的淡井庙

吴志伟

上海过去有句俗谚："先有淡井庙，后有上海城。"或许有些夸张。淡井庙始建于南宋末年，地处华亭县淡井村，当时上海尚未设县。仅从时间上说，此说也对。从一个民居村落成为县府城隍的行宫、一度的上海城隍庙所在地，有着一系列的缘故，也是上海东部逐渐发展的一个例子。进入近代之后，渐渐失去以往尚存的一点热闹；20 世纪 30、40 年代曾掀起一股热潮，1955 年成为工厂和小学，1997 年底起开始拆除。如今那里已建花园式住宅，幽静而别致。

一

上海东部地区由长江冲积而成，大部分在唐代形成，到宋代基本与现在的状况相差无几。从唐代开始，上海西部及中部地区的民众逐渐向这块地区聚集、发展，形成一个个村落。淡井村就是其中的一个，因有一个水喝起来味道淡淡的井而得名。上海由冲积而成陆，东部沿海地势又比较低，历史上常常会有海水倒灌。可想而知，人们喝的水有时候免不了会有点咸味。不要说过去，就在 20 世纪 70 年代初，我亲眼看到奉贤等地还有盐碱地；在浦东远郊打口井，井水的味道也是怪怪的。不过淡井村周围的水应该还是可以正常使用的，不然仅靠一口"淡井"解决不了一个村落的人的饮水需要。在文献中最早提及"淡井"的是元代至元《嘉禾志》，该书由单庆修、徐硕编纂，至元二十五年（1288年）刊行。在卷八《邮置》中提到："松江府急递铺一十四处"，西塘、东塘各设七铺，从风泾铺经松江府前至上海铺。"东塘七铺"中，"龙华铺东接淡井铺九里"，"淡井铺东接上海铺"。一百五十多里的急递铺，它的设置需要最好的运输通道，不管是水路还是陆路。淡井村位于这样的通道中，应该是已经很好发展的一个反映；同时对其以后的发展，又有一个良好的促进作用。

上海现存最早的志书——南宋绍熙《云间志》卷中"水"条目下记载：华亭县东北一百二十里有高昌乡，辖九保、十五村，管里四。这四里分别是高昌、盘龙、横塘、三林；至元《嘉禾志》的记载同样是这么简单。明弘治《上海志》卷二则详细记载了上海县乡保名称，其中高昌乡辖九保、十五村，管里四。其数目不仅和《云间志》记载相同，四里的名称也一样。从中可以大致确定，在这数百年时间内，乡里结构比较稳定，高昌乡的管辖格局没有发生过变化。九保是从二十二保至三十保，十五村分别是承福村、欢乐村、顺义村、连荣村、丽清村、利仁村、永泉村、成德村、棋香村、上德村、通济村、望仙村、人宠村、淡井村、龙华村。就此来说，淡井村在宋代不仅存在，而且还比较突出。保是按照地域划分的，村、里都包含在保中。村、里之间没有管辖关系，可能有规模之分。高昌乡村、里合计十九个，在每个保里约有两个，应该是保处理地方事务的所在地。不久，高昌乡的管辖发生了变化，明嘉靖

《上海县志》载："管二十二至三十九保，分区十三图一百九十一。"新出现了"图"，一直沿用到20世纪30年代。另外，淡井村又称"淡井里"，这规格上有点小小的上升吧。这时的淡井村或里属于二十七保六图。此后"淡井村"逐渐成为旧名称，在清嘉庆《上海县志》所绘《古上海镇隶华亭镜图》中，与"永泉村"等作为少数几个古老村被标注出来。同书又载二十七保"五图淡井庙头，六图淡井庙北"，"淡井庙，庙有井，味淡……在西门外，宋时建为华亭城隍行殿。元时权奉县城隍神于此。"

二

　　唐天宝十年（751年），华亭县设立。不久按照那时的惯例设立了城隍庙。《云间志·祠庙·城隍庙》说：庙初在县西，到北宋政和四年（1114年），迁于县东南，"相传祭纪信"。差不多同时刊行的赵与时《宾退录》记载，该城隍庙祭祀的是纪信。这个纪信是汉王刘邦的大将，在楚汉相争荥阳大战时，刘邦被项羽大军围困，众臣无计可施。这时纪信（后来的志书记载其长相与刘邦比较相似）主动提出假扮刘邦，出城诈降。当纪信从东门出去"投降"时，"楚军皆呼万岁。汉王与数十骑从西门出走"。在项羽面前，纪信自然被识破了，后被活活烧死。纪信作为忠厚之臣而被人们赞赏，被不少地方将其供为城隍。城隍神是保护县城及县城以上城池的神，县城以下的乡村是土地神管理、保护。这个不是实际的官场，有时候难免会走样，特别是在后来不少乡村发展成为乡镇后，也搞城隍供奉。

　　城隍神常常要"出巡"，这"出巡"有时只在城内，据称每年清明、中元、十月朔等，城隍神要出巡祭厉坛，迎送时，彩旗、灯幡、鼓乐、烟火，极为隆重。有时要到城外出巡，这时的淡井庙成为华亭县城隍神的一座行宫。元至元十五年（1278 年），华亭县升格改为松江府，原来的华亭县城隍也相应晋升为松江府城隍，于是淡井庙又改称为松江府城隍行宫。通常认为淡井庙正好适合从松江府到这里一天的行程，所以成为行馆。这个可能是理由之一。从当时的发展情况看，在华亭县及后来的松江府东部地区，宋代的旧村落除了淡井村，北有永泉村（今静安寺处），南有龙华村，后两者在宋代都有了佛寺，是不合适让道家信奉的城隍神歇脚的。

　　元至元二十九年（1292 年），上海镇从华亭县划出，设立上海县。这时县城没有建造城墙，一般认为出于财政上的缘故，这是原因之一，就像清初也没有建造城墙一样。另一个原因是元朝掌权者是不喜欢城有城墙的，在初期征服南宋时，常常在攻下城后拆除城墙，因为城墙的存在不利于元代骑兵的进攻。后来这个做法改变了，不再对侵占的城拆除城墙，但对出钱建造城墙也是不感兴趣的。上海县城的规模不大，没有城墙，也没有新立自己的城隍庙，城内居民原先祭拜城隍神是到淡井庙去祭拜松江府城隍神，立县后依然如此。此一时期淡井庙已经是县城隍神所在供奉地，不再是行宫了。到了明初，朱元璋特别重视城隍信仰。洪武三年（1370 年）下令整顿祀典，按行政机构命名各地城隍神庙，模仿地方各级衙门建造城隍庙，俨然形成一套完整的阴间王朝官吏系统。二十多年后，上海县城处建成城隍庙，供奉秦裕伯等人为城隍神。关于秦裕伯，常见的说法是字景容，生于元代元贞二年（1296 年）农历六月十二日，累官至福建行省郎中。后来辞官回乡，以忠孝闻名乡里。元末张士诚占据苏州时，派人前往招用，被他拒绝。明初朱元璋对于秦裕伯隐居上海深感不安，担心由此引发"海邦不靖"，以其"贤明刚直有道"为由，手谕"海滨之民好斗，裕伯智谋之士而居此地，苟坚守不起，恐有后悔"（弘治《上海志》），秦裕伯被迫出仕。秦裕伯为官清正勤勉，有贤名，明洪武六年（1373年）病卒。也有说未曾出仕，因为朱元璋说过"生不为我臣，死当卫吾土"，所以封他为显佑伯。还有其他一些说法。中华人民共和国成立前，上海通社所编《上海研究资料》中谈到这个问题时就说："秦裕伯做城隍神的原因，在清初已经成为疑案了。"

成为疑案的还有淡井庙，此段时期内供奉的城隍神究竟有没有发生过变化？明弘治《上海志》提到城隍庙已经在城内，没有提到淡井庙；清乾隆《上海县志》载"淡井庙，在城西五六里，元时为城隍庙"，隐含的意思它在清代不是城隍庙了。1910年《图画日报·上海之建筑·淡井庙》说："元时权祀本境城隍于此。永乐间，始以城内之霍光行祠建本邑城隍庙，而淡井庙则仍其旧。"似乎一直供奉纪信为城隍神。从《申报》的一些记载看，在清代的中晚期淡井庙是供奉城隍神的，但是不是秦裕伯没有明确记载，都是每年清明前后举行迎神赛会。此录几条，供读者一观。

1882年3月31日《申报》载《群观赛会》："本埠西乡五六里之淡井庙，不知所供何神。常年二月十二日，该处乡民有迎神赛会之举。昨日届期，赛会士女之往观者，殊形热闹云。"按照习俗，农历二月十二日是部分地区的百花生日。但从公历上看，实际是清明前一周，应该是城隍老爷出巡。

1884年3月30日《申报》载《赛会志略》："沪西数里

《上海之建筑·淡井庙》（选自 1910 年《图画日报》）

有淡井庙，中供城隍神像，清明时节例有赛会之举。前日会中集数百人迎神，过法租界，经四明公所往高昌庙，然后回庙。”

1896 年 3 月 29 日《申报》载《城隍赛会》：“本邑西乡淡井庙塑有城隍神像。前日好事者舁以赛会，美其名曰‘赈济孤魂’。午后会同高昌司神像赴厉坛，焚化楮帛。前导除寻常旗锣伞扇外，有大旗一面临风招展；次以开路神小偶像置诸竹椅，四围遍缀松柏，青枝绿叶掩映于长堤细草间。继而执事马、令旗马、青衣会、黄衣会清音数起，调丝弄竹、各逞技能。游行乡村市肆，直至二鼓后始回庙。经行之处，观者塞途。"

1900年，法租界又一次的扩张，之后向西越界筑路。1905年4月，淡井庙赛会时，因要经过法新租界，遭到了法租界当局的反对，巡捕房"特派包探数名，前往新租界一带严行强压"。此后，淡井庙赛会不复从前。

《图画日报》周刊中《上海之建筑》栏目所载图片，从大量的其他例子看，基本与原建筑很接近。淡井庙看上去比较低矮，1928年5月一位名为"明"的作者在《申报》中写道："谈到淡井庙，是我们常常散步到的一个地方，它是位在一个叶氏墓地的旁边。在汽车声里、柏油路头街、灯闪闪的物质文明的淫威之下，它还冷静静地矮小小地立在那里。它面部上带着庄严的古黄色彩，并且有株似老非老枝叶茂盛的银杏，立在它的当前。但它那名儿能被人们的注意，就全靠这株树儿的吸引。"庙的平面构造，后期与之相差不多。20世纪30年代中期，在黄金荣的召集下，当地一些稍有头面的人物也参与其中，对淡井庙进行了多次修缮。曾经吸引了不少信徒、游客，热闹了好一阵子。

三

淡井庙的土地，在民国时期有据可查的至少十亩多。1926年10月6日：住持慧德作为地主租给李一琴，"方单第132号、133号、134号、138号（即法新租界西爱咸斯路淡井庙对面），计照丈绘图地四亩三分二厘。四至：东至天主堂，南至恺美堂，西至浜，北至马路"。租期年限32年，从1926年起租，租至1958年。1934年3月，上海市土地局第

淡井庙后殿及东隔墙

三科的土地登记中，淡井庙坐落在旧称特别区二十七保六图行字圩第 325、326、327 号，丈见 3 922.629 方，合 5.816 亩。

中华人民共和国成立初期，庙外租地不算，淡井庙占地是 4.67 亩。1958 年，庙的前殿成为上海归国侨眷胶木加工工场，一些归国华侨的侨眷和原来淡井庙的部分道士成为工人（道士有多少留下不是很清楚，但是肯定有）。《上海市卢湾区地名志》说："1943 年住持谷声圆寂，委托皈依徒弟程海根经营庙务。1947 年由谷声徒弟道澄任淡井庙住持，香火兴旺。"程海根早就自己开了小工场，从事冷冻行当，中华人民共和国成立后进入上海冷气机厂，为小资本家。而道澄就留在新开的工场里。后殿、两侧厢房和后殿后面的一排平房成为瑞南民办小学，原来 20 弄（顺安里）最后一排房子的花园逐渐成为瑞南民办小学的操场（开始的时候因居民有意见，所以是逐渐扩大的）。

在后殿前面西侧有一圆拱形水泥墓，"文革"中被损坏。墓的西侧不远有一堵隔离墙，当中有圆形入口。进入该门洞后，向南十几步就是教室，依稀记得在教室门前有一块镶嵌在墙中的石碑，碑面向西。当时我还是四五年级的小学生，看不懂上面写的内容，也不知道那个墓葬的是什么人，在墓上和同学玩滑梯和攀爬。成年后从一些年长的邻居口中得知是上海城隍老爷秦裕伯的墓，当年真是大不敬得很。不过对这墓是否是秦裕伯的，现在还是有不同的见解，并且否定的意见好像占上风。最早记载秦裕伯墓的文献，目前是明万历的《上海县志》。其卷五《丘墓》说"秦裕伯墓，在淡井庙北"；乾隆《上海县志》的记载与此一字不差。差不多时间刊行的《江南通志》说"秦裕伯墓在上海县淡井庙北"，《大清一统志》载"秦裕伯墓，南南汇县淡井庙北"。这段话难以理解，究竟是两处都有，还是南汇县也有淡井庙？此书虽然收入清乾隆《钦定四库全书》中，有一定的权威性，但是出点错误恐怕也是难免的。到了20世纪30年代，据说是秦氏后代的秦锡田写了一本《秦景容先生事迹考》，认为淡井庙处葬的是秦裕伯的祖父秦知柔，赵孟頫曾题碣。秦裕伯的墓在陈行乡长寿里，因明初奉祀他为上海县城隍神，故有所附会。清初讲不清楚的事，几百年后能讲清楚？后代子孙的话，总得尊重些，事实究竟如何，要么有新的资料，要么就读者自己判断了。

那口使淡井庙得名的淡井，据《上海市卢湾区地名志》记载，"存在于永嘉路12弄某居民灶间"，这个我认为是不可能的。永嘉路12弄只有华侨胶木厂和弄西侧一米多宽的一家住户，我当时常和那户主在他家中下象棋，从来没有看到过。也有说在胶木工厂内的，也没有得到确定。"文革"中，上海归国侨眷胶木加工工场改名为上海华侨胶木厂，人也进了不少。那株古银杏早已枯掉，邻居说是当年树上发现蛇洞，放火局部烧和熏后死了；也有说20世纪30、40年代淡井庙香火旺盛时，香客烟熏而致树死。枯掉的银杏树还有七八层楼高，冬天只见光秃秃的大枝干，春天寄生藤爬满全树。20世纪80年代后期被华侨胶木厂连根拔掉。1997年初，因这里需要重建其他住宅，从永嘉路2号到32号，包括顺安里全部拆除，淡井庙庙址不复存在。有人说：一方未知是何年题刻的"宋建淡井庙"额石，可能尚在瑞金宾馆内的地上，这个不太可能。还有十多年前上海某晚报报道在瑞金宾馆发现淡井庙遗迹等，这是一个炒作。2011年3月，曾住在永嘉路拆除地的中学同学聚会，其中一位与瑞金宾馆某位餐饮经理比较熟悉，于是

永嘉路12弄1—2号

就先到那里听听那位经理的介绍，随后到晚报上所说的"遗迹"处看了看，很明显是"造假"，目的是为了抬升该宾馆的热度从而提升餐饮销售。瑞金宾馆与淡井庙根本没有什么关系，一道墙把两者分得清清楚楚。从1948年《上海市行号路图录》中就可以清楚看到有着分隔，淡井庙的部分建筑怎么可能会存在于旁边的花园中？2022年瑞金宾馆在那一带造新的对外营业的住所，把这些所谓的遗迹全部清理一空。

淡井庙早已成了历史名词，但在口头上还存在着较长的时间，此后将逐渐被人们忘却，这是历史的必然吧。淡井庙从一个小聚落开始，逐渐发展起来，或快或慢，最终因不适合城市发展的脚步而被彻底改头换面。十多年前新建筑落成，一扇别致的暗黑色铁质大门，两侧墙的上部放置着近代式样的照明灯。西面灯的西侧有一块淡黄色的门牌，上面的字是"永嘉路12弄1—2号"。东侧有一扇与大门同样色调、同样风格的小铁门，应是为方便个人的进出，再东侧就是瑞金宾馆了。大门的上部是旧时常见的竹子编制的篱笆护墙，与一般不同的是篱笆上没有涂抹柏油。大门后面是一条四五米宽的柏油路，直通到第二幢住宅入口的地方。两幢简约风格的三层建筑一南一北静卧在大树边、小树中，与那个地段的"邻居"很是般配。

从逸园跑狗场到文化广场

吴志伟

　　一百多年前，今永嘉路、陕西南路、复兴中路、茂名南路一圈还是一片乡野，如今却是上海文化娱乐盛地之一。2011 年重新建成的艺术殿堂——文化广场，一顶如坡形帽子般的优美建筑镶嵌在周遭一片绿地中，无疑显得很优雅、很别致。一百多年来，此间曾经发生过不少变化，主动的、被动的……而今的景象，无疑是让人感到欣慰与赞叹的。

逸园跑狗场的建立与运作

　　上海跑狗活动的出现与其他西方"娱乐"相比是比较晚的。1927 年末，坎贝尔、琼斯等人从世界跑狗活动中心之一——英国伦敦乘坐英国轮船，带着一群赛狗、训练师、电动机和纸兔模型以及所需设备来到上海这个"冒险家的乐园"闯荡，不久即在公共租界华德路设立了上海第一个跑狗场——明园（今长阳路、许昌路、霍山路处明园新村即为其旧址）。继而万国赛马会董事在今延平路、胶州路、武定路、新闸路之间，购地约 40 亩，发起组织了申园跑狗场（今云和花园住宅为其旧址之一）。跑狗场一设立就吸引了许多市民。明园 1928 年 5 月 28 日正式开幕时，只有 4 条狗比赛，没有连位、双独赢的赌法，只出售 5 元一张的独赢、位置票（独赢：买中第一名，获奖。位置：买中第二名，获奖；但是如所买的狗跑进第一名也有奖。由于保险系数大，奖金较少。连位：买中第一、第二名，并且次序不能颠倒，获奖。因难度较大，获奖金额较高。双独赢，买中两场比赛的第一名，获奖；哪两场可以自己选。难度系数较高，中奖后奖金额也较高）。即使这样，每次售出的门票可达到 5 000 多张。资本 20 万的申园，筹建期间登广告招股，才两天工夫，股额就招满了。每股 20 元的股票，在申园开幕（1928 年 7 月 31 日）一周后，就涨到 50 多元，跑狗场一时成了香饽饽。

法国邵禄（J.J. Chollot）于 1928 年在今永嘉路、陕西南路处开设了逸园跑狗场。这个在法国注册的赌场，全名是法商赛跑会股份有限公司，1928 年 10 月 1 日正式开张。

逸园跑狗场所在的地方那时已属英国商人马立斯（H.E. Marriss）所有，占地 78 亩多。1927 年 10 月 15 日，马立斯以每亩 7 800 两上海规银出让给法商中国建业公司，由该公司董事会总董邵禄签立草约。随后史比门（或称史必尔门，Michel Speelman）代表法商赛跑会与邵禄签订每亩 8 700 两的转让协议；接着这两人（史比门代表万国储蓄会，邵禄代表法商赛跑会）签订地皮抵押贷款协议。这块地皮贷款额最终定在了 135 万元。经过这么一番操作，法商赛跑会利用万国储蓄会的钱买进了这片地皮。开始兴建逸园大厦和大看台，平整场地，设有 6 条蛋形赛狗跑道，用格力犬赛跑，使用了时兴的、现代化的设备，跑道四周均设有看台，能容纳两万余人（明园 1 万多人，申园 5 千多人）。不仅把跑狗场布置得富丽堂皇，还设置旅馆、餐厅和舞场，号称"远东第一大赌场"。据悉最终共花费了 150 万元。但是这笔巨款对

逸园跑狗场内挤满了赌客

跑狗场老板们来说是小意思，不久他们就可从"狗迷"那里收回成本并获得丰厚的回报。从 1931 年到 1934 年，法商赛跑会的账面资料记载，四年中赢利达 120 万元。在 1931 年，长江流域发生了历史上罕见的大水灾，逸园跑狗场以"跑狗救灾"为名，宣称"蒙法总领的允准，举行赈灾大赛狗"。事后，给了国民党政府 7 万元。这一年，跑狗场向法总领事等的献纳总计在 120 余万元。

1931 年，跑狗场对市民、对社会所造成的危害已为一些人所认识，有识之士在舆论上大加揭露，纷纷认为跑狗"数分钟即赛一次，其弊害之大，尤甚于各种赌博"，纷纷要求关闭跑狗场，中国政府所属的市公用局禁止有赛狗广告的电车在华界行驶。在越来越激烈的反对声中，公共租界工部局于 1932 年 1 月将申园、明园两个跑狗场取缔。这两个跑狗场关闭的另一原因是英国法律不允许进行博彩业（明园被取缔后，曾把公共租界工部局告上英国伦敦法院，要求赔偿被关闭后的损失，被驳回），跑狗场活动的博彩色彩很明显。但是在法租界，因为法国法律并没有规定不允许进行博彩业，法国驻沪总领事于是以"法租界内跑狗场应否加以取缔，须归法国驻华公使与法国外交部决定，本领事无权过问"为由，不顾人们的反对，逸园跑狗场依然存在。由于少了明园、申园两个跑狗场，逸园的营业反而更加兴旺。1938年，每天售票额达 12 万元，狗场抽头得 1.5 万元之多。每周赛狗四天可净捞 6 万余元，一年收入可达 300 余万元。就在这年，跑狗场不仅还清了万国储蓄会的借款，资本也从 60万元美金增到 180 万元美金。其不动产也在逐年增加，单房地产一项就拥有土地 116 亩，大小房屋 15 幢，其中包括一幢五层的大楼，还有三幢是花园洋房。跑狗场大发其财，是谁给予的？绝大多数是中国人，他们在"狗迷"中约占95%。那些"狗迷"们也并非全然不知赌赛获胜之渺茫，几个跑狗场因其译名大都有不祥的绰号，如明园叫"流落派"，申园是"输到底"，逸园为"看你穷"（Canidrome）。从这些"雅号"上可略知"狗迷"们的心理状态。一个积十余年赌狗经验者，在其所著《跑狗指南》中也揭露了赌狗比赛中的种种作弊手段，当时一些报刊也时时有赌狗害人的报道。但是那些"狗迷"们还是被一元赢百元，甚至可赢三四百元的噱头所诱惑。结果赛狗次数越多，赌迷们的奉献也越多，跑狗场老板们的钱囊则越来越鼓。

进入跑狗场的赌客须购入场券，随后可坐在看台上看狗跑。赛狗之前，赌场内公布参加赛跑的狗的名字。赛狗被关在铁笼内，外面标着狗的名字和号码，赌客看中了哪几条狗，就可随意择购狗票。赌客也可坐在餐厅中吃酒或在舞厅里跳舞，那里都装有报道比赛情况的电动设备。买狗票、领彩金都可寻人代劳。跑狗场的比赛每周 4 天，每天 10 多场，每场一般有 6 条狗出场，票分为 1 元（独赢、位置）和 2 元（双独赢、双连位）一张。

"狗迷"的赌博对象不是跑狗场的老板，而是其他"狗迷"。跑狗场的老板只是照票额总数抽取头钱 11%，后来增为 15%、20%。抛开已被搜刮去的不说，下注能否如愿，表面看起来取决于自己的眼光灵不灵、运气好不好。其实不是这样，当中有着种种弊端。赛狗时，先将电兔放出，接着养狗的人把关狗的笼子门掀掉，狗随即紧追而上。由于电兔的快慢由人控制、狗的调养有专门的教练，狗到终点时有司证作判，这三者都可能在其中搞鬼。在明园、申园未关闭时，三个跑狗场"以申园作弊最厉害，电兔被狗追着，时时可以看到"。《跑狗指南》中这么说："赌狗还不如去赌狗教练。狗场有六个狗教练，这六个狗教练就能够操纵整个狗场。有出笼的狗能够使它吊笼，好后劲的使它毫无后劲，不打架的使它大打全武行，臭狗使它出头，某狗大热门可以使它不终赛。如果乙号狗是大热门，教练先生的提调却买甲号狗，临赛时将乙号狗换去。结果只见教练先生的提调在领奖。如果二狗几乎并排跑至终点，司证为了自己的利益，总判他们所购号的狗获胜。"由此可见，在这样的情况下，狗迷们只能是输多赢少了。

1941 年 12 月，太平洋战争爆发，侵华日军进入租界，逸园跑狗场被占为军营和仓库，法国老板携巨资回国，跑狗场就此停业。1949 年 5 月，上海解放后，逸园的各种场所常常借给各单位开会、办展览会之用。1951 年 10 月，由于逸园资方拖欠国家巨额税款、无力支付职工工资，经法院判决，将逸园所属判给了上海市文化局，由文化局支付 14 亿元旧币抵充欠税，另 1 亿元旧币支付职工工资和遣散费，自此逸园成为国家的财产。

文化广场的初建

1952 年 4 月，经上海市政府决定、陈毅市长批准，逸园改建为上海市人民文化广场。9 月 29 日竣工，总面积 8 700 平方米，逸园原跑狗场看台扩建成拥有 1.5 万个座位的看台。11 月，经上海市政府同意，改称文化广场。1954 年 7 月，决定新建固定舞台。翌年 1 月，固定舞台、后台竣工。文化广场从此成为上海举行大型政治集会和文艺演出的重要场所。

文化广场地址为永嘉路 36 号，南为永嘉路，西邻陕西南路，北面是一些民居和空地。东侧的茂名南路在那时不通行，永嘉路那头有一扇两米多高的铁门，复兴中路那头有房屋。文化广场设五个门，永嘉路上的门最靠近新建的舞台，基本供领导或者演员进出。有时会议或表演结束，疏散人群时可以出来。陕西南路上有三个门，最北端的一个门及复兴中路上的门都是"虚"的，门是有的，但是不检票；从这两个门进去，都要经过空地，然后在进入文化广场时检票。

1969 年 12 月 19 日的上午，我与几个伙伴正在永嘉路 20 弄（今永嘉路 18 号上海城投总部大楼东侧）玩耍，这时一阵阵"文化广场着火了"的声音传来，抬头一看，文化广场的上空浓烟冒起，越来越浓。不久消防车的声音不停地

旧文化广场主入口

鸣叫着从各处赶来，不少人向文化广场奔去救火。当时就听人说，工程队的维修工在广场屋顶东南角处，用一种喷火器把柏油喷软时，不小心把手上的手套点着了火，情急中把喷火器甩到了脚手架上，引起脚手架和施工处同时起火。当时刮的是东北风，火势蔓延得很快。火势也很猛，偶尔一个风向一转，站在隔着一个苗圃（今上海城投总部大楼）的我们，顿感热浪扑面，急匆匆后退。消防车的水拼命压着火，听说当时救火的目标至少要保住位于西北角的上海戏曲学校，从而防止火势蔓延到那里的居民区。火势最终被控制，文化广场全部，舞台部分以及戏曲学院一部分被烧毁。十四位市民不幸牺牲，基本上是进入舞台抢救国家财产的人员。重伤三十三人，二百多人轻伤。火灭了，事情还没完，在广场看台后半部的下面储藏着很多战备粮，究竟多少粮食受了损失，我无从知晓，只知道运了一个晚上。

文化广场的重建

这场大火，在上海乃至全国引起了很大的震动。一个大型的室内集会场所还是必须有的。1970 年 6 月，周恩来总理批示"重建文化广场"。工程由上海规划设计院和同济大学设计，由市建工程七公司、上海金属结构厂、江南造船厂协作焊接三向网架作为屋顶。动工后，每天上学、放学都要经过那里的我们，觉得那些钢铁架构的建筑在弧光闪闪中天天变大变高。有一天，在十几台卷扬机的拉动下，慢慢升高、慢慢移动，终于那 5 700 平方米的屋顶一次吊装成功。重建后的大会场改为封闭式的观众厅，纵深 76 米、横宽 138 米的大厅没有一根落地支柱，12 137 个座位上的观众都能无障碍地看到主席台。经过后续的一些铺设，于当年 9 月底全部完工。

虽然不再是"免费"的地方，但是看文艺节目的效果全然不同以往。1976 年秋季后，人们的思想开始逐步发生变化，精神生活也丰富了不少。记得 1978 年有一个文艺演出，很多节目我都已经忘记了，但对芭蕾舞《天鹅湖》中的一个表演片段还有所记忆。可能是上海芭蕾舞团的演出，这个节目的安排比较靠后，在优美的音乐中，一只只"小天鹅"从舞台右侧跳跃着鱼贯而出。舞台上，有一层薄薄的白色幕布，那些天鹅或在最里面，或在中间表演着。几次跳到白色幕布处，又慢慢地跳到后面去。然而没一会儿，四只小天鹅慢慢地跳出白色幕布，跳回去后，更多的小天鹅跳了出来。据懂行的人说，原苏联芭蕾舞团表演时，就是采用这种方式，营造朦胧美的意境，与意识无关。台下掌声一片，在灯光转换成粉红色时，白色的幕布缓缓拉开，表演也达到了一个高潮。表演在阵阵掌声中落下了帷幕，可人们的思绪仿佛被拉开了一条缝隙。

至于在文化广场演出电影，那就更多了。据统计，1977年至1986年，共放映电影2 327场，观众达1 251万人次。没有忘却的只有越剧电影《红楼梦》，似乎是1976年冬季，邻居告诉我"明天文化广场放电影《红楼梦》"时，我还有点不信。1988年7月，美国杨伯翰大学歌舞团演出后，文化广场的文艺演出活动就停止了。加上一般重要会议已经移至万体馆举行，文化广场原来的重要功能几乎丧失。1988年9月，观众厅里的座位被拆去，便于举办一些大型的展览。1992年6月1日，100多家证券公司营业部在交易所的带领下，浩浩荡荡地开进了文化广场，成为股票临时委托办理点。那天的情形已经无法用人山人海来形容，胳膊粗的栏杆被挤弯，陕西南路、永嘉路口那一带的竹篱笆也被挤得快要倒塌。9日起，每天发放2 000张记名预约券，秩序明显好转。当年12月24日，该点停止营业，于是门可罗雀。1997年，文化广场的观众席全部拆除，大厅被分割成两层的花卉市场，占地15 000平方米，可供300家店铺同时使用，取名为精文花卉交易市场。此市场年销售鲜切花约35亿枝，占全市花卉年消费量的70%到80%，是华东地区最大的花卉交易市场。

文化广场的三建与现况

这样的地段，用作花卉交易市场似乎有些可惜。2005

年 9 月 27 日，上海市发改委发文批准对文化广场进行改造，其基本定位是"文绿结合，以绿为主"。同年 10 月 10 日，精文花市关闭，11 月 30 日上午进行了首幢建筑物爆破，将能容纳万人的主体建筑无柱剧场拆除。由上海建工集团总承包的改建工程，2006 年 9 月 28 日开始打桩动工，2009 年 12 月 28 日提前四个月完成了整个建筑外立面形象工程及剧场西侧的绿化工程，2011 年 6 月整个工程基本完成。

改造后的文化广场使人眼前一亮。文化广场建筑面积 6.5 万平方米，其中 5.7 万平方米在地下，绿化率 60% 左右。在一片郁郁葱葱的绿地中，一顶如坡形帽子般的建筑镶嵌其中，分外醒目。这是我国首座基本位于地下的音乐剧场，大门面向复兴中路，观众通过一条林荫大道走进剧院。大堂进厅的钢质树状结构仿佛是一只展翅欲飞的凤凰，与由 30 万块小玻璃加工组成的近 400 平方米《生命之源》壁画相互呼应。这是目前世界上最大、最深、座位最多的地下剧场，演出舞台全部位于地下，高度为地下五层，剧场的最深深度为 26 米。20 米的扇形台口保证了出色的观演效果，2 011 个座位因紫罗兰色的座椅和流线型左右两侧的包厢而使观众大厅显得雍容典雅。为适应各种音乐剧剧种，舞台不仅有平移、推拉、旋转等功能，还有在国内首创的喷水、制冰装置，把高科技的手段融合到音乐剧的创作与表演之中。

7 月 31 日首次进行演出，作为 2011 上海夏季音乐节的开幕式。那晚，名为"疯狂古典"的音乐会，由活跃于当今国际乐坛的杰出的中国指挥家、夏季音乐节音乐总监余隆指挥。上海交响乐团演奏了奥地利钢琴家古尔达称之为"音乐大全"的《大提琴演奏曲》，这首作品融古典、爵士、摇滚于一体。当今世界乐坛上杰出的大提琴演奏家，被誉为

"新一代的马友友"的秦立巍担任大提琴独奏；而阿根廷探戈大师皮亚佐拉的《布宜诺斯艾利斯的四季》则由余隆、徐惟聆夫妇同台演绎。因为是试运行，关闭了三楼观众厅，这样座位只有 1 200 个。票价走亲民路线，最高 300 元，最低只要 30 元，大多为不超过 200 元的价格。因此从 8 月 1 日开时到 13 日上海夏季音乐节结束，比较热门的音乐会门票全部被预订一空。13 日，我国著名女高音歌唱家、国家一级演员宋祖英演唱会那天，三楼的观众厅也开放，座无虚席，试运行非常圆满。

9 月 23 日夜晚，以音乐剧集锦"极致百老汇"作为文化广场正式启用的开台大戏。该剧由中外演员共同演出，38 首曲目选自热演于各个时代的 38 部音乐剧，连续演出 20 场。同时向来自四面八方的观众传递了这座新剧院未来主营功能的定位。以后陆续有为该剧场定制的大型舞台剧《胡桃夹子·海上梦》以及法国音乐剧代表之一的《巴黎圣母院》、世界经典音乐剧《妈妈咪呀!》等陆续上演。

岁月匆匆，新的文化广场建成已有十几个年头了。2022 年，据文化广场官网介绍："十一年来，文化广场演出 2 700 余场，吸引观众 300 余万人次，举办各类公益活动近 2 300 场，累计参与超过 40 万人次。"成功引进《剧院魅影》《伊丽莎白》《西区故事》《摇滚莫扎特》等经典剧目，制作出品《我的遗愿清单》《拉赫玛尼诺夫》《罗密欧与朱丽叶》《粉丝来信》等多部中文版音乐剧，在全国率先开启原创音乐剧孵化计划，孵化呈现《南唐后主》《生死签》《对不起我忘了》等多部原创音乐剧。而建筑本身也在逐渐完善和小修小改中。

2023 年 12 月 3 日的一个上午，我再次来到了这个曾经熟悉的地方。温煦的阳光或直照着剧场屋顶，或透过树枝洒在地面和一些小建筑上，呈现出一幅靓丽而有色彩层次感的景象。剧场内部的主剧场观众席现在共有三层1949个座位，主剧场外的独立内嵌式环廊上，设立总面积约71.5平方米，表演区域约36平方米，配备灯光、音响、投影等基本设备的微剧场。该剧场设有阶梯式座席，可容纳观众50人，表演区域与观众席距离亲密，适用于实验戏剧、亲子剧目等小剧场演出。还设有面积分别为77平方米、38平方米和31平方米的排练厅；面积约为70平方米，可容纳80人，适用于各类艺术教育活动的多功能厅以及更衣室、咖啡厅。总面积约500平方米的WE剧场就是由这些设施构成。

在剧场外南面起伏的草坪上，原来计划是准备建筑一个室外剧场，用于演出大众文化，供市民观赏，在绿化丛中，放置一组组雕塑，讲述从跑狗场到精文花市的历史。现在看到建成的室外剧场，是二建时文化广场的钢结构屋顶缩小版。在曾经沧海的人们看来，终究是缺少了雄伟的气势。但对一般游客而言，感觉应该还是不会差的。钢质的蓝色球与斜拉杆相互组合着，构成一个整体，从东到西竖立在一片绿色草丛中，与白色的广场屋顶交映生辉。从永嘉路36号大门望去，巨石上刻着金色大字："上海文化广场""陈毅"。绿草黄花的小花坛、棕色金黄色的山石与题字、蓝色的钢铁屋顶结构，真是养眼。

复兴中路上的"文化广场"四字应该是留存最久的了，究竟是初建还是复建时的遗存不甚了解。稍东些一条通道直至剧场大门，道路边挂着近期演出的各个节目告示牌。靠近陕西南路一侧有自动售票机，有工作人员值班的小亭。出口处墙上有电子显示的当月"演出项目排期"，据此可见去年

文化广场
复兴中路大门

文化广场永嘉路大门入口处陈毅题词"上海文化广场"

12 月在主剧场演出的有音乐剧《献给阿尔吉侬的花束》（11.24—12.3）、伦敦西区原版音乐剧《曾经》（12.7—12.10）、《悲惨世界——法语音乐剧版音乐会》（12.15—12.24）、柏林德意志交响乐团演出（12.25）、2024 年意大利安东尼亚诺小合唱团新年音乐会（12.30—2024.1.1）；在 WE 剧场进行的只有 12 月 2 日和 3 日的喜剧怒谈《好运日记》。节目丰富多彩，演出时有间隔。票价从八十到一千零八十不等，主要根据剧场的位置与是否学生而定。观众主要是年轻人，演出的剧目也很受欢迎。

现时的受欢迎与百多年前的"热闹"全然不同，这其中的内涵完全不可同日而语。1935 年路过那里的陶行知先生在同路人告诉他这里是"狗开会"后，著《从跑狗场谈到教育》一文说："有许多人的命运是悬在狗身上：狗胜他也胜；狗败他也败。有的笑，有的上吊，只看他那狗儿跑得妙不妙。"成为文化广场后，先是上海政治、文化、艺术活动中心，一度又成为临时的股市交易场所，继而成为华东地区最大的花卉交易市场。十多年前建成新的艺术殿堂后，经过一些补充和完善，景色宜人。这座国内第一个以音乐剧作为剧种定位的专业剧场，目前世界上最大的地下剧场，魔都地标性的文化艺术中心演出的内容更是无比精彩！

嘉澜庭：迷你广场与金奖得主

近年来，天平街道将社区公共空间建设作为营造高品质生活的载体和抓手，先后建成了"都市之光"公共文化空间、"人文荟萃"城市会客厅、社区党建服务中心展厅、衡山路"创邑"邻里汇、乌鲁木齐南路66号邻里汇以及21个居民区邻里汇，提供品质民生服务，塑造社区公共生活，引领市民精神追求。

永嘉路位于上海老城核心区，周边分布着众多老住宅区，绿树浓密，沿街多为生活配套小商业，生活氛围浓郁。嘉澜庭、嘉园、永嘉庭、永平里等城市更新空间的打造，将永嘉路沿线小区串联起来，给社区居民带来不同文化需求的体验。

永嘉路上，迷你广场成为金奖得主

2021年10月31日晚，2021年亚洲建筑师协会建筑奖典礼落幕，来自中国的3个项目摘得金奖。其中，低调穿插在上海街头的"永嘉路口袋广场"，获得了社会与文化建筑类金奖第一名以及社会责任奖特别奖。这一奖项是亚洲地区建筑界的最高建筑设计大奖，与普利兹克奖、金块奖、国际

领奖现场

建筑奖等并列为面向国际的世界级大奖。

　　口袋广场位于永嘉路中段，一段宽约 18 米、纵深约 40 米的空地，夹在密密匝匝的建筑当中，打开了一段通透的空间。中国民主政团同盟发起者张澜的故居与之毗邻，广场四面敞廊合围，形似庭院。因此，一个上口又诗意的名字便落在了这里——嘉澜庭。

　　嘉澜庭三面环绕历史建筑，一面临街，如同长方形的口袋嵌入建筑群中，小巧简约，故而被称为"口袋广场"。在建成之初曾有过一阵子的曝光量，获得如此殊荣，让这个已运行近两年的小广场再次走进更多人的视野。

　　尽管我们来到嘉澜庭时正是阴雨过后的晌午，隔着矮矮的冬青，仍能看到推着婴儿车的奶爸、欢笑跃动的小女孩、喝咖啡聊天的老外、靠在矮椅上休息的爷叔和雪白活泼的泰迪犬。

"天气好的时候更加热闹，遇到喷泉开开，小毛头老开心呃。"檐下坐着的阿姨说。

"约在嘉澜庭吧。"这里已然成了一处地标，不止是住在附近的居民会约着散步、遛狗、谈天，在附近工作的艺术家们，也时常与好友相会于此，谈公事聊私事。

得知家门口这方天地得了世界级建筑大奖，正在遛娃的老人觉得有些意外之余，连连称赞"评得好"："从前沿着街边散步，没想到这里也能修出一个广场，小归小，但是足够了，实用。"

广场尽头处，一间小小的咖啡馆里，老板在窗前和来往顾客熟络地聊着天就把咖啡做好了。她说，光顾小店的百分之八十都是熟客。两个金发碧眼的女生坐在窗边的椅子里，吹着秋风，喝着手里冒热气的饮料。这里时刻传递着一种自在，进进出出的人也许并不知道，自己正是这份大奖的重要组成部分。

凭什么拿第一？来这里坐坐也许会有答案

2021 年的亚洲建筑师协会建筑奖评选中，有两百多个作品参与投稿，其中不乏优秀的设计师及其作品。与赛事中一些设计复杂、体量庞大的建筑相比，永嘉路口袋广场似乎简单了点，既称不上美轮美奂，也没有令人叹为观止的视觉冲击。

一块四四方方约 700 平方米的街边小广场，一圈矮矮的木制敞廊，一间迷你咖啡店……那它是凭什么打动了评委？

置身其中，跟随着感官的伸展松弛，你会逐渐得到答案。

"这个场所，是我迄今为止设计的建筑中，被使用得最好的一个。"嘉澜庭由上海交通大学设计学院教授、同济大学建筑与城市规划学院客座教授、阿科米星建筑设计事务所创始合伙人庄慎主持设计。作为国内知名设计师，经手作品众多的庄慎如是评价嘉澜庭。

他表示，事务所一直以来对上海的日常空间非常感兴趣，为了做城市调研，每年都会搬迁一次，实地生活、实际感受，目前已经换过六个工作地址，几乎每次都会有调研报告及相关展览。正是有了基于对上海的市民需求、城市特色的了解，也才有了后来与永嘉路市井生活浑然天成的口袋广场。

他认为，建筑被使用得好，看似简单，实则难得。一个建筑完工之后，究竟能不能被用好，设计师很难控制、预知，很多时候会出现设想与建设得都很棒，但后续使用不佳，或者改变了原本的用途："这在建筑设计中是很常见的，也是我们在多次城市调研中的心得。"带着二十多年从业经验的心理预期，他意外地在这个小小的口袋广场收获了惊喜。

嘉澜庭建设好之后，庄慎偶尔来过几次，更多的时候，是收到朋友们发来的照片。在永嘉路上，居住或工作着的设计师、艺术家当中有些是庄慎的好友，他们常常到此散步、谈天。萌宠玩耍、主人寒暄、大伯练拳、囡囡嬉闹，充满活力的照片将其定格，传递到创作者的手中。

每次看到这些图片，庄慎都很开心，他让助理把它们保存好，这既是对设计最好的回馈，也是珍贵的影像资料，在此后的评奖中，这些照片也发挥了非常重要的作用。

亚洲建筑师协会建筑奖的评选流程，需要参赛者提供关于建筑各方面的资料：场地的介绍、设计构思与策略、结构和细节设计、绿色建筑和可持续建筑等方面的评估，甚至是来自使用者的反馈。永嘉路口袋广场上，跳动的生机、流淌的闲适、人际间消弭的距离感，一张张照片，打动人心。

评委们认为，当今的城市建筑空间受到诸多影响，比如视觉导向、消费价值导向等，而建筑的价值更应当关注人的使用本身。评奖一定程度上带动着行业的价值取向，他们希望在比赛中传递建筑对人的关怀。

"大众可能会认为建筑很大程度是一个审美的东西，但我认为这样的认知是不完整的。"庄慎曾在一部微纪录片中谈到，建筑应当是我们的生活环境，它跟排风响不响、温度舒不舒适、是不是利于休息都息息相关，方便生活就不只是人文艺术层面，而是综合了多种考量的结果。

嘉澜庭，就是这样一个在简约中埋下了诸多"小玄机"的建筑场所，而一切最终的指向就是更适宜居民的公共休闲环境。

看似简单的口袋广场里藏着"小玄机"

"'口袋广场'的概念大概最早出现在六七十年代，比如知名的'佩雷广场'，它的形状和嘉澜庭相似，是很经典的设计。"庄慎介绍，最早的时候，在美国纽约这样的大城市，人口密度、建筑密度高，除了中央公园这种大型公园，在街块之间有一些微小的公园，这些小公园在为城市构建良好的公共休闲系统中，起到了很大的作用。"口袋广场"的名字虽是舶来品，但是实际上和我们社区里的小公园、小广场没有什么差别。

在业界，庄慎的设计风格被评价为"轻"，作为外行人去理解，也许就是一眼望去的简约、简洁、简单。而实际上，想要最大限度地发挥一小片用地的使用效果，那些设计中的"小玄机"，无不在发挥着并不简单的作用。

"就像我们使用智能手机，对用户来说，界面流畅就够了，复杂的技术只需要交给专业的人去做。同样，建筑设计师的心思是藏在建筑背后的。"

嘉澜庭的设计稿，庄慎带领的团队一共出了四个方案，他考虑过将敞廊做成炫酷的流线型，也曾在广场中央设计过绿地，但最终都被自己否决，留下了广场使用面积最大化的这个方案。

广场主体，由四面敞廊合围，地坪抬高 0.5 米与街面形成落差，增强场所感。街道开口的一侧，低矮的灌木花池将广场与人行道隔开，花池一头连接着标志墙，另一头则是广场入口，入口移门与灌木高度控制在 1.2 米，保证了视线贯通。透过梧桐树和灌木丛，从街道上望去，是一片开放中带着包裹感的去处。从入口进入，要走上半米高的广场，有两处通道：左手侧是三层阶梯，向右走去，则是由极缓的坡道构成的另一通道，对于推婴儿车的、上了年纪的居民，通过后者毫不费力就能抵达广场。

"你看这三面的小楼，都是历史风貌建筑，本身的造型就已经很美了，他们是融入广场的一部分，在视觉上要利用好。"

庄慎将四段长廊的廊下高度压低至 2.1—2.7 米，与周边建筑在高度上形成合适的比例，抬眼望去，漂亮的山墙不会被廊檐遮挡。

东面山墙按原样重新粉刷，西面则在重新粉刷之余还特

嘉澜庭一瞥（一）

嘉澜庭一瞥（二）

地保留了一段既有的老墙肌理，在敞廊后的竹丛若隐若现。在配色上，敞廊的木梁和地砖采用的是暖色系，与周围环境相协调，而廊下支柱却用了跳脱的绿色，加之其竹节状的形态，与周边的树木形成呼应。木梁阶梯状的层次，让人联想到中国传统建筑飞檐的形态美，木梁下，钢柱与拉索形成对敞廊撑与拉的组合，钢柱支撑、拉索拉紧。风起时，木梁与钢柱的连接节点处的单向转动模式，可以反向限制梁的转动，以平衡风对屋面的掀力。中央广场区域设置几孔旱喷，根据不同时段可选择开启或关闭，软性控制广场的使用方式。小长假期间、暑伏天的傍晚，这里时而开放的喷泉常常引得孩子们一片欢笑。

嘉澜庭一瞥（三）

嘉澜庭一瞥（四）

在最后，他留下了一个伏笔："一个公益性的场所，投入使用后能得到管理和维护，才能良性运转起来。这是我在设计中思考的问题。"在口袋广场最里侧，他布置了两个隐蔽辅助用房，为今后巧妙地引入管理者预留了空间。

"口袋咖啡""周末集市"，"共治"带来良性循环

场地建设好之后，天平街道在启用前做了一段时间的准备工作。街道作为广场的使用方，策划引进了一家咖啡馆，就在预留的辅助房开张，店长因地制宜将之命名为"口袋咖啡"，设计师当初的伏笔得以发挥作用。

每天八点，"口袋咖啡"准时拾掇开张，店长小棋会同时打扫一下门口的广场。她也有广场小铁门的钥匙，夜晚热闹散场再将这里关闭。

在她的朋友圈里，比咖啡更多的是街坊小孩的照片、邻居的寻狗启事，"我和我的口袋咖啡馆一道融入了永嘉路的日常"。小棋是嫁到上海多年的台胞，"口袋咖啡"的日日夜夜，让她感到自己早已是社区的一员。

到这里，设计者与街道无缝衔接的匠心已经显现，咖啡馆的出现，一举三得：市民更舒适的交流体验，场地有了自带归属感的维护者，持续的生活气息、市井温度。

作为邻里公益项目引入公园的，不仅有咖啡馆，还有定期组织邻里市集和广场活动为居民服务，文创市集、展览、文化分享、学习。"断舍离"爱心义卖、手工扎染编织体验、历史风貌写生……

口袋广场成了周边居民最热门的社交地，"孩子们来玩游戏、做作业，周边工作的年轻人也相约着三三两两聚在一

起，闲谈或会议。这里为陌生人创造了舒适共处的空间，更赋予日常生活一种诗意"。也是这种融洽，让大家心照不宣地维护着广场的"调性"，没有人在这里圈地放歌跳广场舞，带着零食来遛娃的家长会把垃圾收拾好，宠物主人也都能自觉清理宠物粪便。

街道向居民征求意见后，在入口坡道尽头的垃圾桶一侧，专门设置了宠物拾便收纳装置，方便养宠物的人及时清理。

从大公园到微小空间，高质量开放空间正做得越来越好

2017 年至 2019 年间，这一地区街道风貌提升与旧区改造同步进行，对老旧房屋进行改造，对功能不配套的进行了调整。嘉澜庭所在的永嘉路 309 弄就属于旧区改造部分，形成道路提升中的空间延伸点，辐射了周边三四个居民区、数千户人家，在风貌区中属于稀缺的开放空间。309 弄拆除了

嘉澜庭一瞥

原用地内存在消防隐患的两排残旧住宅，嘉澜庭的落成，填补了周边缺乏居民公益开放性休闲场所的空缺。

"旧改花了很大的功夫，将这里作为一个公共开放的空间，是非常棒的一个决策。"庄慎的事务所直接与区里对接所有流程，他多次称赞徐汇区与街道的决策与办事效率。顺畅的合作下，他们在徐汇的作品也不止一处，衡山坊8号会发光的三层小楼就是出自这家设计事务所之手。

信步于嘉澜庭广场，我们还能看到街道在其中增加的几处橱窗，里面是爱国人士的书籍和介绍，与隔壁的张澜故居形成文化呼应；"嘉澜庭"的名字也是由街道命名，他们希望向来到这里休闲、打卡、游玩的人传递爱国主义精神。

除了嘉澜庭之外，永嘉路上还有几处值得一游的城市更新空间，如美丽"嘉园"，是街道党群服务站和青年中心；浪漫雅致的创意文化空间"锦和越界永嘉庭"，是永嘉路街区乃至整片衡复风貌区的生活场景地标；魅力新地标"永平里"，包含雕塑、绘画、摄影等公共艺术和丰富的休闲商业。

近年来，上海的城市街角空间、口袋广场、微公园越来越多，这也是城市发展到一定需求阶段呈现的特征。随着人们生活丰富度的提升，对公共空间的需求也会有更多层次，城市的大型绿地、商场、街道之外，高质量的日常性城市开放空间正在逐渐受到重视，也在变得越来越好。

（天平街道提供）